इस पुस्तक में प्रकाशित तथ्य एवं छायाचित्र लेखक/संपादक/तथ्य संकलनकर्ता द्वारा उपलब्ध कराये गये हैं। यदि किसी स्तर पर कोई तथ्यात्मक अशुद्धि संज्ञान में आती है तो उसे आगामी संस्करण में शुद्ध कर मुद्रित किया जायेगा।

लेखश्री पब्लिकेशन

दयानन्द मार्ग, दरियागंज, नयी दिल्ली-110002

मो.- 8588048658

ईमेल : daminimaheshwari017@gmail.com

In Association with

उत्तर प्रदेश राज्य पुरातत्व विभाग, लखनऊ

Uttar Pradesh Rajya Puratatva Vibhag, Lucknow

presents

Uttar Pradesh Ka Swatantrata Sangram : Bareilly
by Dr. Tulai Singh Gangwar
Executive Editor : Dr. Lavkush Dwivedi

ISBN : 978-81-905387-0-1
History

प्रथम संस्करण 2023

मूल्य : ₹ 425

आर.के. ऑफ़सेट, शाहदरा, दिल्ली-110 032 में मुद्रित

भूमिका

जनपदवार विषयों पर शोध की परंपरा में प्रस्तुत शोध-ग्रंथ को यदि मील का पत्थर कहा जाए तो कदाचित् अतिशयोक्ति नहीं होगी। ऐसा इसलिए कि जब आंचलिक विषयों पर शोध-कार्य आरंभ हुआ था, तब ऐसा कहा जाने लगा था कि यह बिना परिश्रम का कार्य है। कुछ का कहना यह भी था कि आंचलिक विषयों पर शोध की स्वीकृति ही न दी जाए, जिससे शोध-प्रबंध का स्तर ऊँचा बना रहे। इन निरर्थक आपत्तियों के बावजूद आंचलिक विषयों पर शोध की परंपरा निरंतर अग्रसर होती रही तथा अंचल के विविध आयामों को अपने में समेट कर उस परंपरा ने अपना एक महत्त्वपूर्ण स्थान बनाने में निश्चित रूप से सफलता प्राप्त की है। इसमें जिस विषय को अपने में समेटा गया है वह न केवल अछूता है, वरन् राजनीतिक घटनाक्रमों का ऐसा ऐतिहासिक दस्तावेज़ है, जो भारतीय स्वतंत्रता आंदोलन में बरेली जनपद के योगदान को उजागर करने के साथ, इस अंचल की उस राजनीतिक संचेतना के उन बंद पृष्ठों को भी खोलता है, जिन पर विभिन्न धर्मों, जातियों और वर्गों के व्यक्तियों ने आजादी के प्रति अपनी दीवानगी की अमिट छाप अंकित की है। दूसरे शब्दों में, यह शोध उन जीवंत घटनाओं को सामने रखता है, जिसमें बरेली जनपद के ग्रामीण और शहरी, शिक्षित और अशिक्षित, गरीब और अमीर से लेकर साधारण गृहिणियों तक विदेशी हुकूमत के विरुद्ध चलाये गये अहिंसात्मक राष्ट्रीय मुक्ति संग्राम में एक साथ मिल कर मैदान में उतर आये थे तथा 'अंग्रेजों भारत छोड़ो' के अंतिम संग्राम तक अपने अदम्य साहस का परिचय देने में पीछे नहीं रहे।

निश्चित ही इतने महत्त्वपूर्ण विषय पर शोध तैयार करना सरल कार्य नहीं है। सन् 1885 से लेकर सन् 1947 के दौरान भारतीय स्वतंत्रता आंदोलन में बरेली जनपद के योगदान की क्रमबद्ध तलाश, एक वस्तुतः ललक थी, जो इस शोध की अंतःप्रेरणा बनी रही। भारतीय स्वतंत्रता आंदोलन में भाग लेकर अपने प्राणों की बाजी लगा देने वाले अहिंसक रण-बाँकुरों के प्रति श्रद्धा और सम्मान का भाव भी इसमें सम्मिलित था और इसी से उत्प्रेरित होकर मैंने जनपद के राजनीतिक घटनाक्रमों के इतिहास पर कुछ करने का संकल्प किया हो, ऐसा भी समझा जा सकता है। मुझे इस गहन विषय पर शोध के समय काफी कठिनाइयों से गुजरना पड़ रहा था।

सबसे बड़ी कठिनाई यह थी कि बरेली जनपद की राजनीतिक गतिविधियों का प्रामाणिक साहित्य उपलब्ध नहीं था। अनेक वर्ष पूर्व उत्तर प्रदेश के सूचना एवं जनसंपर्क विभाग, लखनऊ ने इस अंचल के स्वतंत्रता संग्राम के सेनानियों की नितान्त संक्षिप्त परिचयात्मक लघु पुस्तिका प्रकाशित की थी। वह पुस्तिका त्रुटिपूर्ण थी। इसके अतिरिक्त यदि किसी स्वतंत्रता सेनानी ने अपने संस्मरण प्रकाशित भी कराए थे, तो उसमें उन्होंने समस्त घटनाक्रमों में स्वयं को केंद्र बिंदु बना रखा था। इस स्थिति में स्वतंत्रता सेनानियों के वास्तविक योगदान की तह तक पहुँचना सरल न था। यह तो रही स्वतंत्रता सेनानियों की भूमिका की बात, किंतु इस शोध का सर्वाधिक महत्त्वपूर्ण अंश देश के राजनीतिक उतार-चढ़ाव का प्रभाव किस प्रकार इस जनपद पर पड़ रहा था, उसका क्रमबद्ध वर्णन है। मैंने राजनीतिक उतार-चढ़ाव के दायरे में बरेली जनपद की जन-जागृति उत्कीरणा और सक्रियता की जिस परिश्रम और लगन से तलाश की है, उसके आधार पर यह शोध हर तरीके से राजनीति के ऐतिहासिक दस्तावेज की हैसियत रखने में सफल है।

भारतीय स्वतंत्रता आंदोलन में देश के प्रत्येक प्रांत की किसी-न-किसी रूप में सहभागिता रही है। उत्तर प्रदेश के जनपद बरेली ने भी सन् 1857 के प्रथम स्वातंत्र्य समर से स्वतंत्रता प्राप्ति तक प्रत्येक आंदोलन में किसी-न-किसी रूप में भाग लिया। परंतु खेद का विषय है कि उसके संघर्ष को भारतीय इतिहास के किसी भी अध्याय में यथोचित स्थान प्राप्त न हो सका।

इसमें स्वतंत्रता आंदोलन से संबंधित गतिविधियों, घटनाचक्रों, सेनानियों के योगदान को दर्शाने का प्रयत्न किया गया है। इसमें समाहित सामग्री संकलन में राष्ट्रीय अभिलेखागार, नयी दिल्ली; लाला हरदयाल पुस्तकालय, दिल्ली; नेहरू लाइब्रेरी, त्रिमूर्ति भवन, नयी दिल्ली; सिंघल नगरपालिका पुस्तकालय, बरेली; राजकीय रजा लाइब्रेरी, रामपुर; राजकीय जिला पुस्तकालय, बरेली और विधानसभा सचिवालय पुस्तकालय, लखनऊ से विशेष सहायता मिली है।

—डॉ. तुलाई सिंह गंगवार

अनुक्रम

प्रथम अध्याय

बरेली का महत्व एवं भौगोलिक स्थिति

मनुष्य की उत्पत्ति के उषाकाल से मनुष्य की स्वेच्छाचारिता दृष्टिगोचर होती है, जो कालांतर में मानवीय जीवन के व्यवस्थित होने के साथ-साथ स्वतंत्रता में परिवर्तित हो जाती है। आदिमानव की स्वेच्छाचारिता सभ्य मानव की स्वतंत्रता बन जाती है, जिसकी प्राप्ति हेतु प्रारंभ से आज तक मनुष्य संघर्षरत् रहा है और भविष्य में रहेगा। दार्शनिक रूसो, लॉक और हॉब्स इसी स्वतंत्रता को समान इच्छा और सामाजिक रूप में प्रस्तुत करते हैं और आधुनिक परिवेश में यह राजनीतिक स्वतंत्रता से आर्थिक स्वतंत्रता के रूप में पहुँच चुकी है।

प्रारंभ से ही स्वतंत्रता, व्यक्ति, समाज और राज्य की सर्वोच्च इच्छा रही है। यह बात दूसरी है कि भारत ने लगभग 700 वर्षों के विदेशी शासन में जागरूकता से स्वतंत्रता प्राप्ति के लिए प्रयास नहीं किया, किंतु इसकी प्राप्ति की इच्छा भारतीयों के मन में सदैव सुलगती रही। अंततः सन् 1857 ई. में वह घड़ी आ ही गई, जब इनके धैर्य का बाँध टूट गया और उन्होंने स्वतंत्रता प्राप्ति हेतु प्रथम प्रयास किया।

भारतीय स्वतंत्रता का इतिहास अपने आप में एक पूर्ण युग है। भारतीय स्वतंत्रता की प्राप्ति में भारत का प्रत्येक व्यक्ति और भारत का प्रत्येक भू-भाग किसी न किसी रूप में अवश्य ही लिप्त रहा है और इसमें भी सौभाग्य की बात यह है कि जनपद बरेली स्वतंत्रता के निष्पति काल से अर्थात् 1857 ई. के विद्रोह से पूर्व ही प्रकाश में आ गया।

अतः स्वतंत्रता की प्राप्ति के पश्चात इस प्रकार के अभाव की अनुभूति होनी स्वाभाविक थी कि बरेली जनपद के स्वतंत्रता संग्राम में स्वर्णिम योगदान का कोई पर्यवेक्षण नहीं हुआ है।

बरेली जनपद उत्तर प्रदेश की कमिश्नरी, रोहेलखंड का एक प्रमुख जनपद एवं मुख्यालय है। भौगोलिक दृष्टि से यह अक्षांश $28^0 01'$ एवं $28^0 54'$ उत्तर और देशांतर $78^0 58'$ एवं $79^0 47'$ पूर्व के मध्य स्थित है। यह पूर्व-पच्छिम 90 किमी लगभग तथा उत्तर-दक्षिण में 75 किमी तक फैला हुआ है। जिला अभिलेख के अनुसार इसका क्षेत्रफल लगभग 6750 वर्ग किमी है जो यहाँ की प्रसिद्ध नदी रामगंगा के कटाव के साथ-साथ परिवर्तित होता रहा है। यह प्रदेश कुल 6 जनपदों से घिरा हुआ है। इसके पूर्व में

शाहजहाँपुर, पूर्व-उत्तर में पीलीभीत, उत्तर में नैनीताल, पश्चिम में रामपुर और दक्षिण में मुरादाबाद व बदायूँ जनपद स्थित हैं।

नामकरण-ऐतिहासिक दृष्टि से बरेली जनपद प्रदेश का एक महत्वपूर्ण जनपद है। बरेली जनपद की स्थापना के विषय में विभिन्न इतिहासकारों तथा शिक्षाविदों के भिन्न-भिन्न मत हैं। प्रथम मतानुसार इस क्षेत्र पर सन् 1500 ई. में कठेरिया राजपूत राजा जगत सिंह का शासन था। राजा जगत सिंह ने सर्वप्रथम जगतपुर नामक एक छोटे से ग्राम की स्थापना की जो आज भी बरेली नगर का एक प्रसिद्ध मुहल्ला है। इनके पश्चात इन्हीं के दो पुत्रों बासुदेव और बरलदेव ने सन् 1537 ई. में 'बास-बरेली' नामक एक मुहल्ला स्थापित किया तथा एक किले का भी शिलान्यास कराया। यह मुहल्ला आज भी बरेली नगर में पुराना शहर के नाम से विख्यात है जिसमें किले के अवशेष दिखाई देते हैं।

द्वितीय मतानुसार राजा जगत सिंह एक बरहेला राजपूत था जिसके बासुदेव और नागदेव दो पुत्र थे। बासुदेव एक योग्य व्यक्ति था जिसने 1550 ई. में बास बरेली नामक किला अपने पिता राजा जगतसिंह द्वारा स्थापित जगतपुर ग्राम में बनवाया। इसे आज भी मुहल्ला 'कोट' के नाम से पुकारते हैं।

मुगल सम्राट अकबर के शासन काल (1556 ई. से 1605 ई.) में कठेरिया राजपूत बासुदेव और बरलदेव ने मुगल साम्राज्य के विरुद्ध संगठित होकर विद्रोह कर दिया। अकबर ने अलमास अली खाँ के नेतृत्व में एक विशाल सेना राजपूतों से युद्ध करने बरेली क्षेत्र में भेजी। दोनों सेनाओं में भीषण युद्ध हुआ। परिणामस्वरूप युद्ध में राजपूत योद्धा बासुदेव वीरगति को प्राप्त हुआ और बरेली पर मुगलों का अधिकार हो गया। सन् 1568 ई. में बरेली को बदायूँ प्रांत में मिला दिया गया। कुछ वर्षों के पश्चात बरेली को एक स्वतंत्र मंडल घोषित कर दिया गया।

यदि बरेली क्षेत्र के पूर्व इतिहास पर दृष्टिपात किया जाये तो इस क्षेत्र का एक रोचक इतिहास प्राप्त होता है। बरेली क्षेत्र महाभारत काल में पाँचाल के नाम से जाना जाता था, जो महाराजा द्रुपद की राजधानी थी। यह क्षेत्र हिमालय पर्वत से चम्बल की घाटी तक फैला हुआ था।

रामगंगा नदी ने पांचाल क्षेत्र को दो भागों में उत्तरी पांचाल और दक्षिणी पांचाल कहने लगे। बरेली क्षेत्र उत्तरी पांचाल में आ गया तथा दक्षिणी पांचाल की राजधानी अहिक्षेत्र से अलग हो गया।

सैकड़ों वर्षों के उपरान्त रामगंगा नदी के उत्तरी तथा अवध के पश्चिमी क्षेत्र को कटेहर नाम से जाना जाने लगा जो सन् 1750 ई. तक इसी कटेहर नाम से पुकारा जाता रहा। कुछ समय के बाद इसी क्षेत्र को रुहेलखंड का दे दिया गया और बरेली इस क्षेत्र का मुख्यालय बना दिया गया।

पौराणिक सांस्कृतिक और ऐतिहासिक पृष्ठभूमि

प्राचीन युग के बौद्धकाल में संपूर्ण पांचाल क्षेत्र बौद्ध सम्राट अच्युत के अधिकार में आ गया और तब से इस क्षेत्र की राजधानी अहिक्षेत्र बन गई।

तत्पश्चात् सम्राट अच्युत के बाद इस क्षेत्र पर गुप्त, बर्धन आदि वंशों के शासन रहे और अहिक्षेत्र पर कठेरिया राजपूतों का अधिकार हो गया। इन राजपूत राजाओं ने 'काबर' नामक स्थान पर एक किले का निर्माण कराया जो आज बरेली की तहसील बहेड़ी में गैर आबाद खंडहरों का एक स्थान है। राजा बेन इस क्षेत्र का बड़ा प्रभावशाली एवं प्रतापी राजा रहा है जिसने अपनी रानी 'सुंदरी' के लिए काबर के किले में एक सुंदर तालाब रानी ताल और केतकी नामक फुब्बारा भी बनवाया। राजा मोरध्वज, जो जैन धर्म का अनुयायी था, ने इसी काबर को इस क्षेत्र की राजधानी बनाया।

कठेरिया राजपूतों ने इस क्षेत्र का नाम कठेर रख दिया जो कालांतर में कटहर और कटेहर आदि नामों से पुकारा गया। गुलाम वंश के शासकों ने भी जब बदायूँ पर अधिकार किया था तो उन्होंने भी बरेली क्षेत्र को बदायूँ साम्राज्य में मिला लिया। जब इस क्षेत्र पर बलवन का शासन था तो यहाँ के कठेरिया राजपूतों ने बलवन के विरुद्ध विद्रोह कर दिया। बलवन ने इन राजपूतों का निर्ममतापूर्वक दमन कर दिया। जो राजपूत शेष बचे, वे भयभीत होकर इस क्षेत्र को छोड़कर नैनीताल की ओर भागने पर विवश हो गये।

कुछ समय पश्चात जब राजपूतों को अपनी मातृभूमि का अहसास हुआ तो नैनीताल के समीपस्थ छिपे राजपूतों ने पुनः संगठित होकर मुस्लिम शासन के विरुद्ध विद्रोह करने का दृढ़ निश्चय कर लिया। राजपूतों ने आक्रमण करके अपने क्षेत्र बरेली को अधिकृत करके अभूतपूर्व शौर्य का परिचय दिया और सन् 1379 ई. तक राजपूत कटेहर राज्य पर शासन करते रहे। इसी समय कठेरिया राजपूत राजा खड़गसिंह ने शक्ति एकत्र करके बदायूं के तत्कालीन गवर्नर सैय्यद मुहम्मद पर भी आक्रमण कर दिया और उसे परास्त करके बदायूँ पर भी अधिकार कर लिया। यही नहीं, वीर खड़गसिंह ने गवर्नर सैय्यद मुहम्मद एवं उनके भाई का वध भी कर दिया। इसके पश्चात राजपूत राजा खड़गसिंह ने अपनी राजधानी काबर से हस्तान्तरित करके आँवला बनाई।

तुगलक वंश के फीरोजशाह तुगलक ने अपने शासनकाल में अपनी विशाल सेना के साथ आक्रमण करके इस पूरे क्षेत्र का विध्वंस कर दिया। इस क्षेत्र के लाखों व्यक्ति या तो मौत के घाट उतार दिये गये या फीरोज तुगलक की गुलाम नीति के शिकार बन गये क्योंकि शरणार्थियों को गुलाम बनाना फीरोज तुगलक की व्यक्तिगत रुचि थी। शेष राजपूत पुनः तराई के क्षेत्र की ओर पुनः पलायन कर गये। इसी समय फीरोज ने आँवला के समीप रामनगर में एक किला बनवाया। कठेरिया राजपूत खड़गसिंह ने पुनः तराई के क्षेत्र में राजपूत सैनिकों को संगठित करके मुस्लिम शासन पर आक्रमण करने की योजना बनाई। भारत पर तैमूरलंग के आक्रमण (1398 ई.) का लाभ उठाकर राजपूत खड़गसिंह ने आक्रमण करके पुनः कठेर पर अधिकार कर लिया तथा अपने परिवार एवं सेना को सुरक्षा प्रदान करने के लिए आँवला के समीप ग्राम अतरछेड़ी में एक किला बनवाया।

सन् 1411 ई. में जब कठेर क्षेत्र पर पुनः मुस्लिम आक्रमण हुआ तो उसका कोई विशेष प्रभाव नहीं पड़ा। सन् 1413 ई. में राजा खड़गसिंह के भाई हरिसिंह ने दिल्ली के

सुल्तान दौलत खाँ लोदी को अपना शासक मान लिया परंतु दौलत खाँ के उत्तराधिकारी खिज्र खाँ के काल में 1415 ई. में राय हरिसिंह ने विद्रोह कर दिया, जिस पर राय हरिसिंह को कठेर क्षेत्र से भागना पड़ा क्योंकि हरिसिंह की तुलना में खिज्र खाँ कहीं अधिक शक्तिशाली था। हरिसिंह अपने अनुयायियों सहित तराई क्षेत्र में भ्रमण करते रहे और भिन्न-भिन्न योजनायें बनाते रहे। हरिसिंह ने अवसर पाकर 20,000 सेना संगठित करके पुनः कठेर क्षेत्र पर अपना अधिकार कर लिया।

सन् 1526 ई. में जब मुगल सम्राट बाबर ने पानीपत के प्रथम युद्ध में भारतीय सेना को पराजित किया तो उसी समय कठेरिया राजपूतों ने भी कठेर क्षेत्र को स्वतंत्र घोषित कर दिया। परंतु 1540 ई. में शेरशाह ने हुमायूँ को पराजित किया तो कठेर क्षेत्र भी कठेरिया राजपूतों के अधिकार से अलग हो गया और नासिर खाँ नामक एक अफगान सरदार ने इस क्षेत्र पर अपना अधिकार कर लिया।

इसके उपरान्त यह क्षेत्र ईसा खाँ के सीधे अधिकार में आ गया। जब इस क्षेत्र पर शेरशाह ने स्वतंत्र सरदारों के आधिपत्य की सूचना सुनी तो उसने स्वयं इस क्षेत्र पर अधिकार करके कावर के किले पर अपनी ध्वजपताका फहरा दी।

सन् 1556 ई. में हुमायूँ की मृत्यु के पश्चात जब अकबर गद्दी पर बैठा तो अवसर का लाभ उठाते हुए बरेली के कठेरिया राजपूतों ने मुगलों के विरुद्ध विद्रोह कर दिया जिसे मुगल सेना के जनरल अलमास अली खाँ ने प्रतिरोध करके दबा दिया। इसी युद्ध में बरेली के संस्थापक जगत सिंह के बड़े पुत्र वासुदेव वीरगति को प्राप्त हुए और बरेली क्षेत्र पर पूर्णतया मुगलों का अधिकार हो गया। इसके पश्चात बरेली क्षेत्र स्थाई रूप से बदायूँ प्रांत में सम्मिलित कर दिया गया।

सन् 1577 ई. में बरेली को सम्भल के हाकिम 'आइन-उल-मलिक' के अधिकार में दे दिया गया। आइन-उल-मलिक के पश्चात बरेली पर अकबर के संरक्षक बहराम खाँ (बैरम खाँ) का सीधा नियंत्रण रहा और बरेली को दिल्ली शासन के अधीन एक प्रांत बना दिया गया जिसमें बदायूँ और सम्भल भी सम्मिलित कर दिए गये।

द्वितीय अध्याय

ब्रिटिश शासन से पूर्व बरेली जिला की स्थिति

अकबर के पश्चात जहाँगीर के शासनकाल में नवाब फरीद खाँ को बरेली प्रांत का गवर्नर बनाया गया। नवाब फरीद खाँ ने अपने नाम पर बरेली से 20 किलोमीटर दूर पूर्व दिशा में फरीदपुर नामक एक स्थान की स्थापना कराई जो आज कस्बे के रूप में बरेली जनपद की एक तहसील है।

मुगल सम्राट शाहजहाँ के शासनकाल (1628-58) ई. में सर्वप्रथम सुल्तान अली खाँ को बरेली प्रांत का सूबेदार बनाया गया और शाहजहाँपुर को स्थापित करके बरेली प्रांत में सम्मिलित कर दिया गया। इसी समय बरेली के कठेरिया राजपूतों ने मुगल शासन के विरुद्ध विद्रोह कर दिया तथा इस क्षेत्र के एक बड़े भाग पर अपना अधिकार भी कर लिया। शाहजहाँ ने इस विद्रोह से निपटने तथा बरेली क्षेत्र को अधिकृत करके शांति स्थापित करने के उद्देश्य से अपने विश्वासपात्र हिंदू सरदार राजा मकरंदराय को बरेली प्रांत का गवर्नर बना दिया। राजा मकरन्दराय ने शक्ति का प्रयोग करके दवाबपूर्वक विद्रोह को तत्काल तो शांत कर दिया परंतु कठेरिया राजपूत पूरी तरह दबाये न जा सके। आधुनिक कैन्टोनमेन्ट के स्थान पर मकरन्दराय के नेतृत्व वाली मुगल सेना और राजपूत सेनाओं के मध्य भीषण युद्ध हुआ था जिसमें राजपूतों के हजारों सैनिकों सहित राजपूत बासुदेव के लगभग सभी परिवारजन वीरगति को प्राप्त हुए। जो सैनिक युद्ध में जीवित बच रहे वे बरेली क्षेत्र से बाहर भाग गये। युद्ध से निबटने के पश्चात् गवर्नर राजा मकरन्दराय ने विजय स्मरण हेतु मकरन्दपुर नामक मुहल्ला स्थापित किया। इसके पश्चात् 1657 ई. तक नगर के पास बिहारीपुर और मलूकपुर नामक मुहल्ले बसाये। उसी समय बरेली की जामा मस्जिद, मिरजाई मस्जिद आदि मस्जिदों का निर्माण करवाकर इस्लाम धर्म के प्रति अपनी अटूट श्रद्धा (भक्ति) प्रदर्शित की।

शाहजहाँ के पश्चात् औरंगजेब ने भी अपने शासनकाल के प्रारंभ में अपने विश्वापात्र हिंदू राजा 'मकरन्दराय' के कार्यों से प्रसन्न होकर पुनः बरेली का गवर्नर उन्हीं को बनाये रखा। औरंगजेब के प्रति भक्ति प्रदर्शित करने के उद्देश्य से राजा मकरन्दराय ने सर्वप्रथम "आलमगीर औरंगजेब'' के नाम पर बरेली में ''आलमगीरीगंज" नामक मुहल्ले की स्थापना की।

जब कुछ राजपूतों ने यह अनुमान लगा लिया कि राजा मकरन्दराय हिंदुओं का आंशिक समर्थन करेगा तो इसी आशा के साथ फरीदपुर के राजपूत सरदार कल्यान सिंह ने अपनी स्वतंत्र सत्ता की घोषणा कर दी और मुगलों का विरोध करने लगा। परंतु सरदार कल्यान सिंह की मृत्यु के पश्चात् उसका भतीजा भयभीत होकर औरंगजेब का विश्वासपात्र ही नहीं बना बल्कि उसने हिंदू धर्म त्यागकर इस्लाम धर्म भी स्वीकार कर लिया। जब कल्यान सिंह का अल्पवयस्क पुत्र ध्यान सिंह वयस्क हुआ तो उसने इस्लाम धर्म स्वीकार करने वाले राजपूतों तथा राजपूतों के विद्रोहियों को मौत के घाट उतार दिया। मकरन्दराय ने ध्यानसिंह के विरुद्ध किसी प्रकार की कोई कार्यवाही नहीं की। जब यह समाचार दिल्ली दरबार में सम्राट औरंगजेब के पास पहुँचा, उसने तत्काल ही बरेली के हिंदू गवर्नर राजा मकरन्दराय को कैद करने का आदेश दे दिया। तत्पश्चात अग्रिम आदेशानुसार राजा मकरन्दराय की उंगलियाँ भी काट ली गयीं।

परिणामतः औरंगजेब ने अनुमान लगा लिया कि बरेली में मुस्लिम गवर्नर रखना ही हितकर रहेगा, इसलिये सन् 1679 ई. में उसने मुहम्मद रफी को बरेली प्रांत का गवर्नर बना कर भेजा। मुहम्मद रफी ने फरीदपुर के राजपूतों को दवाने का भरसक प्रयत्न किया परंतु वह असफल रहा। अंत में उसने राजपूतों का पूर्णतया दमन करने के उद्देश्य से दिल्ली से एक विशाल सेना बुलवाई। उसकी सेना तथा फरीदपुर की राजपूत सेना के मध्य दियोरिया (आज बीसलपुर "पीलीभीत" के पास) के मैदान में भयंकर युद्ध हुआ। अंततः युद्ध में साधनहीन राजपूत सेना पराजित हो गई और इस क्षेत्र पर मुगलों का पूर्णतया अधिकार हो गया।

सन् 1707 ई. में औरंगजेब की मृत्यु के पश्चात् बरेली के ग्रामीण क्षेत्रों में राजपूतों ने विद्रोह कर दिया तथा अनेक क्षेत्रों में राजपूतों ने अधिकार भी कर लिया। इसके पश्चात इस क्षेत्र पर कई बार पठानों और रुहेलों के आक्रमण होते रहे। अंत में रुहेला सरदार दाऊद खां ने सिरौली पर अधिकार कर लिया, जिससे सन् 1773 ई. तक बरेली में रुहेला सरदारों की तूती बोलती रही। सन् 1707 ई. से 1725 ई. तक दाऊद खाँ, सन् 1726 ई. से 1748 ई. तक अली मुहम्मद, और तत्पश्चात 1772 ई. तक हाफिज रहमत खाँ आदि वीर रूहेला सरदारों के बरेली पर अधिकार रहे और विभिन्न कालों में विभिन्न युद्ध करके बरेली खंड (क्षेत्र) का रूहेला खंड के नाम से प्रसिद्ध किया जो कालांतर में "रूहेलखंड'' के नाम से विख्यात हो गया।

जब सन् 1972 ई. में मराठों ने रूहेलखंड पर आक्रमण किया तो रूहेला सरदार हाफिज रहमत खाँ ने नवाब वजीर से पारस्परिक सुरक्षा हेतु एक संधि की जिसके बदले में 40 लाख रुपये देना निश्चित हुआ। यह संधि अंग्रेज सेनापति सर

राबर्ट वार्कर के सम्मुख हुई थी। सन् 1773 ई. में पुनः मराठों ने रुहेलखंड पर आक्रमण की योजना बनायी, परंतु किसी कारणवश मराठे बिना आक्रमण किये वापस लौट गये। संधि के अनुसार नवाब वजीर ने हाफिज रहमत खाँ से 40 लाख रुपया माँगा

जिसे रहमत खाँ ने देने में आनाकानी की, परिणामस्वरूप नबाब शुजाउद्दौला और बरेली के हाफिज रहमत खाँ के मध्य तीव्र मतभेद हो गये। इसी अंतर में नवाब शुजाउद्दौला और वारेन हेस्टिंग्स में संधि हो गई जिससे क्रुद्ध होकर 23 अप्रैल 1774 ई. को मीरानपुर कटरा (शाहजहाँपुर) के मैदान में हाफिज रहमत खाँ की सेना को गवर्नर जनरल वारेन हेस्टिंग्स और नवाब शुजाउद्दौला की संयुक्त सेना से युद्ध करना पड़ा। युद्ध में हाफिज रहमत खाँ पराजित होकर वीरगति को प्राप्त हुये और बरेली पर अंग्रेजी कंपनी का अधिकार हो गया।

लगभग 25 वर्षों तक रुहेला सेना और कंपनी सेना के मध्य छुट-पुट युद्ध होते रहे। अंत में सन् 1801 ई. में बरेली पर ब्रिटिश कंपनी का पूर्णतया अधिकार हो गया।

अवध के नवाब सआदत अली खाँ ने बरेली को सन् 1801 ई. में ईस्ट इंडिया कंपनी के अधिकार में दे दिया और कंपनी के शासन काल में इसे रुहेलखंड की राजधानी बना दिया गया, साथ में इसे बंगाल महाप्रांत के अधीन कर दिया।

बरेली के राजपूतों के सफल निर्देशन और नेतृत्व में यहाँ का जनमानस अंग्रेजी (ब्रिटिश ईस्ट इंडिया कंपनी के) साम्राज्य के विरुद्ध सन् 1801 ई. से 1812 ई. तक विद्रोह तो करता रहा परंतु साधनों के अभाव और अंग्रेज अधिकारियों की कूटनीति के कारण उन्हें सफलता न मिल सकी। सन् 1813 ई. में नेपाल नरेश की गोरखा सेना और अंग्रेज सेनापति मेजर हर्सी के नेतृत्व में बरेली सेना के मध्य युद्ध हुआ और ब्रिटिश सेना को पराजित करके सेनापति मेजर हर्सी को कैद कर लिया। परिणामतः बरेली के तत्कालीन मुस्लिम नेता मुफ्ती मुहम्मद एवज ने यह अनुभव किया कि वे भी अंग्रेजी साम्राज्य के विरूद्ध विद्रोह करके उसे पराजित कर सकते हैं। मुफ्ती मुहम्मद एवज ने हजारों अनुयायी बरेली के हुसैन बाग में एकत्र हुये तथा तलवारें और बन्दूकें लेकर अंग्रेजी सेना पर टूट पड़े। उस समय अंग्रेजी सेना में कुल 150 देशी सैनिक थे। परिणामस्वरूप युद्ध में बरेली के मुफ्ती मुहम्मद एवज को अंग्रेजी सेना के विरुद्ध प्रथम विजयश्री प्राप्त हुई।

कंपनी की सेना की पराजय के पश्चात् अंग्रेज अधिकारियों ने मुरादाबाद से मेजर कनिंघम के नेतृत्व में सेना की एक विशाल टुकड़ी मंगा ली परंतु वह भी बरेली के मुफ्ती सैनिकों पर विजय प्राप्त न कर सकी। तत्कालीन युद्ध में अंग्रेजी सेना के 21 और मुफ्ती सेना के 20 सैनिक हताहत हुये तथा दोनों ओर के सैकड़ों सैनिक घायल हुये। अंत में कंपनी के अधिकारियों के कूटनीतिक हस्तक्षेप के कारण संधि करने का निर्णय लिया गया। अगले दिन संधि पर हस्ताक्षर होने वाले ही थे कि किसी व्यक्ति ने बरेली के तत्कालीन न्यायाधीश मिस्टर लैसिस्टर के पुत्र को गोली मार दी। इस दुर्घटना का समाचार प्राप्त होते ही मुरादाबाद का सेनापति मेजर कनिंघम बहुत दुखी और क्रोधित हुआ और उसने बरेली की जनता को लूटने, प्रताड़ित करने और यातनायें देने के उद्देश्य से मुरादाबाद की बड़ी सेना की तेरहवीं टुकड़ी बुला ली। सेना ने अंधाधुध गोलाबारी की

जिससे बरेली में त्राहि-त्राहि मच गई। इसमें लगभग 500 व्यक्तियों को तत्काल ही मौत के घाट उतार दिया गया तथा हजारों की संख्या में जनमानस घायल हो गया।

इस दुर्घटना के परिणामस्वरूप बरेली का जनमानस उद्वेलित हो उठा और अपने कंधे से ब्रिटिश सता का जुआँ उतार फेंकने को उतावला हो गया तथा स्वतंत्रता के लिए प्रतिक्षण आंदोलनकारी कदम उठाने की तैयारी करने लगा। जहाँ एक ओर ब्रिटिश साम्राज्य के विरुद्ध उत्तेजित वातावरण बन रहा था वहीं दूसरी ओर सन् 1814 ई. में ब्रिटिश कंपनी के अधिकारियों ने रुष्ट होकर बरेली की जनता को यातनायें देने के उद्देश्य से भवन करष् का आदेश प्रसारित कर दिया जिसके विरुद्ध जनआंदोलन ही एक विकल्प था। इस आदेश के विरोध में बरेली नगर में एक बड़ी हड़ताल हुई जिसमें बरेली के हजारों नागरिक एकत्र होकर अपना विरोध प्रदर्शित करने कलक्ट्रेट गये और तत्कालीन जिलाधिकारी मि. डम्बलटन को एक विरोध पत्र दिया। इस आंदोलनकारी प्रदर्शन का नेतृत्व मुफ्ती मुहम्मद एवज कर रहे थे क्योंकि उस समय के वह ही एक मात्र प्रसिद्ध नेता थे। इस प्रकार के प्रदर्शन से जिलाधिकारी मि. डम्बलटन बहुत क्रोधित हुआ और उसने अवैधानिक रूप से प्रदर्शनकारी भीड़ को हटाने तथा नगर में शांति स्थापित करने के आदेश दिये। उग्र भीड़ नारेबाजी भी करने लगी। इससे जिलाधिकारी और अधिक चिढ़ गया तथा उसने लाठी चार्ज करने जैसे घृणित आदेश देने में भी हिचक नहीं की। नगर कोतवाल ने आदेश का पालन किया जिससे सैकड़ों नागरिक बुरी तरह घायल हो गये और भयभीत होकर अपने अपने घर लौट गये।

इस प्रकार बरेली के जनमानस को अंग्रेजी शासन विरोधी छोटी-छोटी गतिविधियों में कठोर से कठोर दंड दिया जाने लगा, जिससे जनता में अंदर ही अंदर कंपनी के शासन के विरुद्ध विद्रोह की भावनायें और अधिक उग्र रूप धारण करने लगीं। इसका परिणाम यह हुआ कि 16 अप्रैल सन् 1816 ई. को बरेली की जनता ने अंग्रेजी शासन के विरुद्ध आंदोलन प्रारंभ कर दिया। वास्तव में यह आंदोलन शासन के अत्याचारों के विरोध में किया गया था। बरेली के हिंदू और मुस्लिम समाज ने एकता का परिचय दिया जिसके कारण नगर का संपूर्ण यातायात अवरुद्ध रहा। जब इसकी सूचना जिलाधिकारी मि. डम्बलटन को प्राप्त हुई तो वह क्रोध से आग बबूला हो गया। उसने सन् 1814 ई. के आदेश की भाँति पुनः आंदोलनकारियों से प्रतिशोध लेने हेतु नगर कोतबाल को आदेश दिया कि वह घुड़सवार पुलिस के द्वारा संपूर्ण नगर में गश्त का प्रबंध करे तथा पूर्णतया शांति स्थापित करे। साथ में उन व्यक्तियों से कठोर व्यवहार करने का भी आदेश दिया जो आंदोलन का नेतृत्व कर रहे थे। आदेश का पालन करने के लिये अंग्रेजों की घुड़सवार पुलिस सर्वप्रथम आंदोलन के नेता मुफ्ती मुहम्मद एवज के निवास (मोहल्ला नौमहला) पर पहुँची और फायरिंग की। अंग्रेज सैनकों द्वारा किये फार्यारंग को सुनकर नौमहला मुहल्ले के निवासी उत्तेजित हो उठे और उन्होंने सैनिकों को (सामना करने के लिए) ललकारा। दोनों पक्षों में मुठभेड़ हुई। इसमें नौमहला मुहल्ला के दो वीर सैनिक वीरगति को प्राप्त

हुये और अनेक घायल हुये। अंग्रेजी सेना के भी दो सिपाही हताहत हो गये। यह मुठभेड़ 5 घन्टे तक चलती रही थी।

मुठभेड़ के पश्चात तरेली के नेता मुफ्ती मुहम्मद एवज हुसैनबाग में स्थित अपने दूसरे निवास को चले गये परंतु कई व्यक्तियों को कंपनी के सैनिकों ने कैद कर लिया और इस आशय से कारागार भेज दिया, कि जिससे शेष जनमानस को भय बना रहे कि कंपनी के शासन के विरुद्ध किये गये विद्रोह से ऐसा दंड मिलता है। परंतु इस कुकृत्य का आम जनमानस पर कोई प्रभाव नहीं पड़ा और कंपनी के शासन के विरुद्ध प्रदर्शन होते रहे। तत्कालीन प्रदर्शनों की सबसे बड़ी विशेषता और गौरव की बात यह थी कि सन् 1834 ई. तक जितनी बार भी विद्रोह या प्रदर्शन हुये, सभी में हिंदू और मुसलमानों ने कंधे से कंधा मिलाकर सौहार्दतापूर्वक कार्य किया, जिससे कंपनी का शासन उन्हें भयभीत न कर सका।

सन् 1837 ई. में ईस्ट इंडिया कंपनी ने अंग्रेजी सेना की रक्षा हेतु बरेली छावनी (कैंट) में एक अस्थाई किला की स्थापना की, क्योंकि अब अंग्रेज अधिकारियों को यह आभास होने लगा था कि बरेली का जनमानस आंदोलनकारी प्रवृत्ति का है और इसमें बिना साम्प्रदायिकतावादी नीति का सूत्रपात किये सफलता प्राप्ति बहुत दूर है। फलस्वरूप शासन के अधिकारियों ने "फूट डालो और शासन करो" की नीति अपनाना प्रारंभ की, क्योंकि वे समझ रहे थे कि इसी नीति से हिंदू और मुसलमानों में पारस्परिक वैमनस्य उत्पन्न किया जा सकता है और तभी अंग्रेजी कंपनी की स्थाई सरकार स्थापित हो सकती है।

संयोगवश सन् 1837 ई. में हिंदू त्योहार होली और मुस्लिम त्योहार मुहर्रम एक ही तिथि में पड़े। पूर्व से ही नगर में दोनों धर्मों के जुलूस निकला करते थे। बरेली के तत्कालीन जिलाधिकारी मि. क्लार्क ने अवसर का लाभ उठाना चाहा और उसने हिंदू एवं मुसलमान समाज में वैमनस्य उत्पन्न कराने के उद्देश्य से दोनों धर्मों के प्रमुख नेताओं को जुलूस निकलने से एक दिन पूर्व ही बरेली कलेक्ट्रेट में आमंत्रित किया, जिससे दोनों धर्मों के नेताओं के मध्य शांति बनाये रखने के संबंध में वार्ता हो सके। इस बैठक में दोनों धर्मों के नेताओं से शांति बनाये रखने की अपील की गयी।

दोनों धर्मों के समाज ने सूझ-बूझ का परिचय दिया और अंग्रेजी शासन को यह दिखा दिया कि वे एक हैं, इसलिये पहले से किसी प्रकार का पारस्परिक वैमनस्य न होने के कारण जुलूसों के अवसर पर किसी अप्रिय घटना का कोई समाचार नहीं मिला। अतः दोनों जुलूस शांति और अमन के वातावरण में गुजरे।

जब अंग्रेजों की आशा के विरुद्ध जुलूस के अनुयायियों के मध्य सौहार्दपूर्ण वातावरण बना रहा तो अंग्रेज अधिकारियों को आश्चर्य और दुःख दोनों हुये। इसके पश्चात अंग्रेज अधिकारियों ने बरेली के मुस्लिम जगत को हिंदू समाज के विरुद्ध प्रेरित करना प्रारंभ कर दिया, इसकी पुष्टि इस उदाहरण से स्पष्ट दृष्टिगोचर हो जाती है कि बरेली के एक

मुसलमान भाई वासिल मियाँ उर्फ पहलवान साहब को हिंदू विरोधी गतिविधियों के तहत फुसलाकर हिंदू समाज के विरुद्ध प्रेरित किया।

यद्यपि पहलवान वासिल मियाँ राष्ट्रीय विचारधारा वाले एक ऐसे व्यक्ति थे जिन पर साम्प्रदायिकतावादी विचारों का कोई प्रभाव पड़ना दुष्कर था परंतु अंग्रेजों की नीति ने उन्हें भी फांस लिया जिससे वे भी साम्प्रदायिक विचारों में लिप्त हो गये। उन्हें बताया गया कि चौधरी बसंतराय, बरेली के हिंदू समाज के ऐसे एकमात्र हिंदू नेता हैं जो केवल बरेली के हिंदुओं की ही दशा में सुधार चाहते हैं और सदैव ही मुस्लिम जगत की प्रतिष्ठा को गिराना चाहते हैं तथा वे कुछ समय में ही बरेली के चमकते? मुसलमानों का वध करके शहर से बाहर फेंक देंगे। फिर क्या था वासिल मियाँ की राष्ट्रीय विचारधारायें साम्प्रादयिकता से परिपूर्ण हो गयीं और वे चौधरी बसंतराय के शत्रु बन गये तथा चौधरी बसंतराय का वध करने की युक्तियाँ सोचने लगे।

सन् 1838 ई. में चौधरी बसंतराय का वध करने की योजना से वासिल मियाँ ने दरियाँ और कालीन बेचने का व्यापार प्रारंभ किया तथा शहर की सड़कों एवं संकरी गलियों में विक्रय कार्य प्रारंभ किया। जब उन्होंने चौधरी बसंतराय के घर के पास जाकर दरी लो दरी की कड़कती हुई ध्वनि उच्चारित की तो चौधरी साहब ने अपने नौकर को भेज वासिल मियाँ को बुला लिया। उन्हें क्या पता था कि उनका अंतिम समय आ चुका है। भवन की दूसरी मंजिल पर दरी विक्रेता को पहुँचा चौधरी साहब का नौकर चला गया। वासिल मियाँ चौधरी बसंतराय को दरियाँ दिखाने लगे। जैसे ही पलंग पर बैठे चौधरी बसंतराय ने झुककर दरी देखने के लिये उस पर हाथ लगाया, कि दरी विक्रेता वासिल मियाँ ने अति शीघ्रता से अवसर का लाभ उठाकर दरी की तह में तेज धार वाला छुरा चौधरी साहब के पेट में घोंप दिया। छिपा तेज धार वाला छुरा चौधरी साहब के पेट में घोंप दिया।

जहाँ एक ओर पहलवान वासिल मियाँ दरियाँ छोड़ तेजी से भागे, वहीं दूसरी ओर चौधरी साहब 'बचाओ-बचाओ' कहते हुये भूमि पर गिर पड़े।

जैसे ही चौधरी साहब की रुग्ण ध्वनि उनके कुत्तों ने सुनी, वे तेजी से झपटे और अपने मालिक चौधरी साहब को जमीन पर निश्चेत अवस्था में पड़ा देख सीढ़ियों पर तेजी से उतर रहे वासिल मियाँ पर झपट पड़े तथा सीढ़ियों के मध्य में ही मियाँ वासिल पहलवान को गिरा लिया। जब तक मियाँ साहब लुढ़कते हुये जीने की अंतिम सीढ़ी पर गिरे, कुत्ते नोंच नोंच कर उन्हें अधमरा कर चुके थे। अब तक चौधरी बसंतराय के लगभग सभी नौकर भी आ गये। उन्होंने रक्त रंजित दरी विक्रेता मियाँ साहब को किसी प्रकार कुत्तों से छुड़ाया और वासिल मियाँ को पुलिस के अधिकार में दे दिया। वासिल मियाँ पर काफी समय तक मुकदमा चलता रहा।

अंततः चौधरी बसंतराय की हत्या के अभियोग में मियाँ वासिल को प्राण दंड दे दिया गया। बाद में उनकी निष्प्राण देह को उनके परिवार जनों को सौंप दिया गया।

परिवारजनों ने उसे नगर के मध्य दफना दिया और बाद में शहीद मजार के रूप में व्यवस्थित कर दिया। वर्तमान में इस मजार की देखरेख सज्जादा नसीन रईस मियाँ साहब कर रहे हैं।

यद्यपि यह घटना केवल दो व्यक्तियों चौधरी बसंतराय और वासिल मियाँ उर्फ पहलवान साहब के मध्य की थी, फिर भी अंग्रेज अधिकारियों ने इसे साम्प्रदायिकता का रूप दे दिया जिससे आगामी कुछ वर्षों तक बरेली के हिंदू और मुस्लिम समाज के मध्य पारस्परिक वैमनस्य बना रहा जिससे अंग्रेजों को काफी सीमा तक लाभ मिलते रहे और अंग्रेज अधिकारी निश्चित होकर दोनों धर्मावलंबियों को समय-समय पर यातनायें देते रहे।

वास्तविकता यह थी कि अंग्रेजी सरकार से बरेली का कोई वर्ग, सम्प्रदाय अथवा व्यक्ति प्रसन्न नहीं था जिससे यहाँ के रुहेलों, राजपूतों और पठानों में अंग्रेजी शासन के विरुद्ध विद्रोह की भावनायें आन्तरिक रूप से पनपने लगीं परंतु बाह्य रूप से सामने आने में असमर्थ थे।

सन् 1854 ई. में रुहेला सरदार हाफिज रहमत खाँ के एक वजीर (मंत्री) राव चम्पत सिंह ने बरेली में चम्पतराय बाग नामक एक बाग लगवाया और उसमें हिंदुओं की पूजा हेतु एक विशाल मन्दिर की भी स्थापना की।

बरेली का जनमानस अंग्रेजी शासन से अप्रसन्न ही नहीं था बल्कि भयभीत भी था। इसका एक कारण यह भी था कि प्रत्येक ग्राम और नगर के प्रत्येक मुहल्ले में अंग्रेजों के कुछ मुखबिर पैदा हो गये थे जो सदैव जनता का शोषण करते रहते थे। ये हाँ हुजूर कहने वाले चाटुकार अंग्रेज अधिकारियों को कभी जनता की भावनाओं तथा उनकी यथा स्थिति को स्पष्ट रूप से समझने नहीं देते थे।

बल्कि हर समय अपनी स्वार्थ सिद्धि तथा धन लूटने में ही व्यस्त रहते थे। जनता के हृदय में इन चापलूसों और ब्रिटिश शासन के विरुद्ध ज्वालामुखी धधक रही थी जिसका कंपनी के अधिकारियों को लेशमात्र भी अभास नहीं था। अग्रेज शासकों को ये चापलूस सदैव यह कहकर संतुष्ट करते रहते थे कि बरेली में पूर्णतया शांति है तथा बरेली के किसी वर्ग में कंपनी के शासन के विरुद्ध आवाज उठाने का साहस नहीं है।

इस प्रकार लगभग 15 वर्षों के पश्चात जहाँ एक ओर बरेली की आम जनता अंग्रेजों के मुखबिरों से ऊब चुकी थी, वहीं दूसरी ओर गर्वनर जनरल की हड़पनीति के कारण स्वाधीनता प्रेमियों ने अंततः ब्रिटिश सत्ता का जुआ उतार कर फेंकने का निश्चय किया और अंग्रेजी शासन के विरुद्ध क्रांति करने का आह्वान किया।

अतः संपूर्ण भारत के विचारों के साथ बरेली भी उद्वेलित हो गयी और सन् 1857 ई. की क्रांति का बरेली में भी श्रीगणेश हुआ।

तृतीय अध्याय

1857 का प्रथम स्वातंत्र्य समर और बरेली

सन् 1600 में कंपनी के शासन की स्थापना के पश्चात लगभग सभी गर्वनर जनरलों की साम्राज्यवादी प्रवृत्तियों, कंपनी की सरकार द्वारा भारतीय सैनिकों के साथ दुर्व्यवहार, लार्ड वेलेजली की सहायक संधि और लार्ड डलहौजी की गोद निषेध तथा हड़पनीति से क्षुब्ध होकर भारतीय जनमानस विद्रोह करने पर उतर आया और स्वाधीन होने के स्वप्न देखने लगा। नाना जी पेशवा, महारानी लक्ष्मीबाई, और मुगल सम्राट बहादुरशाह आदि ने असंतुष्ट होकर अंग्रेजी शासन के विरुद्ध बिगुल बजा दिया। इन सभी क्रांतिकारी नेताओं ने ब्रिटिश साम्राज्य के विरुद्ध भारतीय जनमानस में विप्लव की आग भड़काने का संकल्प कर लिया। इस क्रांति की दो वीर आत्माएँ नाना जी पेशवा और रानी लक्ष्मीबाई एक ही नाव पर सवार होकर कंपनी के शासन के विरुद्ध गुप्त रूप से संगठन करते रहे। हिंदू-मुस्लिम एकता के साथ क्रांति के लिए मैदान तैयार किया गया। क्रांतिकारी नेताओं में नाना साहब पेशवा, मौलवी अहमद शाह, अजीमुल्ला खाँ, खानबहादुर खाँ, बख्त खाँ, शोभाराम, बेगम जीनत महल और तात्या टोपे आदि के नाम प्रमुख हैं।

सर्वप्रथम क्रांति का सूत्रपात बंगाल में अलीनकी खाँ द्वारा, बिहार में कुवंर जगदीश सिंह द्वारा, दक्षिण भारत में रंगो बापू जी द्वारा, झांसी में रानी लक्ष्मीबाई द्वारा, कानपुर में नाना साहब पेशवा द्वारा, आगरा में मौलवी अहमद शाह द्वारा और रुहेलखंड की राजधानी बरेली में नवाब खान बहादुर खाँ, बख्त खाँ तथा मुंशी शोभाराम द्वारा किया गया।

पृष्ठभूमि

सन् 1857 ई. की क्रांति में बरेली जनपद ने जो योगदान दिया उसका महत्व सर्वाधिक है। यदि इस क्रांति की ज्वाला भड़काने का श्रेय नाना साहब पेशवा, अहमदशाह, रानी लक्ष्मीबाई और तात्याटोपे तथा मंगलपाण्डे को है तो इस क्रांति के सैनिक संगठन और संचालन का श्रेय बरेली के खान बहादुर खाँ और जनरल बख्त खाँ को है।

यद्यपि रुहेलखंड प्रांत रुहेला पठानों के अधीन रह चुका था और बरेली इसका मुख्यालय था परंतु अवसर पाकर अपनी कूटिनीति से अंग्रेज अधिकारियों ने इसे सन् 1801 ई. में ईस्ट इंडिया कंपनी के नियंत्रण में दे दिया था। सन् 1857 ई. की

क्रांति के समय बरेली के खानबहादुर खाँ ब्रिटिश शासन में न्यायिक मजिस्ट्रेट के पद पर आसीन थे।

रुहेला सरदार हाफिज रहमत खाँ के पौत्र होने के कारण नवाब खानबहादुर खाँ को अनिवार्य पेंशन भी मिलती थी। खानबहादुर खाँ के अभिन्न मित्रों में मुंशी शोभाराम थे जिनके सहयोग से बरेली नगर क्रांति का प्रमुख केंद्र बना। क्रांति के समय बरेली में कंपनी के अधिकार वाली 8 नम्बर की देशी सवार सेना, 18 और 68 नम्बर की पैदल सैनिक टुकड़ियाँ तथा कुछ तोपखाना रहता था। जनरल शिबाल्ड बरेली का सेनापति था।

इन सैनिक टुकड़ियों के अतिरिक्त एक अन्य पैदल टुकड़ी भी अलग से थी। वास्तव में 18वीं पैदल सेना की टुकड़ी मेजर पियर्सन के अधीन, 68वीं पैदल सेना की टुकड़ी कर्नल सी. ट्रप के अधीन, अन्य पंदल सेना कैप्टन किर्वी के अधीन और 8वीं घुड़सवार सेना कैप्टन मैकेंजी के अधीन थी। श्री आर. अलेक्जेंडर और सार्जेन्ट हार्डी सभी सिविल कार्यालयों के नियंत्रक थे।

मेरठ और दिल्ली में होने वाले विद्रोहों की सूचना प्रतिदिन बरेली आती रहती थी जिससे अंग्रेज सेनापति और सैनिक अत्यधिक भयभीत थे। परंतु वे यह खोजने में असमर्थ रहे कि इन विद्रोहों का केंद्र बरेली में कहाँ था। बरेली के खानबहादुर खाँ और शोभाराम को अंग्रेजी शासन का परम भक्त समझा जाता था इसलिए उन पर संदेह करने का प्रश्न ही नहीं था।

10 मई सन् 1857 ई. को सुबह सेनापति जनरल शिवाल्ड के पास एक गुप्त संदेश आया कि बहुत शीघ्र बरेली में भी विद्रोह की ज्वाला भड़कने वाली है। इस भय से उसने अपने गृह सचिव एवं अति विश्वासपात्र मि. मन्सुख सिंह को अपने पास बुलाया। तत्पश्चात सभी बंगलों के प्रत्येक कर्मचारी को आवश्यक निर्देश देने हेतु समीप आने को कहा। कर्मचारियों की सभा को सम्बोधित करते हुए सेनापति जनरल शिवाल्ड ने कर्मचारियों और सैनिकों से कहा—“मेरे पास जितना धन है, वह सब आप लोगों के लिए है, उसे आप लोग आपस में बराबर-बराबर विभाजित कर लो तथा भारतीयों द्वारा किये जाने वाले विद्रोह का सोच विचार कर सामना करो।”

गृह सचिव मि. मन्सुख सिंह को व्यक्तिगत रूप से विपुल धन भेंट किया गया तथा सेनापति शिबाल्ड की दो पुत्रियों तथा पत्नी को भी विद्रोहियों से सुरक्षा करने के लिए साथ किया गया। अंत में सेनापति शिबाल्ड ने मि. मन्सुख सिंह से कहा, “देखिए। ईश्वर कल क्या करे? जिन्दा रहा तो खैर, अन्यथा इन तीनों धरोहरों की यथासम्भव सहायता करना। इसके पश्चात मन्सुख सिंह तीनों अंग्रेज महिलाओं को साथ लेकर अपने घर चला गया।

क्रांतिकारियों से भयभीत मन्सुख सिंह भी यह अनुमान लगाता रहा कि उन अंग्रेज महिलाओं के साथ विद्रोही उसे भी किसी मूल्य पर सुरक्षित नहीं छोड़ेंगे। यद्यपि मंसुख सिंह ने सेनापति शिबाल्ड को तीनों की सुरक्षा का वचन दिया था परंतु सुरक्षा करना

नितांत कठिन था। सेनापति शिबाल्ड को दिये गये वचनों की पूर्ति करने के उद्देश्य से मन्सुख सिंह ने तीनों अंग्रेज महिलाओं को किसी अज्ञात स्थान पर छिपा देना ही हितकर समझा। अत्यधिक विचार करने के उपरांत मन्सुख सिंह ने तीनों को एक मैदान में गड्ढा खोद कर उसमें उन्हें बैठा ऊपर से गरी चुनकर उनकी रक्षा की। बाद में उन्हें अन्यत्र भेज दिया गया।

क्रांति की योजनानुसार 11 मई सन् 1857 ई. को प्रातःकाल ही दो क्रांतिकारी सैनिक सेनापति शिवाल्ड को पकड़ने आये। सेनापति शिवाल्ड घोड़े पर बैठकर सैनिकों के साथ चल दिये। विप्लवी सैनिक शिवाल्ड के घोड़े के पीछे-पीछे चल रहे थे। सेनापति शिवाल्ड गिरजाघर (ब्रिटिश इंफन्ट्री चर्च) में दक्षिणी द्वार से प्रविष्ट होकर ज्यों ही पूर्वी द्वार से बाहर निकले, कि साथ चल रहे सैनिकों में से एक राजपूत सैनिक ने अपनी तलवार से शिवाल्ड का सिर धड़ से अलग कर दिया। वह सैनिक शिबाल्ड का सिर अपने हाथ में थामकर दूसरे सैनिक के साथ चला गया और शिवाल्ड का धड़ वहीं पड़ा तड़पता रहा। इस प्रकार बरेली में एक सेनापति की हत्या के साथ विप्लव का सूत्रपात हुआ।

जब मेरठ छावनी में हुई 10 मई 1857 ई. की क्रांति का समाचार 14 मई 1857 ई. को बरेली पहुचा, तब तक ब्रिटिश अधिकारियों ने सेनापति शिवाल्ड का शेष परिवार नैनीताल भिजवा दिया। सार्जेन्ट हार्डी ने अपनी पत्नी और दो बच्चे अंग्रेजी शासकों के शुभचिंतक तथा भारतीय स्वतंत्रता संग्राम के विद्रोही ठाकुर जयमल सिंह (क्यारा निवासी) के साथ उनके गाँव भेज दिये। विप्लवी सैनिकों से ठाकुर जगपाल सिंह ने अंग्रेज प्राणियों के प्राणों की रक्षा की एवं हर संभव सहायता की। कुछ अंग्रेज अधिकारियों के परिवारों को बरेली निवासी रहीमदाद खाँ और साकिर दाद खाँ ने भी अपने घरों में छिपाकर क्रांतिकारियों के प्रति विश्वासघात का परिचय दिया।

बरेली में आंदोलनकर्ताओं का सर्वप्रथम कार्य ब्रिटिश अधिकारियों को खोजना एवं उनका बध करना था। इसके अतिरिक्त उन्होंने अंग्रेज आलेखों, मुख्य पत्राजातों को प्राप्त करके उन्हें नष्ट कर दिया। विप्लवी सैनिकों ने मुख्य बाजार में भी तहलका मचा दिया। बाजार में इस अवसर पर आंदोलनकारियों का कोई विरोध नहीं कर रहा था क्योंकि उनके कृत्यों से आम जनमानस प्रसन्न था। केवल एक ब्रिटिश व्यापारी एस्पीनल ने क्रांतिकारियों का विरोध किया जिसके फलस्वरूप उसे मौत के घाट उतार दिया गया। इसे मारने वाले बरेली के मुस्लिम नेता शम्सी अहमद थे।

15 मई सन् 1857 ई. को बरेली की शेष सेना बरेली छावनी के विशाल मैदान में एकत्र हुई जहाँ अंग्रेजों के प्रति विश्वास व्यक्त किया गया और गुप्त रूप से खानबहादुर खाँ, मुंशी शोभाराम और तोप अधिकारी बख्त खाँ ने क्रांतिकारी योजनायें बनानी प्रारंभ कर दी। इसी अवसर पर दिल्ली के क्रांतिकारी मुगल सम्राट बहादुरशाह की ओर से बरेली की क्रांतिकारी सेना तथा सेनापति के नाम एक गुप्त संदेश आया, जिसे क्रांतिकारी सेना में पढ़कर सुनाया गया। उसमें लिखा था—

"दिल्ली की सेना के सेनापति की ओर से बरेली और मुरादाबाद की पलटनों के सेनापतियों के नाम हार्दिक आलिंगन! भाइयो! दिल्ली में अंग्रेजों के साथ जंग हो रही है। खुदा की दुआ से हमने अंग्रेजों को जो पहली शिकस्त दी है, उससे वे इतने घबरा गये हैं जितना किसी दूसरे मौके पर दस शिकस्तों से भी न घबराते। बेशुमार हिंदोस्तानी बहादुर दिल्ली में आ आ कर जमा हो रहे हैं। ऐसे मौके पर अगर आप वहाँ पर खाना खा रहे हैं, तो हाथ यहाँ आकर धोइये। शाहों का बादशाह, जहाँपनाह हमारा दिल्ली का शहंशाह आपका इस्तकवाल करेगा और आपकी खिदमत का सिला देगा। हमारे कान इस तरह से आपकी ओर लगे हुए हैं कि जिस तरह रोजेदारों के अजान देने वाले की पुकार की ओर लगे रहते हैं। हम आपकी तोपों की आवाज सुनने के लिए बेचैन हैं। आपके दीदार की प्यासी हमारी आखें उसी तरह सड़क पर लगी हैं, जिस तरह कासिद की आंखे लगी रहती हैं। आइये! आपका फर्ज है कि फौरन आइये! हमारा घर आपका घर है! भाइयो! आइये बिना आपकी आमद के बहार के गुलाब में फूल नहीं आ सकते, बिना बारिश के कली नहीं खिल सकती, बिना दूध के बच्चा जी नहीं सकता।"

इस आदेश को सुनने के पश्चात भी बरेली के नेता खानबहादुर खाँ ने प्रारम्भिक योजना के अनुसार 31 मई सन् 1857 ई. तक क्रांति न करने का निश्चय किया। खानबहादुर खाँ और बरेली की देशी सेना का व्यवहार अंग्रेज अधिकारियों के प्रति सौहार्दपूर्ण दिखाई देता रहा जिससे अंग्रेज अधिकारी यह अनुमान नहीं लगा सके कि बरेली में भी विद्रोह हो सकता था। बरेली के परिचित नेता अंग्रेजों के स्वामिभक्त बने रहे और गोपनीय विधि से क्रांतिकारी योजनायें बनाते रहे। खानबहादुर खाँ और मुंशी शोभाराम ने दिल्ली से आये संदेश को केवल कुछ ही मुख्य मुख्य सैनिकों को पढ़कर सुनाया था क्योंकि उग्रवादी देशी सेना का उग्र कदम उठाना समय के पूर्व ही संभव था। खानबहादुर खाँ ने सूबेदार बख्त खाँ से भी आग्रह किया कि बरेली में निश्चित योजना के अनुसार ही क्रांति की जानी हितकर और सफल रहेगी और तब तक बरेली में शांति का वातावरण बनाना ही उत्तम रहेगा।

इसी संदर्भ में अंग्रेजी शासन के विरुद्ध वातावरण स्वतः ही बनना प्रारंभ हो गया। 22 मई सन् 1857 ई. की घटनाओं के क्रम ने अधिक उग्र रूप धारण करना चाहा परंतु बरेली के तत्कालीन कोतवाल शेख बदरुद्दीन ने स्थिति को नियंत्रित किया। बरेली के तत्कालीन परगना शाही में स्थिति बिगड़ने लगी क्योंकि शाही का परगनाधीश राजस्व में एकत्र धन को अंग्रेजों को अर्पित करना चाहता था, परंतु स्वतंत्रता प्रेमियों ने वह नहीं होने दिया। शनैः शनं आंवला और फरीदपुर की स्थितियाँ नियंत्रण में आ गयीं।

29 मई सन् 1857 ई. को बरेली में एक अफवाह फैली कि बरेली नगर के पूर्व स्थिति नकटिया नदी पर भारतीय सैनिकों ने गंगा के पानी को साक्षी मान शपथ ली है कि बरेली के क्रांतिकारी उक्त तिथि में 2 बजे तक सभी अंग्रेजों की हत्या कर देंगे, परंतु खानबहादुर खाँ आदि योग्यतम व्यक्तियों पर किसी प्रकार का आरोप सफल नहीं हो

सका, क्योंकि उनकी स्वामिभक्ति में लेशमात्र की भी कमी नहीं थी। इसी दिन बरेली के एक गणमान्य व्यक्ति नोबतराय ने अंग्रेज अधिकारियों को सूचित किया कि संभवतः बरेली के कुछ मुस्लिम अंग्रेजी शासन के विरुद्ध कुछ समस्यायें उत्पन्न अवश्य करेंगे। अंग्रेज अधिकारियों ने इसे सत्य समझ इस पर उचित कार्यवाही करने का आदेश दिया परंतु नगर कोतवाल बदरुदीन ने अंग्रेज अधिकारियों को पूर्णतया आश्वस्त कर दिया कि स्थिति सामान्य है और इस प्रकार की कोई कार्यवाही करने की कोई आवश्यकता नहीं है।

कोतवाल बदरुद्दीन द्वारा अंग्रेजों के संदेह दूर करने पर भी भयभीत अंग्रेज कमिश्नर आर. अलेक्जेंडर ने 29 मई सन् 1857 ई. को सेना के कमांडर ब्राउनली को यह समाचार प्रेषित किया कि बरेली की भारतीय सेना क्रांतिकारियों से मिल चुकी है और वह अब किसी प्रकार के विश्वास करने के योग्य नहीं है। सभी सैन्य अधिकारी इसी दिन सायंकाल सैन्य छावनी में एकत्र हुये और उन्होंने तोप सैनिकों को विशेष रूप से समझाने के प्रयास किये।

30 मई 1857 ई. की रात्रि में खानबहादुर खाँ और मुंशी शोभाराम ने बख्त खाँ के पास अपना गोपनीय पत्र भेजा जिसमें बख्त खाँ को बरेली क्रांति का संचालक और संगठनकर्ता मनोनीत करने की मंत्रणा ली गई थी। तत्पश्चात् कांतिकारी सेना का कार्य बख्त खाँ को सौंप दिया गया। मंत्रणावश यह भी निश्चित कर दिया गया कि 31 मई सन् 1857 ई. को प्रातः 4 बजे बरेली में अनिवार्य रूप से क्रांतिकारी कदम उठाए जायेंगे।

31 मई सन् 1857 ई. को प्रातः 4 बजे निश्चित पूर्व योजनानुसार सर्वप्रथम ब्राउनली का बंगला जलाया गया, पर आग लगाने वाले की खोज नहीं की जा सकी। लगभग 11 बजे पूर्वाह्न एक तोप छूटी जो क्रांति के प्रारंभ होने की सूचक थी। बरेली की सेना ने 68 नम्बर की सैन्य टुकड़ी के अंग्रेज अधिकारियों को प्रताड़ित करना और सैनिकों के बंगलों में आग लगाना आदि कार्य करने प्रारंभ किये। अंग्रेज अधिकारी नैनीताल की ओर भागने लगे। इस अवसर पर अनेक अंग्रेज अधिकारी मौत के घाट उतार दिये गये, शेष लगभग 32 अंग्रेज अधिकारी प्राण बचाकर नैनीताल की ओर भागने में सफल हुए। 5 बजे सायंकाल बरेली में स्वाधीनता का हरा ध्वज फहरा दिया गया।

जिस समय ब्रिटिश ध्वज उतार कर स्वाधीनता का हरा ध्वन फहराया गया, उसी समय तोपखाने के सूबेदार बख्त खाँ ने आंदोलनकारी सेनाओं का प्रधान सेनापतित्व स्वीकार कर लिया। इस अवसर पर सूबेदार बख्त खाँ ने सैनिकों को आदेश दिया कि बरेली में पूर्ण स्वाधीनता प्राप्त होने के पश्चात् तुम्हें शांति और न्याय का व्यवहार करना पड़ेगा। बरेली की समस्त प्रजा ने खान बहादुर खाँ को दिल्ली के सम्राट बहादुरशाह के अधीन रूहेलखंड का नवाब (सूबेदार) नियुक्त किया।

31 मई सन् 1857 को 4 बजे सुबेदार बहादुर खाँ की ओर से बरेली की संपूर्ण घटना एवं क्रांति का समाचार देने हेतु एक दूत दिल्ली के दरबार में भेजा गया।

दूत को भेजने के पश्चात् इसी दिन क्रांतिकारी सेना ने लगभग 54 अंग्रेज अधिकारियों को मौत के घाट उतार दिया। क्रांतिकारियों के शिकार होने वालो में बरेली के तत्कालीन मजिस्ट्रेट मि. पायंडर, जजी के मुसिफ मि. है और मिल हायर के अतिरिक्त सिविल सर्जन तथा जेल अधीक्षक आदि प्रमुख थे। दो मजिस्ट्रेट मि. पार्ले और मि. क्यूरी किसी प्रकार क्रांतिकारियों से छिपकर निकल भागने में सफल हो गये। यह बरेली में अंग्रेजों के विरुद्ध आतंक की प्रथम अवस्था थी।

सायंकाल बरेली नगर के प्रतिष्ठित हिंदू और मुस्लिमजन सुबेदार खान बहादुर लाँ के निवास मुहल्ला शाहबाद (बरेली) पर एकत्र हुये और उपस्थित जनमानस ने प्रस्ताव पारित किया कि खान बहादुर खाँ सम्मान में एक जुलूस का आयोजन किया जायेगा जिससे बरेली की आम जनता को यह विदित हो सके कि खानबहादुर खाँ बरेली के ही नहीं अपितु, रूहेललण्ड के नवाब घोषित कर दिए गए है और ब्रिटिश कंपनी के शासन का पूर्णतया अंत हो गया है। निश्चित योजना के अनुसार शाहबाद मुहल्ला स्थित खानबहादुर खाँ के निवास स्थल पर मुंशी शोभाराम के नेतृत्व वाला हिंदू दल सैय्यद मुफ्ती मुहम्मद एवज के नेतृत्व वाला मुहल्ला नौमहला के सैय्यदों का दल और सुबेदार बख्त खाँ के नेतृत्व वाले सैनिक दल एक हो गये इन दलों के अतिरिक्त नगर के अन्य कई गणमान्य व्यक्ति भी सम्मिलित हो गये जिनमें सर्वश्री पं. लेखनाथ, दीवान मूलचंद, खुशीराम, मुंशी अमीन खाँ, चिराग अली, मुहम्मद शाह, फैजअली, भोलानाथ, अजमद मुफ्ती अहमद, भुवन सहाय और कबीर खाँ आदि के नाम प्रमुख थे।

उपस्थित जनमानस ने खान बहादुर खाँ के सम्मान में निकले जुलूम में हर्षाल्लास के वातावरण में भाग लिया। संपूर्ण जुलूग का नेतृत्व बरेली के सैय्यद नेता सैय्यद मुफ्ती मुहम्मद एवज कर रहे थे। जैसे ही जुलूग मुहल्ला कटघर में आया कि मुबारक शाह अपने 500 समर्थकों के साथ अपने घर से निकल पड़ा क्योंकि मुबारक शाह भी बरेली का नवाब बनने का महत्वाकांक्षी था। परंतु जब मुबारक शाह ने खान बहादुर खाँ का विशाल जुलूस, जिसमें हजारों की संख्या में हिंदू-मुस्लिम एवं सैनिक वर्ग सम्मिलित था, देखा तो भयभीत हो मुबारक शाह के समर्थक भी इस विशाल जुलूस के साथ चल दिये। इसी समय मुबारक शाह ने अपने सभी अनुयायियों को परामर्श दिया कि खान बहादुर खाँ का समर्थन करना ही हितकर है। इस प्रकार मुबारक शाह दिखावे में खान बहादुर खाँ की शरण में आ गया परंतु मुबारक शाह का हृदय प्रसन्न नहीं था। विशाल जुलूस हर्षोल्लास के वातावरण में खान बहादुर जिन्दाबाद के नारे लगाता हुआ तत्कालीन कोतवाली पहुँचा। तब तक पूर्व योजनानुसार खान बहादुर खाँ के दृढ़ समर्थक श्री मदार अली खाँ ने कोतवाली के सामने एक ऊँचा चबूतरा चादर से ढक कर नवाब की कुर्सी बना लिया था। जुलूस की उपस्थिति में सूबेदार खान बहादुर खाँ को कुर्सी पर बिठाकर आम जनमानस के सामने बरेली का नवाब घोषित किया गया।

नवाब खान बहादुर को बधाइयाँ और शुभकामनायें देने वालों में नवाबगंज के तत्कालीन तहसीलदार श्री फजलहक और पुलिस निरीक्षक जफर अली के अतिरिक्त बरेली के सैकड़ों अधिकारी एवं गणमान्य व्यक्ति थे।

जहाँ एक ओर नवाब खानबहादुर खाँ को बधाइयाँ देने का क्रम चल रहा था, वहीं दूसरी ओर आंदोलनकारियों और क्रांतिकारियों के भय से अंग्रेज अधिकारी बरेली से अवसर पाकर भाग रहे थे। भयभीत होकर भागने वालों में बरेली का मेजर बेलचाम, मेजर विल्सन और कैप्टन गोबान के अतिरिक्त अंग्रेजों का स्वामिभक्त कोतवाल बदरूद्दीन भी था। दोनों मेजरों को गाँव क्यारा के निवासी ठा. जयमल सिंह ने शरण दी और क्रांतिकारियों से सुरक्षित रखा। जेल में नियुक्त अंग्रेज अधिकारी जेल छोड़कर भाग गये। इनमें से कुछ आंवला के पास सिरोही के ठाव छेदासिंह के शरणार्थी बने। अवसर पाकर क्रांतिकारी सैनिक एवं जनमानस जेल पहुँचे और सभी अंग्रेजी शासन के विरुद्ध स्वर उठाने में बन्दी व्यक्तियों को मुक्त कर दिया।

अगले दिन 1 जून 1857 ई. को नवाब खानबहादुर खाँ ने सभी प्रमुख व्यक्तियों को कोतवाली में एकत्र होने का परामर्श दिया। लगभग 2 बजे अपरांह सभी आमंत्रित व्यक्ति कोतवाली में एकत्र हुये तथा इस दरबार में यह भी निश्चित किया गया कि कोतवाली में खानबहादुर खाँ, अकबर अली, शोभाराम और मुबारकशाह सेना के सुबेदार बख्त खाँ और नायब सुबेदार शफी को बधाईयाँ देने हाथियों से प्रस्थान करेंगे। चारों नेताओं के साथ कई प्रमुख व्यक्तियों का जुलूम सैनिक छावनी की सीमा पर पहुँचा ही था कि यहाँ नियुक्त सैनिक सुरक्षा दल ने सुरक्षित सीमा में प्रविष्ट नहीं होने दिया, क्योंकि सुवेदार बख्त खाँ का आदेश था कि कोई भी अपरिचित व्यक्ति सीमा में प्रवेश पाने का अधिकारी नहीं होगा। जब जुलूम के नेताओं ने अपना परिचय दिया और सुरक्षा दल को तत्कालीन स्थिति से अवगत कराया, तब सैनिकों ने स्वयं स्वागत के साथ उनका अभिवादन किया। इस अवलोकन से नवाब खान बहादुर खाँ निश्चित प्राय हो गये कि बख्त खाँ वास्तव में कुशल संगठनकर्ता है।

ज्यों ही सूबेदार बख्त खाँ को खान बहादुर खाँ सहित चार व्यक्तियों (नेताओं) के आगमन का समाचार प्राप्त हुआ, उसके हर्ष का ठिकाना न रह। बख्त खाँ के समीप पहुँच नवाब खानबहादुर खाँ ने 11 बन्दुको की सलामी से अभिवादन किया तथा बख्त खाँ को 1000 नज़रें उपहार स्वरूप भेंट करनी चाही परंतु बख्त खाँ ने नवाब खानवहादुर खाँ से नजरें लेना अपने नवाब खानबहादुर का अपमान समझा। अंततः मुबारक शाह ने वे नजरें भेंट की।

नवाब खानबहादुर खाँ ने नवाब बनने के उपरांत सर्वप्रथम दो कार्य किये जिनमें प्रथम था सुबेदार बख्त खाँ के नेतृत्व में सेना का कुशल संगठन और द्वितीय, उन अभियुक्तों की सुनवाई करना जिन्हें क्रांति को दबाने वाली भूमिका में गिना गया था। इन अभियुक्तों में बरेली का तत्कालीन सत्र न्यायाधीश और कई अन्य मुख्य-मुख्य पदाधिकारी

भी थे। इसी दिन बरेली के कुछ प्रमुख क्रांतिकारी बदायूँ गये और वहाँ के गुप्त संगठन से मिलकर सायंकाल के पूर्व ही बदायूँ को भी स्वतंत्रता दिला दी।

2 जून सन् 1857 ई. को खानबहादुर खाँ ने बरेली कोतवाली में एक दरबार का पुनः आयोजन किया जिसमें मुंशी शोभाराम, सूबेदार बख्त खाँ आदि प्रमुख व्यक्तियों के अतिरिक्त अनेक गणमान्य व्यक्ति भी आमंत्रित किये गये। इस अवसर पर मुंशी शोभाराम को दीवान मनोनीत करके पुलिस एवं राजस्व विभाग दिये गये। नवाब खानबहादुर खाँ और मदारअली खाँ के सहयोग से विभिन्न पदों पर अनुभवी एवं योग्यतम् व्यक्ति मनोनीत किए गये। तदोपरांत नवाब खानबहादुर खाँ, मदारअली खाँ और दीवान शोभाराम ने अपने संयुक्त विवेक से विभिन्न पदों पर प्रमुख व्यक्तियों को चुना। मदारअली खाँ और नियाज अली खाँ को जनरल बनाया गया। इनके वेतन 1000/- रु. मासिक निश्चित किये गये। श्री मूलचंद को राजस्व विभाग में सहायक बनाकर 500/- रु. मासिक का वेतन दिया गया। इनके अतिरिक्त खान मौलवी को मुख्य अधिकारी, हीरालाल को 1000/- रु. मासिक पर वेतन अधिकारी, मदारअली खाँ के सुपुत्र अली हुसैन को 500/- रु. मासिक पर अश्वाध्यक्ष, दीनदयाल को 200/- रु. मासिक पर बन्दूक निरीक्षक तथा सड़क अधीक्षक, सैफुल्लाह खाँ को 500/- रु. मासिक पर जेल अधीक्षक और न्यायवेत्ता रजाउद्दौला को न्याय विभाग में नवाब खानबहादुर खाँ का सहायक (P.A.) मनोनीत किया गया। दीवान शोभाराम ने भी अपनी बुद्धि से कई प्रमुख अधिकारियों का चयन किया जिनमें सर्वश्री फुन्दन लाल, गंगाराम, झाऊलाल, बल्देव सिंह, बदलू सिंह, गुलामअली, तुलसीराम, राजेन्द्र प्रसाद, ईश्वरमणि, चेतराम, अहमद हुसैन, परमेश्वरी दयाल, बृजलाल, छेदासिंह, धूमामल, गुलाम याहिया, शिवनारायण, बैजनाथ मिश्र, कन्हैया लाल और छोटेलाल आदि के नाम प्रमुख हैं। कई छोटे-छोटे अभियोगों को तय करने के लिए एक उप समिति का भी गठन किया गया जिसमें बरेली के करामत अली खाँ, अकबर अली काजी गुलाम हमजा, पं. ओजहर तेगनाथ, मुजफ्फर हुसैन खाँ, जफर अली खाँ, जैमल सिंह, और अल्वअली शाह आदि व्यक्ति सम्मलित थे। इन्हीं में से अधिकांश को तहसीलदार और पुलिस निरीक्षक के पद भी वितरित किए गये।

3 जून 1857 ई. को शासन के प्रमुख पदों को वितरित करने के पश्चात नवाब खानबहादुर खाँ, शोभाराम और सूबेदार बख्तखाँ की एक गुप्त बैठक कोतवाली में हुई जिसमें शेष पदों के वितरण पर विचार-विमर्श किया गया। इस विचार-विमर्श के फलस्वरूप श्री भोलानाथ गुप्तचर विभाग के अधीक्षक, अकबर खाँ बरेली के तहसीलदार, होरी लाल सैन्य बख्शी, भुवन सहाय सक्सेना आबकारी अधीक्षक, अमीन खाँ सदर अमीन, दीनदयाल दरोगा तोप, और शुजाउद्दौला दरबारी गायक आदि के अतिरिक्त भी कई व्यक्ति नियुक्त किये गये।

इन नियुक्तियों से हमें गर्व के साथ कहना पड़ता है कि क्रांतिकारी भावनाओं वाले खानबहादुर खाँ, बख्त खाँ और मुंशी शोभाराम ने जिस सूझ-बूझ और योग्यता का परिचय दिया, वह वास्तव में एक उदाहरण था।

न्याय विभाग पर नवाब खानबहादुर खाँ का स्वय नियंत्रण था क्योंकि ब्रिटिश ईस्ट इंडिया कंपनी के शासनकाल में वे न्यायिक अधिकारी के रूप में कार्यरत थे। इसलिए प्रधान न्यायाधीश जैसा प्रमुख पद किसी अन्य को देना उचित नहीं था। उन्होंने प्रधानमंत्री शोभाराम को निर्देश दिया कि बंदी अंग्रेजों के मुकदमों की सुनवाई के लिए अपराधों के निरीक्षण कर सकने वाली ज्यूरी बुलाई जावे। इस आज्ञानुसार शोभाराम ने ज्यूरी का आयोजन किया जिसका सभापतित्व न्यायवेत्ता खानबहादुर खाँ ने स्वयं संभाला। ज्यूरी के सचिव स्वयं शोभाराम थे। अंततः वादविवाद के फलस्वरूप ज्यूरी ने एक मत होकर सभी अंग्रेज अभियुक्तों को प्राणदण्ड का आदेश सुना दिया। इस प्रकार बरेली में क्रांतिकारियों का शासन जून 1857 के प्रथम सप्ताह से ही प्रारंभ हो गया और प्रत्येक शासकीय कार्य विधिवत होने लगा।

नवान खानबहादुर खाँ द्वारा दीवान शोभाराम को आवंटित राजस्व एवं माल विभाग में शोभाराम ने इतनी कुशलता और कार्य क्षमता का परिचय दिया कि संपूर्ण रुहेलखण्ड का कृषक वर्ग चौन की साँस लेने लगा तथा नवाब खानबहादुर खाँ का कृतज्ञ बन गया।

11 जून 1857 ई. तक बरेली में नवाब खान बहादुर जी के शासन में पूर्णतया शांति स्थापित हो गई। नवाब ने अपनी सेना की एक टुकड़ी मुरादाबाद की ओर भेजी, जिससे वहाँ पर शांतिमय विधि से अधिकार किया जा सके। इसी समय शाही के तहसीलदार ने खान बहादुर खाँ को एक लाख रुपये भेंट किये। इसी प्रकार पं बैजनाथ मिश्रा ने भी सदर बैंक से नवाब खान बहादुर खाँ को विपुल धन सहर्ष भेंट किया नवाब खान बहादुर खाँ और दीवान शोभाराम ने अवसर का लाभ उठाते हुए एक योजना बनाई कि प्रारम्भिक काल से ही रुहेलों का विरोध करने वाले राजपूतों को भी किसी प्रकार अपनी और मिलाया जाये। बुधौली गांव के ठा. रघुनाथ सिंह को 'राजा' की मानद उपाधि देकर प्रसन्न किया, तत्पश्चात् नगरिया शिवगढ़ आदि अन्य ग्राम के राजपूतों को भी अपना अनुयायी बनाने के लिए विभिन्न प्रकार के हर प्रयास किये। अब नवाब खानबहादुर खाँ को केवल एक कार्य करना ही शेष था कि सेनाध्यक्ष बख्त खाँ की सहायता से बरेली में सुगठित विशाल सेना तैयार की जाये।

21जून 1857 ई. को दिल्ली सम्राट बहादुरशाह का एक संदेश खान बहादुर खाँ के बरेली दरबार में आया, जिसे नवाब खानबहादुर खाँ ने दीवान शोभाराम से पढ़ने को कहा, उसमें लिखा था–

''भारतीयो! तुम जिसकी प्रतीक्षा आतुरता से करते थे, वह स्वराज्य का मंगल क्षण अब आ पहुँचा है। क्या तुम उसका स्वागत करोगे? या उसको गंवाओगे? इस अपूर्व अवसर से लाभ उठाओगे या उससे हाथ धो बैठोगे? हिंदू तथा मुसलमान भाइयो! अच्छी तरह जान लो कि यदि अंग्रेजों को भारत में टिकने दोगे, तो वे अवश्य ही तुम्हारा कत्लेआम कर तुम्हारे धर्म को नष्ट कर देंगे। अंग्रेजों ने बहुत पहले ही भारतवासियों को धोखा दिया है जिससे हम अपनी ही तलवारों से एक दूसरे की गर्दन काट रहे हैं। इसलिए

हमको चाहिए कि इस देशद्रोह को रोकें और इस पाप का प्रायश्चित करें। आज भी इसी बाजी की कूटनीति से अंग्रेज हमसे पेश आयेंगे और हिंदू को मुसलमानों के विरुद्ध भड़काने में कभी भी नहीं चूकेंगे। दत्तक पुत्र की गद्दी पर बैठने का अधिकार क्या उन्होंने नहीं ठुकराया है? हमारे राज्य तथा प्रदेश उन्होंने हड़प लिए है या नहीं? हमारे नागपुर का राज्य किसने छीना? अवध का राज्य कौन हड़प कर गया? हिंदू और मुसलमान दोनों को पैरों तले किसने कुचला? मुसलमानों! यदि तुम्हें अपने कुरान पर गर्व है और हिंदुओ! यदि तुम्हारे लिए गोमाता पूजनीय है तो आपस के छोटे-मोटे भेदभावों को भूल कर इस पवित्र युद्ध में एक होकर लड़ो। एक ही झण्डे के नीचे होकर युद्ध में कूद पड़ो और खून की नदियाँ बहाकर उससे अंग्रेजों का नाम तक भारत भूमि से धो डालो। यदि इस युद्ध में हिंदू-मुसलमानों मे सहयोग हो और स्वदेश तथा स्वाधीनता के लिए शत्रु को रोकें तो उनके देश भक्ति के गौरव हेतु गौवध की मनाही कर दी जायेगी।

इस पवित्र युद्ध में लड़ने वालों की सहायता जो पैसे से करेगा उसे जगत में स्वतंत्रता और परलोक से मोक्ष प्राप्त होगा। किंतु यदि कोई स्वदेशी युद्ध का विरोध करेगा तो अपने ही पाँव पर कुल्हाड़ी मारेगा और आत्महत्या करके नर्क में जायेगा।''

इस संदेश का बरेली में इतना व्यापक प्रभाव पड़ा कि यहाँ का हिंदू और मुस्लिम समाज अंग्रेजी शासन के विरुद्ध एकता के सूत्र में बंध गया। दिल्ली के सम्राट बहादुरशाह के संकेत पर नवाब खानबहादुर खाँ ने गोश्त विक्रेताओं को आदेश दिया कि गोश्त की कोई दुकान नगर के भीतर नहीं रहेगी और न ही कोई नई दुकान खोली जायेगी। गोश्त बिक्रेताओं ने नवाब की आज्ञा का यथावत पालन किया। नवाब खानबहादुर खाँ, शोभाराम और बख्त खाँ ने खुली गाड़ी में बैठकर नगर का दौरा किया तथा गोश्त की दुकानों का सर्वेक्षण किया। अब नगर में शांतिमय वातावरण बन गया। जब इसकी सूचना कानपुर के प्रमुख क्रांतिकारी नेता नाना साहब पेशवा को प्राप्त हुई तो उन्हें बड़ी प्रसन्नता हुई और उन्होंने नवाब खानबहादुर खाँ को बधाई संदेश और शुभकामनायें भेजी।

दिल्ली सम्राट बहादुरशाह खाँ ने 21 जून 1857 ई. को एक संदेश बरेली भेजा जिसमें नवाब खानबहादुर खाँ को संपूर्ण रूहेलखंड के नवाब के रूप में सम्राट दिल्ली के अधीन मान्यता दे दी गई. साथ में ''इन्तजामुद्दौला मुहाफिज-उल-मुल्क'' की उपाधि से भी विभूषित किया गया। इस संदेश के पश्चात नवाब खानबहादुर खाँ को विधिवत् रहेलखंड के नवाब की मान्यता मिल गई।

सम्राट बहादुर शाह और नाना साहब पेशवा को जब यह ज्ञात हुआ कि बरेली में क्रांति को इतनी अभूतपूर्व सफलता मिली है और उसका श्रेय बरेली के नवाब खानबहादुर खाँ, सेनापति बख्त खाँ और दीवान शोभाराम को है तो उन्होंने बख्त खाँ के नेतृत्व वाली सेना को दिल्ली आमंत्रित करना हितकर समझा जिसके सहयोग से अंग्रेजी सेना का सफलतापूर्वक सामना किया जा सके। 25 जून 1857 ई. को नवाब खानबहादुर को इस आशय का एक पत्र प्राप्त हुआ जिसमें उनके कार्यों को प्रशंसा की गई थी और उनकी सेना को दिल्ली आमंत्रित किया गया था।

विचार-विमर्श के बाद सेनापति बख्त खाँ दिल्ली को 700 घुड़सवार सेना, पैदल सेना की 4 टुकड़ियाँ, 9 बन्दूकों की टुकड़ियाँ सेना के साथ-साथ पर्याप्त मात्रा में धन भी सम्राट को भेंट करने के लिए ले गया।

अंग्रेजी शासन के चाटुकार भारतीयों में कुछ ऐसे भी देशद्रोही तत्व थे जिन्होंने दिल्ली से बरेली के सेनापति बख्त खाँ को भेजे गये पत्र का आशय समझ कर उसकी गुप्त सूचना गुप्त रूप से अंग्रेज अधिकारियों को दे दी, जिसके फलस्वरूप अंग्रेजों ने दिल्ली से निबटने के लिए सेना की अनेक टुकड़ियाँ पंजाब से मंगा ली क्योंकि पंजाब प्रांत अंग्रेजों का समर्थक रहा था।

सेनापति बख्त खाँ के दिल्ली पहुँचने के पूर्व 27 जून सन् 1857 ई. को पंजाब की अंग्रेजी सेना दिल्ली की अंग्रेजी सेना में सम्मिलित हो गई, जिससे ब्रिटिश सेना की शक्ति 6600 सैनिकों से भी अधिक हो गई, और अंग्रेज अधिकारी दिल्ली पर आक्रमण करने की योजनायें बनाने लगे।

29 जून 1857 ई. को अंग्रेजों द्वारा दिल्ली पर आक्रमण करने की योजना को अंतिम रूप दिया जाने वाला ही था, कि दिल्ली सम्राट बहादुरशाह को बरेली सेना के आगमन का शुभ समाचार प्राप्त हुआ। बादशाह ने शीघ्र ही मिर्जा मुगल को एक पत्र लिखा कि आज नदी बहुत बढ़ गई है तथा सूचना मिली है कि बरेली की सेना कल आने वाली है, तुम पुल प्रबंधकों को आदेश दे दो कि वे अविलम्ब अधिकाधिक नावों का प्रबंध करें तथा बरेली की सेना को सुगमता से इस प्रकार उतारें कि उन्हें किसी प्रकार का कोई कष्ट न हो। साथ में यह भी आदेश दो, कोई भी भरी नदी में अनुशासनहीनता न करने पाये।

जहाँ बरेली में स्वातंत्रयप्रिय सैनिकों तथा नागरिकों ने क्रांति का श्रीगणेश करके बरेली में क्रान्तिकारियों का शासन स्थापित किया, अंग्रेजों को नष्ट किया, उनके अभिलेखों तथा संस्मरणों को विनष्ट किया, वहीं बख्त खाँ के नेतृत्व में दिल्ली पहुँचकर वीरता और शौर्य का परिचय दिया और दिल्ली के क्रांतिकारियों से सौहार्दपूर्ण विधि से मिलकर संगठित रहने का पाठ सिखाया।

30 जून 1857 ई. को सम्राट बहादुरशाह ने अपने श्वसुर समसामुद्दौला नवाब अहमद कुली खाँ को बरेली के सेनापति बख्त खाँ के स्वागत के लिये भेजा। तब तक बख्त खाँ एक जुलाई 1857 ई. को स्वमेव दिल्ली दरबार के समीप आ पहुँचे। रास्ते में समसामुद्दौला नवाब अहमद कुली खाँ ने जनरल बख्त खाँ का स्वागत किया और बख्त खाँ के साथ शाही दरबार में प्रविष्ठ हुये। बख्त खाँ ने सम्राट बहादुर शाह को अभिवादन किया तथा बरेली के सैन्य प्रबंध एवं क्रांतिकारियों की सफलता के संबंध में विस्तारपूर्वक बताया, जिसे सुनकर सम्राट बहादुरशाह अत्यन्त प्रभावित हुये।

सम्राट बहादुरशाह ने जनरल बख्त खाँ को आदरस्वरूप एक ढाल और तलवार आदि भेंट करके सेना में वितरण हेतु 4000 रुपये सहर्ष प्रदान किये। साथ में बख्त खाँ को सिपहसालार बहादुर नामक उपाधि से विभूषित किया। इसके पश्चात बख्त खाँ को

दिल्ली की संपूर्ण सेना का कमाण्डर इन चीफ मनोनीत किया। मिर्जा मुगल को बख्त खाँ के सहयोगार्थ सह जनरल का पदभार दिया गया।

'कमाण्डर इन चीफ' जैसे महत्वपूर्ण पद पर आसीन होते हुए बख्त खाँ ने सम्राट बहादुरशाह से एक निवेदन किया—"हुजूर! मैं आपकी सेवा करने के किये बरेली से आया हूँ, आपकी परवरिश को मैं हर तरह से तैयार हूँ परंतु साथ में एक अधिकार की भी इच्छा है कि यदि कोई अधिकारी, शहजादा या उच्च घराने का कोई सदस्य या अन्य कोई भी, यदि निरीह जनता की लूटमार करेगा अथवा ऐसे दुष्कर्म में भागीदार होगा तो मैं उसके नाक कान कटवा लूँगा।"

सम्राट बहादुरशाह ने इस अधिकार की मांग का अनुमोदन ही नहीं किया बल्कि ऐसी तर्कसंगत तथा औचित्यपूर्ण बातें सुनकर बख्त खाँ को अनेक अधिकार भी प्रदान कर दिये जिनमें दिल्ली का गवर्नर और दिल्ली सेना का प्रधान सेनापति जैसे प्रमुख पद भी सम्मिलित थे। इन प्रमुख पदों को स्वीकार करते हुए नीतिज्ञ जनरल बख्त खाँ ने सम्राट बहादुरशाह से ओजस्वी वार्तायें भी की, और कहा "हुजूर! आप देखते रहें, मैं अंग्रेजी सेना को दिल्ली की पहाड़ी से पूर्णतया खदेड़ दूंगा। 'जनरल' बख्त खाँ की इन वार्ताओं ने जादू का कार्य किया और इन वातों से प्रभावित सम्राट ने बख्त खाँ को पुत्र की उपाधि दे दी तथा दिल्ली प्रदेश का आधा बादशाह भी घोषित कर दिया।

अनेक उपाधियाँ पाकर बख्त खाँ पर विशाल उत्तरदायित्व आ पड़ा। बरेली में भी हिंदु मुस्लिम समन्वय प्रक्रिया तेजी से कार्य कर रही थी। जून-जुलाई 1857 ई. में बरेली में स्थित तत्कालीन बहादुरी प्रेस से स्थानीय मौलवी सैय्यद कुतुबशाह ने हिंदू मुस्लिम समन्वय के संबंध में एक अपील प्रकाशित की जिसमें गोबध निषेध जैसे महत्त्वपूर्ण विषयों सहित दोनों धर्मों में समन्वय कराने के कार्यक्रम सम्मिलित थे। इस अपील में कहा गया था—

"समस्त हिंदुओ! तुम्हें गंगा, तुलसी और शालिग राम की शपथ दी जाती है, और हे मुसलमानो! तुम्हें खुदा तथा पाक कुरान की शपथ देकर तुमसे कहा जाता है कि अंग्रेज तुम दोनों के एक समान शत्रु हैं। उनके विनाश हेतु तुम्हें संगठित होना अत्यंत आवश्यक है। इसी के द्वारा दोनों के जीवन तथा धर्म सुरक्षित रह सकेंगे। अतः तुम लोग संगठित होकर उनकी हत्या कर डालो। गाय का वध हिंदू लोग धर्म के लिये बड़ा ही अपमानजनक समझते हैं। इसके निषेध हेतु भारत के समस्त मुसलमान सरदारों ने परस्पर संकल्प कर लिया है कि यदि हिंदू अंग्रेजों की हत्या के लिये अग्रसर होंगे तो मुसलमान उसी दिन से गऊ बध रोक देगें और जो ऐसा नहीं करेगा उसके विषय में समझा जायेगा कि उसने अपना धर्म, ईमान और कुरान त्याग दिया है और जो गाय का मांस खायेंगे, उन्हें समझा जायेगा कि उन्होंने सुअर का मांस खाया है।"

इस वक्तव्य के प्रकाशित होने से साम्प्रदायिकतावादी प्रवृत्तियों का कुछ सीमा तक ह्रास हुआ और नवाब खानबहादुर खाँ के प्रशासन में चार चाँद लग गये। दूसरी ओर

दिल्ली में मुख्य सेनापति बख्त खाँ ने सेना का विधिवत प्रबंध कर कई आदेश प्रसारित कराये जिसमें आम जनमानस को सुविधायें घोषित की गई थी जिससे संपूर्ण जनमानस प्रसन्न था। सेनापति बख्त खाँ के सफल सेनापतित्व को देखकर मिर्जा मुगल चिढ़ गया और ईर्ष्यालु मिर्जा मुगल के व्यक्तित्व को आघात पहुँचा, जिसके फलस्वरूप मिर्जा मुगल ने बख्त खाँ के विरुद्ध भाँतिभाँति के षडयन्त्र रचने प्रारंभ कर दिये।

योजनाबद्ध तरीके से 2 जुलाई सन् 1857 ई. को दिल्ली के दूकानदारों की ओर से बख्त खाँ के विरुद्ध सम्राट बहादुर शाह को विभिन्न ज्ञापन प्रेषित किये गये तथा नगर के अनेक गणमान्य व्यक्तियों की ओर से मिर्जा मुगल ने शिकायतें भिजवाई जिनमें कहा गया था—हमें पुलिस द्वारा सूचित किया गया कि वे बख्त खाँ के सम्मुख उपस्थिति हों। यदि हमें बख्त को बुलाना ही था तो बख्त खाँ साधारण पत्र से ही बुला सकते थे, पुलिस की सहायता लेने की क्या आवश्यकता थी। यह सब हमारा अपमान करने को किया गया है।

सम्राट बहादुरशाह ने गणमान्य व्यक्तियों द्वारा भेजी गई शिकायतों के स्पष्टीकरण हेतु बख्त खाँ को बुलाकर पूछा कि क्या वे सब सत्य है? उन्होंने इसका नकारात्मक उत्तर दिया।

3 जुलाई 1857 ई. को मिर्जा मुगल के साथ-साथ दिल्ली के शीर्षस्थ अधिकारी भी असंतुष्ट हो गये क्योंकि सेना में उनका तथा शहजादों का कोई अस्तित्व ही नहीं रह गया था क्योंकि बख्त खाँ इस संदर्भ का आदेश पूर्व ही प्रसारित करा चुका था।

4 जुलाई 1857 ई. को बख्त खाँ के सेनापतित्व में अंग्रेजों की विशाल सेना पर आक्रमण किया गया। जिसमें बख्त खाँ ने अभूतपूर्व वीरता का परिचय देकर अंग्रेजी सेना दिल्ली से बाहर खदेड़ दी।

बख्त खाँ के सेनापतित्व में दिल्ली और बरेली की संयुक्त सेना की विजय के पश्चात मुगल वंश के सरदार तथा मिर्जा मुगल बख्त खाँ से और भी ईर्ष्या करने लगे। वास्तव में यह देश का दुर्भाग्य था कि सेनापति बख्त खाँ और दिल्ली के मुगल सरदारों के मध्य पारस्परिक द्वेष और कलह का वातावरण बना। जुलाई के अंतिम सप्ताह में यह द्वेष भावना इतनी उग्र हो गई कि इसका व्यापक प्रभाव दिल्ली और रुहेलखंड के सैनिकों पर पड़े बिना न रह सका। यह प्रभाव तब स्पष्ट हुआ जब दोनों स्थानों की सेनाओं के अधिकारीगण परस्पर दोषारोपण करने लगे जिससे सेनापति बख्त खाँ को अत्यधिक दुःख हुआ। जुलाई 1857 ई. में बख्त खाँ के नेतृत्व में दिल्ली बरेली को संयुक्त सेना ने जितनी बार विशाल अंग्रेजी सेना से युद्ध किया, सभी में अंग्रेजी सेना को मुंह की खानी पड़ी, परंतु सब व्यर्थ।

बरेली में जहाँ एक ओर नवाब खानबहादुर खाँ साम्प्रदायिक वैमनस्य को दूरकर सद्भावना से शासन कर रहे थे और स्वाधीनता के लिए एकजुट होकर कार्य कर रहे थे वहीं दूसरी ओर अंग्रेजी शासन के कुछ ऐसे चाटुकार भी उत्पन्न हो चुके थे जो साम्प्रदायिकता फैलाने के अवसर की खोज करते रहते थे। इन चापलूसों को 29 जुलाई

1857 ई. को ऐसा अवसर हाथ आ ही गया जब फरीदपुर में खानबहादुर खाँ ने एक मुस्लिम तहसीलदार की नियुक्ति कर दी जिस पर साम्प्रदायिकता विकसित करने वाले चाटुकारो ने नवाब पर यह आरोप लगाया कि हिंदू बाहुल्य क्षेत्र फरीदपुर में एक मुस्लिम अधिकारी की नियुक्ति करके हिंदू समाज का अपमान किया है। इससे उत्तेजित होकर 31 जुलाई 1857 ई. को बुधौनी के राजा ठा. रघुनाथ सिंह ने फरीदपुर में राजपूतों को संगठित करके मुगलमान तहसीलदार के विरुद्ध प्रदर्शन करके नवाब खानबहादुर के प्रति विरोध प्रकट किया। अंततः भीड़ ने तहसील पर आक्रमण कर मुस्लिम तहसीलदार का वध कर दिया।

नवाब खानबहादुर खाँ को ज्यों ही यह दुःखद समाचार प्राप्त हुआ उन्होंने शांतिपूर्वक विद्रोह को निष्क्रिय कर दिया।

इसी प्रकार की एक अन्य घटना बरेली नगर में घटी। मोहल्ला नौमहला के सैय्यदों और दीवान शोभाराम के मध्य देशद्रोहियों ने अफवाह फैलाकर मतभेद उत्पन्न करा दिये। अफवाह में कहा गया था कि दीवान शोभाराम ने भी क्रांति के समय एक अंग्रेज अधिकारी मि. वेयर को अपने घर में छिपा लिया था। इस अफवाह से दीवान शोभाराम को अत्यधिक आत्मग्लानि हुई जिसमे उन्होंने तीन दिन तक अपने घर से बाहर निकल कर नवाब खानबहादुर खाँ के सम्मुख उपस्थित होने का साहस नहीं किया, परंतु नवाब खानबहादुर खाँ इसे अफवाह ही समझ रहे थे, क्योंकि वे दीवान शोभाराम पर असीमित विश्वास करते थे। एक सप्ताह के उपरांत जब उक्त अंग्रेज अधिकारी मि. वेयर का क्षत विक्षत अवस्था में किसी अज्ञात कुएँ से प्राप्त हुआ, तो नौमहला के सैय्यदों को अपनी भूल पर पश्चाताप करना पड़ा तथा बाद में दीवान शोभाराम से क्षमा याचना भी की। नवाब खानबहादुर खाँ ने भी दरबारियों के सम्मुख दीवान शोभाराम को बरेली का सर्वोच्च स्वतंत्रता प्रेमी बताते हुये विभिन्न प्रकार से प्रशंसा की।

20 अगस्त 1857 ई. को पारंपरिक मतभेदों के कारण सेनापति वस्त खाँ पर यह आरोप लगाया गया कि वह कंपनी के अधिकारियों से मिला हुआ है और वृद्ध सम्राट बहादुरणाह को गिरफ्तार कराने का अवसर खोज रहा है। 23 अगस्त 1857 तक विभिन्न प्रपंच रच कर मिर्जा मुगल ने सम्राट बहादुरगाह को बख्त खाँ का प्रबल विरोधी बना दिया। अंततः उन्होंने बख्त खाँ को आदेश दिया कि वह दरबार में उनके सम्मुख उपस्थित न हो।

25 अगस्त 1857 ई. को बख्त खाँ के नेतृत्व में दिल्ली (नीमच) और बरेली की संयुक्त विशाल सेना और कंपनी की सेना के मध्य युद्ध हुआ। इस अवसर पर नीमच के सैन्य अधिकारियों ने बख्त खाँ के आदेशों का पूर्णरूपेण उल्लंघन किया जिससे बरेली की सेना को भी युद्ध में प्रथम बार पराजित होना पड़ा तथा नीमच सेना का प्रत्येक सैनिक मृत्यु की गोद में जा गिरा।

जून से सितंबर सन् 1857 में दिल्ली में असंख्य वीरों ने अपने जीवन की आहुति

दी थी। अंग्रजो के शिविर में एक यूरोपियन के पीछे दस स्थानीय लोग थे। यूरोपियन के प्रति तोपखाने पर उससे चार गुना स्थानीय लोग होते थे। एक घोड़े के पीछे दो स्थानीय घुड़सवार होते थे। नीमच और बरेली की भातीय सेना निराशा का ठीकरा एक दूसरे पर फोड़ रहे थे। दिल्ली में भारतीय सेना के सेनापति जनरल वख्त खाँ ने बादशाह की इच्छा से सारे नेताओं और चयनित नागरिकों को बुलाकर सलाह ली कि लड़ाई बन्द की जाय अथवा चालू रखी जाये? सभी ने जोर से चिल्लाकर कहा– ''लड़ाई चालू रखी जाए''। इस अटल निश्चय को देखकर सभी में जोश भर गया। अनुशासनहीनता से सदैव हानि होती है। भारतीय क्रांतिकारी बड़ी वीरता से लड़े परंतु शूरता निष्फल रही। नीमच को सेना पूरी तरह नष्ट हो गई।

अधिकारयिों का उचित सम्मान और आदेश के प्रति सम्मान अनुशासन में मुख्य होता है। अंग्रेजी सेना के चार विभाग कर उनमें से तीन विभाग निकल्सन के अधीन और चौथा भाग मेजर रीड के अधीन काबुली दरवाजा (दिल्ली) से किला में प्रवेश करने का प्रयास कर रहा था। 16 मई के बाद निन्तर प्रयास करते हुये 14 सितंबर 1857 ई. को अंग्रेज सेना को सफलता मिल ही गई। इन चार महीनों के पराक्रम से भारतीय सैनिकों की वीरता सिद्ध हो गई। 14 सितंबर को भयंकर युद्ध हुआ जिसमें अंग्रेज सेना के चार में से तीन भागों के प्रमुख कमांडर घायल हुये। स्वयं निकल्सन भी गंभीर रूप से घायल हुआ। इसमें अंग्रेज सेना के 66 अधिकारी मृत्यु को प्राप्त हुये तथा 1104 सैनिक हताहत हुये। अंग्रेज कमाण्डर निकल्सन ने कहा कि दिल्ली छोड़कर पीछे हटना ही उचित होगा। 15 से 24 सितंबर तक भीषण युद्ध हुआ, तीनों भागों में शंका व्याप्त थी। यह आलेख दिल्ली के विद्या भारती के संगठन मंत्री श्री रवि कुमार का है।

19 सितंबर 1857 ई. को सेनापति बख्त खाँ किसी प्रकार पुनः सम्राट बहादुर शाह से मिला और मिर्जा मुगल की बातों में न आने का आग्रह किया परंतु भारत का दुर्भाग्य था कि सम्राट बहादुरशाह पर कोई प्रभाव नहीं पड़ा।

20 सितंबर 1857 ई. को मिर्जा मुगल के संकेत पर हुमायूँ के मकबरे में छिपे सम्राट बहादुरशाह को कंपनी के ब्रिटिश अधिकारी कैप्टन हडसन ने कैद कर लिया। इसी मकबरे में अपनी गिरफ्तारी से कुछ समय पूर्व ही सम्राट बहादुरशाह ने सेनापति बख्त खाँ से विचार विमर्श किया था और अब तक वे पूर्ण रूपेण आश्वस्त हो चुके थे कि मिर्जा मुगल की बातों में फंसकर ही उन्होंने बख्त खाँ की बातें नहीं मानी थी। सम्राट बहादुरशाह ने अंतिम क्षण बहादुर बख्त खाँ से कहा, ''बहादुर! मुझे तेरी हर बात का यकीन है और मैं तेरी हर बात को, हर राय को दिल से पसंद करता हूँ, मगर जिस्म की कूबत ने जबाब दे दिया है। इसलिये मैं अपना मामला तकदीर के ऊपर छोड़ता हूँ। मुझको मेरे हाल पर छोड़ दो और विस्मिल्लाह करो। यहाँ से जाओ और कुछ काम करके दिखाओ। मैं नहीं, मेरे खानदान में से नहीं, न सही, तुम या और कोई हिंदोस्तान की लाज रखो। हमारी फिक्र न करो, अपने फर्ज को अंजाम दो।

इस वक्तव्य को सुनकर सेनापति बख्त खाँ का दिल टुकड़े-टुकड़े हो गया : वह नीमच के बचे सैनिकों तथा दिल्ली के सरदारों से और अधिक द्वेष मोल लेना नहीं चाहता था। इसलिये अक्टूबर 1857 ई. के प्रथम सप्ताह में बख्त खाँ अपनी शेष सेना लेकर बरेली लौट आया तथा स्वाधीनता संग्राम में बरेली का नाम प्रकाशित किया।

बरेली में 2 अक्टूबर 1857 ई. को ‘‘बाग दीपचंद’’ में नवाब खानबहादुर खाँ का नगर निवासियों द्वारा अभिनन्दन किया गया। इस अवसर पर खानबहादुर खाँ जिन्दाबाद के नारों से आकाश गूंज रहा था। अभिनन्दन समारोह में खानबहादुर खाँ ने उपस्थित हिंदू मुस्लिम जनमानस को यह आश्वासन दिया कि उनके शासन काल में प्रत्येक स्तर के हिंदू-मुसलमान से समान व्यवहार किया जायेगा। हमारी स्वतंत्रता को स्थायित्व तभी प्राप्त हो सकता है जब हम सभी संगठित रहें। इस पर एकत्र भीड़ ने नवाब खानबहादुर खाँ को विश्वास दिलाया कि वे नवाब खाँ के प्रति स्वामिभक्त रहेंगे और ऐसा कोई कार्य नहीं करेंगे जिससे स्वतंत्रता खतरे में पड़े। इस समारोह के चार दिन पश्चात 6 अक्टूबर 1857 ई. को नवाब खानबहादुर खाँ से ईर्ष्या रखने वाले संबंधी मीर आलम खाँ ने परगना दुनका के ग्राम नारा में एक गोसाईं बल्देव गिरि की हत्या कर दी। बल्देव गिरि की हत्या का बहाना लेकर अंग्रेजों के चाटुकार, साम्प्रदायिकता भड़काने वाले ही थे कि चतुर नवाव खानबहार खाँ ने बल्देव गिरि के हत्यारों को खोज कर कड़ा दंड दिया।

नवंबर 1857 ई. में बरेली में कोई अप्रिय घटना नहीं घटी परंतु 1 दिसंबर 1857 ई. को ब्रिटिश शासन के संकेत पर अंग्रेज अधिकारी को एक पत्र प्रेषित किया गया जिसमें निर्देश दिया गया था कि बरेली में किसी प्रकार की साम्प्रदायिक अशांति भड़का दें। परंतु छुट-पुट घटनाओं के अतिरिक्त कोई विशेष घटना प्रकाश में नहीं आयी क्योंकि स्वतंत्रता के लिये नवाब खानबहादुर खाँ सब कुछ त्यागने को तैयार थे। इसी संबंध में नवाब खानबहादुर खाँ ने दोनों धर्मों के व्यक्तियों से प्रेमपूर्वक रहने की अपील की।

नवाब खानबहादुर खाँ अपने साम्राज्य का विस्तार करना चाहते थे। इसी उद्देश्य की पूर्ति के लिये नवाब खान ने एक सैनिक टुकडी हैदर खाँ के नेतृत्व में 2 जनवरी 1858 ई. को नैनीताल की ओर भेजी जिसमें 1000 क्रांतिकारी थे। परंतु वहाँ पर नियुक्त ब्रिटिश कैप्टन बाघ ने क्रांतिकारियों की सेना का आगमन सुनकर अपनी ब्रिटिश सेना को बन्दूक चलाने का आदेश दे दिया। परिणामस्वरूप दोनों ओर की सेनाओं के सैकड़ों सैनिक वीरगति को प्राप्त हुये। बरेली की सेना को असफल होकर बरेली वापस लौटना पड़ा। इसके पश्चात अनेक बार नवाब खानबहादुर खाँ ने अंग्रेजों के विरुद्ध आक्रमण करने की योजना बनायी। परंतु नवाब की किसी सेना को सफलता प्राप्त न हो सकी।

अब तक भारत के अधिकांश क्रांति क्षेत्रों पर अंग्रेजी सेनाओं के अधिकार हो चुके थे और रुहेलखंड ही एक ऐसा अकेला क्रांति स्थल था, जहाँ पर क्रांति - कारियों का शासन था। जहाँ एक ओर अंग्रेज अधिकारी मुस्लिम समाज को हिंदुओं के विरुद्ध भाँति-भाँति के साम्प्रदायिक आरोप लगा कर भड़काने का असफल प्रयत्न कर रहे थे, वहीं

दूसरी ओर दीवान शोभाराम अपने कुछ हिंदू समर्थकों गोपालराम निवलराय, भीमसेन, हरसुखलाल, ईष्वरनन्द, गणेशराम और टीकाराम आदि को साथ लेकर मुस्लिम समाज के प्रति मित्रता का प्रदर्शन करने के लिये बरेली के दक्षिण दिशा में स्थित रामगंगा नदी के घाट पर गये और मुस्लिमों के प्रति सहयोग लेने की शपथ ली तथा एक प्रस्ताव भी पारित किया गया जिसमें अंग्रेजों की भर्त्सना करके मुस्लिमों के साथ मित्रता का भाव प्रदर्शित किया गया था। दूसरी और मुस्लिम समाज ने भी हिंदुओं के प्रति सहयोग देने का संकल्प लेने हेतु बरेली कालेज, बरेली में कार्यरत फारसी विभाग के तत्कालीन अध्यक्ष सैय्यद कुतुबशाह ने नवाब खानबहादुर खाँ के संकेत पर मुसलमानों की एक सभा आयोजित की जिसमें हिंदू मुस्लिम एकता बनाये रखने का प्रस्ताव पारित किया गया तथा निर्णय लिया गया कि अंग्रेज अधिकारियों को भयभीत करने के उद्देश्य से "धर्म की विजय नामक शीर्षक वाला पम्फलेट बरेली की तत्कालीन लीथो प्रेस में मुद्रित कराके उसकी प्रतियां बरेली की जनता के मध्य वितरित की जायें जिससे आम जनता इससे प्रभावित होकर समंवय की नीति अपनाये।

दिल्ली, अवध और कानपुर आदि क्रांतिकारी केंद्रों पर अंग्रेजों का पुनः अधिकार होने के पश्चात् 23 जनवरी 1858 ई. को दिल्ली से शहजादा मिर्जा कुहुक तथा बुलन्दशहर से बलिदाद खाँ बरेली आये और नवाब खानबहादुर खाँ से मिले तथा तत्कालीन स्थिति पर विचार विमर्श किया।

अनेक स्थानों पर अंग्रेजों की विजय को सुनकर नवाब खानबहादुर खाँ भयभीत नहीं हुये बल्कि पराधीनता की जंजीर तोड़ने के लिये अपने कार्य पूर्ववत् करते रहे क्योंकि नवाब साहब ने 10 फरवरी 1858 ई. को बहेड़ी के अधिकारी काले खाँ के नेतृत्व में एक सेना पुनः नैनीताल भेजी। अंग्रेजी सेना के 800 पैदल सैनिक, 200 घुड़सवार सैनिक और 2 बन्दूकधारी सैन्य टुकड़ियों ने कर्नल मैककासलैण्ड के नेतृत्व में बरेली की क्रांतिकारी सेना से भयंकर टक्कर ली जिसमें बरेली सेना के 300 सैनिक तथा अंग्रेजी सेना के लेफ्टीनेन्ट मि. टाइलर और मि. बाव सहित 10 सैनिक हताहत हुए और 30 सैनिक घायल हुये।

देश के विभिन्न भागों से क्रांतिकारी नेता बरेली की ओर आने लगे, इनमें 18 फरवरी 1858 ई. को दिल्ली में फीरोजशाह आये और बरेली आकर उन्होंने बरेली की जनता का आव्हान किया कि हिंदू मुस्लिम संगठित रहें और अंतिम क्षणों तक अंग्रेज साम्राज्यशाही के विरुद्ध युद्ध करते रहें। अगले दिन 19 फरवरी 1858 ई. को नाना साहब पेशवा भी विठूर से बरेली की ओर आने लगे और 3 मार्च 1858 ई. को शाहजहाँपुर की ओर आ गये। इस समय शाहजहाँपुर में भी कई क्रांतिकारी नेता उपस्थित थे, जिनके साथ नाना साहब पेशवा को यह समाचार प्राप्त हुआ कि बरेली में कई प्रमुख क्रांतिकारी नेता आकर एकत्र हो चुके हैं। जब नाना साहब पेशवा शाहजहाँपुर से चलकर 25 मार्च 1858 ई. को बरेली आये तो यहाँ उन्हें वेगम हजरत महल और फिरोजशाह आदि क्रांतिकारी नेताओं के दर्शन हुये

नानासाहब पेशवा, बेगम हजरतमहल और फीरोजशाह आदि क्रांतिकारी नेताओं के बरेली आगमन पर नवाब खानबहादुर खाँ बहुत प्रसन्न हुये। सर्वप्रथम उन्होंने उनके आवास का प्रबंध किया। नाना साहब के परिवार का नौमहला मस्जिद के पास एक भवन में प्रबंध कर दिया गया। नबाब खानबहादुर खाँ ने नानासाहब पेशवा को बरेली सेना का सेनापतित्व सौंपने का भरसक प्रयास किया परंतु नानासाहब ने इसे स्वीकार नहीं किया बल्कि अनौपचारिक रूप से प्रबंध करने और परामर्श देने की घोषणा की।

जैसे ही अंग्रेज सेनापति कैम्पवेल जलालाबाद (शाहजहाँपुर) गया, तब तक नानासाह्ब पेशवा फरीदपुर (बरेली) में क्रांतिकारी सेना का संगठन पूर्ण कर चुके थे, इसके पश्चात् नानासाहब पेशवा अपने परिवार को बरेली में ही छोड़कर अल्लाहगंज (शाहजहाँपुर) चले गये।

24 मार्च 1858 ई. को संयोगवश नवाब खानबहादुर खाँ के बरेली स्थित बारूदखाने में किसी प्रकार आग लग गयी जिसमें 63 व्यक्ति घटना स्थल पर ही मौत के मुँह में चले गये। इस अग्नि दुर्घटना से भी अंग्रेज चाटुकारों ने विभिन्न प्रकार की अफवाहें फैलाई परंतु उनका कोई विशेष प्रभाव नहीं पड़ा।

मार्च 1858 ई. के अंतिम सप्ताह में नानासाहब पेशवा ने एक घोषणा की जिसे खानबहादुर खाँ ने बरेली में स्थित बहादुरी प्रेस में छपवाकर उसकी प्रतियों बरेली में वितरित कराई। इस वक्तव्य का बरेली के जनमानस पर व्यापक प्रभाव पड़ा जिससे अप्रैल 1858 ई. तक नाना साहब के प्रयत्नों से बरेली का हिंदू और मुस्लिम जनमानस पूर्ववत संगठित हो गया और बरेली में शांति का वातावरण स्थापित हो गया।

नानासाहब के परामर्श से बरेली में खानबहादुर खाँ ने सिक्खों का एक शक्तिशाली दल संगठित किया जिसमें 40 तोपें और 10000 मन बारूद की भी व्यवस्था की गयी। तत्पश्चात् नाना साहब पेशवा ने निश्चित रूप से अनुमान लगा लिया कि यदि नेपाल नरेश जंग बहादुर सिंह भी इस क्रांतिकारी समय में कुछ सीमा तक सहयोग दे दें, तो क्रांति को अभूतपूर्व सफलता प्राप्त हो सकती है। इसी संबंध में नाना साहब पेशवा ने अपने भाई बालाराव पेशवा को गोंडाबहराइच से बुलाकर नेपाल नरेश की विचारधारा का अनुमान लगाने भेजा। जब बालाराव पेशवा नेपाल नरेश के दरबार में प्रविष्ट हुये तो उनसे नेपाल नरेश जंगबहादुर सिंह ने अपनी इच्छा व्यक्त करते हुए ऊपरी मन से क्रांतिकारियों का सहयोग देने की घोषणा की, पर यह घोषणा केवल औपचारिकता मात्र थी, क्योंकि किसी अतिथि का सत्कार करना उनका कर्त्तव्य था।

18 अप्रैल 1858 ई. को जेहाद बोलते हुए बरेली के वीर क्रांतिकारी सैनिक बदायूँ में प्रविष्ठ हुये तथा बदायूँ पर भी सुगमतापूर्वक अधिकार कर लिया। तत्पश्चात् क्रांतिकारी मुरादाबाद अधिकृत करने की योजनायें बनाने लगे। अब बरेली क्रांतिकारियों का जमघट बन गया जिसमें लगभग 50,000 सैनिक थे।

2 मई 1858 ई. को अंग्रेज कमांडर इन चीफ कालेन कैम्पवेल ने शाहजहाँपुर से बरेली की ओर प्रस्थान किया क्योंकि उसे दो विभिन्न समाचार प्राप्त हो चुके थे, जिनमें प्रथम था कि बरेली में 30,000 पैदल, 6000 घुड़सवार सैनिक, तथा 40 बंदूकों की एक टुकड़ी वाली सेना है तथा द्वितीय समाचार यह था कि बरेली में कुछ नहीं है।

कैम्बैल आत्मविश्वास के साथ 4 मई 1858 ई. को अपरान्ह फरीदपुर (बरेली) आ गया। यहाँ पर उसकी विशाल सेना में कई सेनाएँ आकर सम्मिलित हो गयीं, जिनमें लखनऊ से कैप्टन बालपोल, रूड़की से सर जोन्स, और बदायूं की ओर से कैप्टन पैनी के नेतृत्व में सेनाएँ आयी थीं।

4 मई को सायं जब अंग्रेजों की इस विशाल सेना का समाचार बरेली के नवाब खानबहादुर खाँ ने सुना, तो उहोंने अंग्रेजी सेना का सामना करने को अपनी योजनायें बनानी प्रारंभ कर दी। उन्होंने 30000 सैनिकों की एक सेना तैयार की। इनके अतिरिक्त नौमहला के लगभग 1000 सैय्यद (गाजी) भी इस घोषित करके अपने सिरों पर कफन बाँध कर खानबहादुर युद्ध को धर्म युद्ध के आव्हान पर अंग्रेजों की सेना के विरुद्ध युद्ध हेतु तैयार हो गये।

5 मई 1858 ई. को प्रातःकाल दोनों ओर की विशाल सेनायें बरेली से तीन मील पूर्व दिशा नकटिया नदी के दोनों ओर पड़े मैदान में एकत्र हो गयीं। इसी नकटिया के विशाल मैदान में 6 मई 1858 को भयंकर युद्ध हुआ। बरेली के गाजियों ने अपने प्राणों की चिन्ता किये बिना युद्ध स्थल में वे जौहर दिखाये कि ब्रिटिश सैन्य अधिकारी विस्मित रह गये, जिससे इस युद्ध में मि. बालपोल (लखनऊ से आयी सेना का कैप्टन) सहित अनेक सैनिक अधिकारी घायल हो गये।

यद्यपि 20 सितंबर 1857 को दिल्ली तथा 20 मार्च 1858 ई. को लखनऊ अधिकृत करने के कारण ब्रिटिश सेनापति तथा अन्य अधिकारियों को आत्मविश्वास के साथ साथ यह आशा भी थी कि अच्छी तोपों के कारण ब्रिटिश सेना की विजय निश्चित है। इसी विश्वास के साथ कमांडर इन चीफ कैम्पवेल ने सैय्यद सैनिकों (गाजियों) को संगीनों से मारने का आदेश दे दिया। गाजी समुदाय अंग्रेजी सेना द्वारा प्रयुक्त संगीनों का सामना न कर सका और सायंकाल होने तक लगभग सभी गाजी वीरगति को प्राप्त हो गये।

अंग्रेजों और भारतीयों के मध्य नकटिया नदी पर लड़ा गया युद्ध इतना भयंकर था कि प्रारंभ में भारतीय सैनिकों ने अंग्रेजी और सिख सेना के दाँत खट्टे कर दिये परंतु अंग्रेजी सेना की विशिष्ट तोपों और अस्त्र-शस्त्रों का क्रांतिकारी सैनिक सामना न कर सके और लगभग सभी क्रांतिकारी सैनिक धराशायी हो गये। इस युद्ध में केवल एक क्रांतिकारी सैनिक शेष बचा था उसे भी अंततः एक सिक्ख सैनिक ने गोली मारकर मौत के घाट उतार दिया।

चतुर्थ अध्याय

सन् 1857 से 1915 के मध्य विभिन्न घटनायें

6 मई 1858 ई. की रात तक बरेली के क्रांतिकारी पूर्णतया पराजित हो गए तथा अगले दिन 7 मई 1858 ई. को प्रातःकाल से ही अंग्रेजी सेना ने बरेली नगर में प्रवेश किया और जिसे जहाँ पाया, मौत के घाट उतार दिया। इस प्रकार नगर में वीरानी छा गयी। अंग्रेजी सेना ने बरेली के पुराने शहर के समीपस्थ मुहल्ला जोगी नवादा में प्रवेश किया तथा वहाँ स्थित दीवान शोभाराम के निवासस्थल एवं हाथीखाने को तोपों से उड़ा दिया और उनके वंश या परिवार का जो भी व्यक्ति मिला, उसका निर्दयतापूर्वक हत्या कर दिया। दीवान शोभाराम अपने पुत्र होरीलाल के साथ (उसके पूर्व ही) इस स्थल को त्याग चुके थे, और कटरा मानराय (नया शहर) में छिप गये थे। यहाँ पर शेष क्रांतिकारियों को संगठित कर पुनः अंग्रेजी सेना का सामना किया परंतु दीवान शोभाराम को सफलता प्राप्त न हो सकी।

7 मई 1858 ई. को मध्याह्न अंग्रेजी सेना ने मुहल्ला शाहबाद स्थित नवाब खानबहादुर खाँ के निवास स्थल को भी तोपों से उड़ा दिया। तत्पश्चात् यहाँ से अंग्रेजी सेना बरेली के क्रांतिकारी संय्यदों के मुहल्ला नौमहला गयी तथा उनके सभी भवनों को ढहा दिया, फिर उन्होंने उन भवनों को भी तोपों से उड़ा दिया जिनमें बरेली से बाहर के विप्लवी नेता आकर ठहरे थे। इसी दिन सायंकाल दीवान शोभाराम पीलीभीत की ओर पलायन कर गये।

7 मई 1858 ई. को अंग्रेजी सेना ने बरेली नगर में लूटमार कत्ल और आगजनी की अनेक आतताई घटनायें (क्रियायें) कीं। इसी दिन गुप्त स्थानों पर छिपे नबाब खानबहादुर खाँ, नानासाहब, मम्मू खाँ और मेंहदीहसन सहित नवाब के अनेक परिवारीजन पीलीभीत (तत्कालीन बरेली में ही) की ओर चले गये।

8 मई 1858 ई. से अंग्रेज सैनिकों ने क्रांतिकारियों को खोज-खोजकर गिरफ्तार करने का अभियान प्रारंभ किया। इसी अभियान के अंतर्गत 10 मई को बजीर मुहम्मद(तहसीलदार सिरौली) को सर्वप्रथम कैद कर लिया गया, तत्पश्चात् बरेली के प्रमुख क्रांतिकारी नेता कबीर शाह खाँ को गिरफ्तार कर लिया गया। इसी दिन नाना साहब पेशवा के निवास हेतु निर्मित भवन को अस्पताल में परिवर्तित कर दिया गया।

इसी अवसर पर अंग्रेज अधिकारियों ने 'फूट डालो शासन करो' नीति के अनुसार उन व्यक्तियों को भी खोजना प्रारंभ कर दिया जिन्होंने मई 1857 की क्रांति के समय भारतीय जनमानस का विश्वासघात करके ब्रिटिश अधिकारियों को सहयोग प्रदान किया था। इन अंग्रेजों के स्वामिभक्तों को क्रांतिकारियों की जागीरें अधिकृत करके वंटन करने की चाल चली, जिससे छापामार क्रांतिकारियों के विरुद्ध उन चाटुकारों को जुटाया जा सके।

भारतीय क्रांतिकारियों के विरुद्ध देशद्रोह करने तथा अंग्रेजों की सहायता करने के फलस्वरूप निम्न विश्वासघाती, अंग्रेजी शासन द्वारा पुरस्कृत किये गयेः–

(क) ठा. जालिम सिंह–यह राजपुर, क्यारा के निवासी थे। इन्होंने मई 1857 ई. की क्रांति के समय अंग्रेज सार्जेन्ट हार्डी को सपरिवार क्रांतिकारियों से बचाकर अपने घर में सुरक्षा प्रदान की थी। इन्हें पुरस्कार स्वरूप 5000/रु. नकद धनराशि तथा 2000/- रु. की मालगुजारी प्रदान की गयी।

(ख) ठा. रघुनाथ सिंह – यह बुधौली के निवासी थे। इन्हें अंग्रेजों को सहयोग देने के उपलक्ष्य में 5000/- रु. नकद धनराशि तथा 2000/-रु. की मालगुजारी के गाँव दिये गये।

(ग) चौ. नौबतराय – यह बरेली नगर के हिंदू नेता थे। इन्होंने 29 मई 1857 को विप्लव की सूचना इस आशय से दी थी कि संभवतः बरेली के हिंदू जन कुछ अव्यवस्था उत्पत्र करें। परंतु कोतवाल बदरुद्धीन के द्वारा अमान्य करने पर अंग्रेज अधिकारियों ने उस पर कोई ध्यान नहीं दिया परंतु जब क्रांति का श्रीगणेश हो रहा था, तो चौ. नौबतराय को एक दूरदर्शी स्वामिभक्त मान लिया और 2000/- रु. की मालगुजारी की जमीदारी पुरस्कार में अर्पित कर दी।

(घ) पं. बैजनाथ मिश्र – अंग्रेजी शासन को कुछ सहयोग देने के उपलक्ष में इन्हें राजा की सम्मानित उपाधि एवं 28 गाँवों की जमींदारी दे दी गई। आप सदर बैंक में कोषाध्यक्ष थे।

(ड़) गंगा प्रसाद – यह बरेली के निवासी थे। इन्हें अंग्रेजी परिवारों को सहायता देने के फलस्वरूप 1200/- की मालगुजारी तथा बरेली तहसील का तहसीलदार का पद भी दिया गया।

(च) लक्ष्मीनारायण – बरेली की सदर बैंक का कोषाध्यक्ष था। यह क्रांति होने पर अंग्रेज अधिकारियों के साथ नैनीताल की ओर पलायन कर गया था जिसके फलस्वरूप इन्हें 2000/- रु. की मालगुजारी भेंट की गयी।

(छ) बख्तावर सिंह – इन्हें भी क्रांति की विषम परिस्थितियों में अंग्रेजों का साथ देने के उपलक्ष्य में 1200 /- रु. की माल गुजारी की जमींदारी दी गई तथा साथ में शाही का तहसीलदार भी मनोनीत कर दिया गया।

(ज) शेख बदरुद्दीन – यह क्राँति होने के पूर्व भारतीयों के विरुद्ध कुछ षडयंत्र भी रच चुका था। इसी कारण क्रांति के समय भयभीत होकर अंग्रेजों के साथ नैनीताल की ओर भाग गया। इसके उपलक्ष में इसे 1200/-रु. की मालगुजारी प्रदान की गई।

(झ) गुज्जू खाँ – यह ठिरिया का निवासी था। इसे अंग्रेज महिला मि. डिकैम्प एवं उसके 7 परिवारजनों को विप्लवकारियों से बचाकर अपने घर में सुरक्षित रखने के उपलक्ष्य में विपुल धन उपहार स्वरूप दिया गया।

(ट) साकिर दाद खाँ – यह बरेली नगर के निवासी थे। इन्हें अंग्रेजी शासन में भारतीयों से विश्वासघात करने के उपलक्ष्य में उपहार प्राप्त हुये।

(ठ) रहीम बाद खाँ – बरेली नगर के निवासी। आप अंग्रेजों को सहयोग देने पर पुरस्कृत किये गये।

इन उपर्युक्त देशद्रोहियों के अतिरिक्त कालीचरन, शिवप्रसाद और रोशन लाल को क्रमशः राजा, रायबहादुर और राव की मानद उपाधियाँ प्रदान की गईं नवाब काने मियाँ और शेख मियाँ भी पुरस्कृत किये गये।

अंग्रेजों के इन चाटुकार देशद्रोहियों ने उपहार स्वरूप जागीरें और विपुल को धन प्राप्त करके क्रांतिकारियों सहित अनेक निरपराध व्यक्तियों को फांसी पर लटकवा दिया। इन चाटुकारों ने कुछ निरपराध व्यक्तियों से वैमनस्यों के बदले भी इसी अवसर पर ले लिये।

गिरफ्तार करने के काम में 19 मई 1858 ई. को अंग्रेज सैनिकों ने बहेड़ी में क्रान्तिकारी नेताओं, बन्ने मियाँ, बुलाकी मियां और नत्थू के अतिरिक्त अन्य क्रान्तिकारियों को भी गिरफ्तार किया।

20 मई 1858 ई. को नवाब खान बहादुर खाँ के भाई को गिरफ्तार करके उसी दिन फांसी पर लटका दिया। 23 मई को शेरगढ़ के तत्कालीन तहसीलदार निजाम अली खाँ को अंग्रेज विरोधी गतिविधियों के कारण गिरफ्तार कर लिया गया। गिरफ्तारी का यह क्रम लगभग एक वर्ष तक चलता रहा। एक वर्ष पश्चात् 7 अप्रैल 1859 ई. को नवाब खानबहादुर खाँ अपने परिवारजनों के साथ, नाना साहब पेशवा, मम्मु खाँ और मेंहदीहसन आदि कई क्रान्तिकारी नेता बरेली से भाग कर तराई के जंगलों में रहने लगे और अपने छिपने की योजनायें बनाते रहे। अंत में सर्वसम्मति से निश्चय किया गया कि वे नेपाल नरेश के यहाँ शरणार्थी बन कर रहेंगे क्योंकि नाना साहब पेशवा ने अपने भाई बालाराव पेशवा को नेपाल भेजकर नरेश की पूर्व अनुमति ले ली थी, पर इन कान्तिकारी नेताओं को क्या पता था कि उनका विश्वासपात्र नेपाल नरेश उनके साथ विश्वासघात का व्यवहार करके उन्हें अंग्रेज अधिकारियों के अधिकार में दे देगा।

9 दिसंबर 1859 को नेपाल नरेश जंगबहादुर सिंह ने बरेली के नवाब खानबहादुर खाँ के आवास के लिए नेपाल के निआकोट दुर्ग में व्यवस्था कर दी, साथ ही नबाब के

इस दुर्ग में ठहरने की सूचना ब्रिटिश अधिकारियों को भी दे दी, क्योंकि नेपाल नरेश जंगबहादुर अग्रेजों का विश्वासपात्र बनकर अपने स्वार्थ की पूर्ति करना चाहता था, उसे भी अंग्रेजों से भय था। ज्यों ही अंग्रेजी सरकार ने नवाब खानबहादुर खाँ के नेपाल दुर्ग में ठहरने का समाचार सुना, उन्होंने 14 दिसंबर 1859 को अपने कुछ सैनिकों एवं अधिकारियों को भेजकर निश्चित प्रायोजित रीति से निआकोट दुर्ग चारों ओर से घेर लिया। इस समय तक नानासाहब किसी प्रकार गुप्त रूप से दुर्ग से निकलने में सफल हो चुके थे, परंतु नवाब खानबहादुर खाँ का भविष्य दुर्भाग्य में गोते खा रहा था।

अंग्रेज अधिकारियों ने नवाब खानबहादुर खाँ और मम्मू खाँ तथा मेंहदी हसन को कैद कर लिया। नेपाल नरेश जंगबहादुर सिंह के इस प्रकार के विश्वासघात को देखकर नवाब खानबहादुर खाँ आश्चर्य चकित रह गये और अपने मन में अपने देश के भविष्य का अवलोकन करने लगे। अब उन्हें पूरी तरह आशा हो गई कि नवाब खानबहादुर खाँ (स्वयं) के गिरफ्तार होने से उनकी बरेली सहित संपूर्ण रुहेलखंड वास्तविक रूप में अंग्रेजों का पराधीन हो जायेगा।

नवाब खानबहादुर सहित अन्य कैदियों को एक ही बन्द पुलिस कार में बैठाकर 17 दिसंबर 1859 ई. को नेपाल से लखनऊ लाकर नजरबन्द कर दिया गया। लखनऊ कारागार में 14 दिन बन्द रखने के पश्चात एक जनवरी 1860 को दोनों क्रांतिकारी कैदी बरेली जेल में बन्दी अवस्था में लाये गये। बरेली कारागार में भी इन दोनों (नवाब, मम्मू खाँ) को एक माह तक कैद रखने के पश्चात् कमिश्नरी (बरेली) के न्यायालय में उपस्थित किया गया। यहाँ पर नवाब खानबहादुर खाँ के कुछ विरोधियों ने उनके विरुद्ध साक्ष्य प्रस्तुत किए और प्रत्येक रीति से यह सिद्ध करने का प्रयत्न किया कि नवाब खानबहादुर खाँ क्रांति के सबसे प्रमुख नेता थे। साक्ष्य को प्रस्तुत करने वाले लगभग 45 साक्ष्य प्रस्तुतकर्ताओं ने न्यायालय में उपस्थित होकर साक्ष्य प्रस्तुत किए जिनमें कुछ प्रमुख साक्ष्य प्रस्तोताओं ने निम्न प्रकार साक्ष्य प्रस्तुत किए -

(क) कन्हैया लाल कोषाध्यक्ष-'खानबहादुर खाँ और कुछ नहीं है केवल नवाब हाफिज रहमत खाँ के वारिस की हैसियत से पेंशन पाता था।'

(ख) पं. कपिल मुनि, निवासी कौआ टोला–"25 मई 1857 ई. को मैंने खानबहादुर खाँ को कमिश्नर अलेक्जेंडर की कोठी से कैंटोनमेन्ट और पैदल सेना के सूबेदार बख्त खाँ के घर जाते देखा। मैं भी किसी कार्य के लिए सदर बाजार जा रहा था। कुछ लोगों ने बताया कि, खानबहादुर खाँ ने बख्त खाँ से कहा था कि मेरठ की भाँति (बगावत) तेजी से होने में देरी क्यों लग रही है? बख्त खाँ ने उत्तर दिया कि शीघ्र होने वाली है। 4 जून 1857 ई. को खान बहादुर खाँ स्वयं बख्त खाँ के पास आया, इससे कुछ पल पूर्व बख्त खाँ ने अपना सलाम और नजरें नवाब को भेट की थीं।

(ग) जयमल सिंह, क्यारा निवासी – "नवाब खानबहादुर खाँ और मम्मू खाँ

ने मुझे 18 यूरोपियन्स और 4 देशी ईसाइयों को अपने घर में छिपाने के अपराध में जान से मारने का आदेश क्रांतिकारियों को दिया था, जब मैंने क्रांतिकारियों से बहुत मिन्नतें कीं तब कहीं उन्होंने मुझे माफ किया।''

(घ) चेत सिंह, बसई – ''23 मई 1857 ई. की शाम को 4 बजे नवाब खानबहादुर खाँ स्वयं बख्त खाँ के पास मेरठ की भाँति विद्रोह करने को कहने गये, बख्त खाँ ने उत्तर दिया कि वह इसी तैयारी में ही लगा है।''

(ङ) अन्य प्रमुख साक्ष्यकर्त्ता – सिब्बू अदंली, हब्बू अर्दली, बृजलाल (शोभाराम का मुंशी), परमेश्वरी दास (करोर का पेशकार), अहमद अली खाँ (तहसीलदार सिरौली), सुलहउद्दीन अहमद (करोर तहसीलदार), मूलचंद कायस्थ, बसंतराय आदि साक्ष्यकर्ताओं ने खानबहादुर खाँ के विरुद्ध प्रबलतम् साक्ष्य प्रस्तुत किये।

नवाब विरोधी साक्ष्यों को सुनने के पश्चात् न्यायालय ने खानबहादुर खाँ से अपील की कि यदि वह भी इन साक्ष्यों के विरुद्ध अथवा अपनी ओर से कोई आवेदन प्रस्तुत करें तो कर सकते हैं। इस पर नवाब खानबहादुर खाँ ने अपने बचाव के लिये गवर्नर जनरल को 14 फरवरी 1860 को एक याचिका प्रस्तुत की, जिसमें कहा गया था–

''31 मई 1857 ई. को अपरान्ह बरेली के तत्कालीन कोतवाल बदरुद्दीन ने मुझसे कहा कि छावनी का कार्य समाप्त हो गया। मैंने पूछा, क्यों? सब ठीक तो है? उसने उत्तर दिया, 'सिपाहियों ने बहुत से साहब लोगों को मौत के घाट उतार दिया है, जितने उनके हाथ आ सके और शेष भाग गये हैं। मैने पूछा, कमिश्नर और कलक्टर का क्या हुआ?'' उन्होंने उत्तर दिया, ''मैं उनके बारे में कुछ नहीं जानता।'' उसके पश्चात वह चला गया। मैंने अपने घर जाकर भोजन किया और लेट गया। दो घड़ी पश्चात् मदार अली खाँ और अनेक स्त्री-पुरुष मेरे पास आये और बोले, 'सिपाहियों ने छावनी में आग लगा दी है, लूटमार की है इसलिये हम शहर में जा रहे हैं।' भगवान जानता है कि कौन सी बर्बादी और कौन सा अपमान हमारे ऊपर आयेगा। जिस प्रकार हो सके, हमारी रक्षा कीजिये, आपके अलावा परिवार में कोई बुजुगं नहीं है जिससे अपनी दशा बयान कर सकें ....मैं कोतवाली से 350 सरकारी नौकरों को लेने गया तथा कोतवाल बदरुद्दीन से परामर्श लेने हेतु भी गया परंतु वहाँ की ओर को पैदल जाने वाला भी कोई नहीं था। लगभग 200 व्यक्ति शहर की ओर भागे जा रहे थे जो कोतवाली के अभिलेख को नष्ट करके कई टोलियों में विभक्त हो गये थे।

उसी समय सैय्यद मियांजान, फैजुल्लाह और मीरन खाँ, नौमहला के सैय्यद और शहर के कई प्रमुख व्यापारी भी मेरे पास आये और इच्छा प्रकट करते हुये प्रार्थना करने लगे कि मैं किसी प्रकार से शिविर के नेताओं को शहर में प्रवेश करने से रोकू। मैंने कहा, मैं सेना के किसी भी अधिकारी को नहीं जानता तथा यह अनिवार्य भी नहीं कि उनमें से कोई मेरे परामर्श को मान ही ले।' इस पर मियांजान बोले कि बख्त खाँ और

दूसरे रिसालदार प्रत्येक जुमा (शुक्रवार को मेरी मस्जिद में नमाज अदा करते हैं तथा मियां साहब को सम्मान अर्पित करते हैं। वे उन्हें भी जानते हैं तथा खानबहादुर खाँ से भी प्रत्येक व्यक्ति परिचित है। कृपया उनसे एक शब्द (परामर्श) कहिये, जिससे मैं उन्हें रोकने का उपाय सोचू।....मैंने कोतवाली में सुना कि बरेली नगर में कोई भी अंग्रेज जीवित नहीं है, तो आप ही मुझे बताइये कि मैं किसे कत्ल करने का आदेश देता।'

अपनी याचिका प्रस्तुत करने के पश्चात नवाब खानबहादुर खाँ की ओर से भी कुछ साक्ष्य प्रस्तोता प्रस्तुत किये गये जो सभी बरेली के मोहल्ला भूड़ के निवासी थे। इन साक्ष्यकर्ताओं में हैदरअली, करामत हुसैन, अजीमुल्लाह खाँ और शाकिर अली खाँ आदि के नाम प्रमुख हैं। इन सभी ने नवाब खानबहादुर खाँ के समर्थन में अपने-अपने साक्ष्य प्रस्तुत किए और बताया कि नवाब खानबहादुर खाँ ने क्रांति में कोई विशेष नेतृत्व नहीं किया। जब क्रांतिकारियों ने बरेली में क्रांति का बिगुल बजा दिया तो खानबहादुर खाँ को मजबूर होकर क्रांतिकारियों को सहयोग देना पड़ा।

नवाब के समर्थित साक्ष्यकर्ताओं का न्यायालय पर कोई विशेष प्रभाव नहीं पड़ा क्योंकि न्यायालय तो साक्ष्य सुनने के पूर्व ही निर्णय को योजनाबद्ध कर चुका था।

अंततः मार्च 1860 ई. में सीधे खानबहादुर खाँ से न्यायालय में कुछ प्रश्न पूछे गये जिनके उत्तर नवाब साहब ने निम्नवत निर्भीकतापूर्वक दिये–

अदालत–जब आपने आजीवन अंग्रेजों का नमक खाया, तो विद्रोह क्यों किया?

नवाब–मैंने जनता द्वारा नवाब बनना स्वीकार किया और मैंने अपने वेतन तथा पेंशन को ही प्राप्त किया।

अदालत–क्या यह सत्य है कि आपने अंग्रेजों को कत्ल करने की आज्ञा दी?

नवाब–बिल्कुल असत्य! लेकिन यदि कोई भी स्वतंत्रता के रास्ते में रोड़ा बनेगा तो उसका मारा जाना स्वाभाविक होगा।

अदालत–क्या आपने बख्त खाँ के नेतृत्व में 30,000 सैनिकों की विशाल सेना दिल्ली के विद्रोहियों की सहायता करने भेजी थीं?

नवाब–जी हाँ। क्योंकि मैंने दिल्ली के सम्राट बहादुरशाह का अधिपत्य स्वीकारकिया था। इसलिये उनके आदेश का पालन करना अनिवार्य था।

अदालत–क्या आप कुछ और कहना चाहते हैं?

नवाब–यह राज्य क्षणभंगुर है। जिस प्रकार किसी नदी का किनारा होता है। तलवार के बल पर विजित देश सदैव तुम्हारे ही पास रहेगा, ऐसा मतसोचो खान बहादुर खाँ ने यह अंतिम उत्तर देना ही उचित समझा।

न्यायालय द्वारा विभिन्न अभियोगों के सिद्ध हो जाने के उपरान्त 22 मार्च 1860 ई. को बरेली के नवाब खान बहादुर खाँ और 257 क्रांतिकारियों को प्राणदंड का आदेश दे दिया गया। नवाब खान बहादुर खाँ को 23 मार्च 1860 ई. को तत्कालीन कोतवाली के द्वार पर मृत्युदंड दे दिया गया।

24 मार्च सन् 1860 ई. को ही नवाब को प्राणदंड देने के पश्चात 257 क्रांतिकारियों को भी बरेली के जनमानस को भयभीत करने के उद्देश्य से बरेली कमिश्नरी में स्थित बरगद के विशाल वृक्ष पर उनकी गर्दनों में रस्सियाँ बाँधकर लटका दिया गया और कई दिनों तक सभी क्रांतिकारी तड़प-तड़प कर दम तोड़ते रहे।

24 मार्च 1860 का वह मनहूस काला दिवस बरेली के इतिहास में सदैव स्मरण रहेगा। इसी दिन अंग्रेज चाटुकारों के शिकार एवं स्वतंत्रता हेतु मर मिटने के लिए खुशी-खुशी फांसी का फन्दा गले में लगा क्रांतिकारी शहीद हो गये।

जब कोतवाली पर नवाब खान बहादुर खाँ को प्राणदंड दिया जा रहा था तो उन्होंने मरने से पूर्व यह वक्तव्य दिया—मुझे जो मृत्युदंड दिया जा रहा है वह इसलिए कि मैं सदैव सत्य बोलना ही ठीक समझता रहा। मैं यह समझता हूँ कि मेरी मृत्यु ही मेरा जीवन है। मृत्युदंड देना और उस समय मचा कोलाहल मेरे लिये एक तमाशा है।

प्राण दंड देने के पश्चात खानबहादुर खाँ की निष्प्राण देह को निर्वस्त्र दफनाया गया। दफन करते समय बिना कफन के शव को अलताफ अली के एक वंशज ने कफन स्वरूप अपना रूमाल उनके मुंह पर डाल दिया। अंग्रेज तो नवाब खान बहादुर खाँ का अंतिम क्षण तक अपमान करना चाहते थे इसलिए नवाब को अप्रत्याशित सम्मान मिलता देखकर रूमाल डालने वाले व्यक्ति को कैद करके कारागार भेजने के कठोर आदेश दे दिये गए।

स्वर्गीय खान बहादुर खाँ के दीवान शोभाराम के विरुद्ध कोई भी अभियोग न्यायालय में सिद्ध न हो सका, फिर भी उन्हें आजन्म कैद का आदेश देकर अंडमान निकोबार द्वीप समूह में निर्वासित कर दिया गया। शोभाराम के वंश के अन्य व्यक्तियों को तोपों के मुँह से बाँधकर टुकड़े-टुकड़े कर दिया गया।

अंततः जिस बरेली को नाना साहब पेणवा, फीरोजशाह, बेगम जीनतमहल और अहमदशाह आदि क्रांतिकारियों ने प्रमुख क्रांति स्थल घोषित किया था, उस पर भी क्रांतिकारियों का अधिपत्य समाप्त हो गया।

1860 ई. में दिए मृत्यदंड के आदेशों एवं अंग्रेजों के सच्चे स्वामिभक्त भारतीयों को पुरस्कार स्वरूप दिए गए विपुल धन और भेंट की गई जागीरों से बरेली के जनमानस में त्राहि-त्राहि मच गई।

क्रांतिकारियों से निबटकर अंग्रेजी सरकार ने विभिन्न अवसरों पर हिंदूमुसलमानों के मध्य साम्प्रदायिकता के बीज बोने प्रारंभ किए और लगभग 10 वर्षों तक बरेली में अंग्रेजों का आतंक छाया रहा तथा भारतीय जनमानस घुट-घुट कर जीवन व्यतीत करने लगा।

10 अप्रैल 1870 ई. में जब हिंदू उत्सव रामनवमी मनाया जा रहा था, तो इसी अवसर पर मुस्लिम उलेमाओं का एक जुलूस मुख्य सड़क पर होकर निकला। अंग्रेज अधिकारी हिंदू मुसलमानों के मध्य साम्प्रदायिकता फैलाने की योजनायें बनाते रहे, परंतु तत्कालीन हिंदू नेता चौ. नोवतराय के आव्हान पर सभी हिंदू दुकानदारों ने 10 अप्रैल से 12 अप्रैल 1870 ई. तक नगर स्थित अपनी-अपनी दुकानें शांति की स्थापना हेतु बंद

कर दीं और अंग्रेजों के षड़यंत्र को विफल कर दिया।

एक वर्ष पश्चात 8 मई 1871 ई. को पुनः मुहर्रम और रामनवमी के पर्व एक ही दिन पड़े। इस अवसर पर दोनों धर्मों के जुलूस, दोनों सम्प्रदायों के प्रतिष्ठित नेताओं की संधि के अनुसार अलग-अलग रास्तों से निकाले गये।

किंतु अंग्रेजों की कूटनीति के कारण सायंकाल को नगर में एक साम्प्रदायिक दंगा करवा दिया गया, जिसमें गुलाम खाँ, छोटे, मुहम्मद खाँ, अब्दुल खाँ, भिन्डू, छिद्दा, हुसैन खाँ, ईमान खाँ, शहमत खाँ, फकीरा, कलंदर खाँ, फुन्दन खाँ, अली बख्श, गुलाम हजरत और गुलाम रूवानी नाम के प्रमुख मुस्लिम नेता थे।

9 मई से जुलाई 1871 ई. तक बरेली में इसी साम्प्रदायिक घटना के संबंध में गिरफ्तारियों का क्रम बना रहा जिसमें केवल 9 मई को गिरफ्तार किये गये व्यक्तियों में अल्लाह यार खाँ, सत्तारबख्श और जिन्दल खाँ के नाम प्रमुख हैं।

10 मई 1871 ई. को गिरफ्तार किये गये व्यक्तियों में जुन्नू, गुज्जू, कल्लू आबिद अली और इमदाद अली खाँ आदि थे।

2 जून 1871 ई. को कल्लू और अनन्ती, 7 जून 1871ई. को नन्हें खाँ और अतुआ नामक उपद्रवियों को कंद किया गया, 12 जून 1871 ई. को गुलाम मुहम्मद खाँ और न्याजमुहम्मद खाँ को तथा 5 जुलाई 1871ई. को गिरफ्तार किये गये व्यक्तियों में तुफूजुल हुसैन, विलायत अली, घसीटा, शम्स अहमद, जफीर मौर अमीर अहमद आदि मुस्लिम नेता प्रमुख थे। इन सब पर साम्प्रदायिकता फैलाने का आरोप लगाया गया।

5 अगस्त 1871 ई. को हिंदुओं के उत्सव रामनवमी का जुलूस अंग्रेजी शासन ने पुलिस अधीक्षक, ले. कर्नल मि. अर्ल, संयुक्त मजिस्ट्रेट मि. काये, उपनिरीक्षक पुलिस काल्विन, तहसीलदार सलाउद्दीन, अवैतनिक मजिस्ट्रेट बल्देव सिंह और चेतराम के पर्यवेक्षण में निकलवाया, जिससे मई 1871 ई. जैसी घटना न घटने पाये। जुलूस में इन अधिकारियों के अतिरिक्त बाविक, नजीर खाँ, सुभाषबेग, उपनिरीक्षक अलबेल सिंह और गंगासिंह नामक पुलिस अधिकारी भी जुलूस के साथ चल रहे थे।

जुलूस ज्यों ही मुहल्ला गुलाब नगर में स्थित रानी लक्ष्मीबाई भवन के समीप पहुँचा कि कुछ साम्प्रदायिक तत्वों ने पूर्व की भाँति इस बार भी जुलूस में विघ्न डालना चाहा। इसी समय एक ऐसी अफवाह फैली कि हिंदुओं का जुलूस केवल पुलिस कॉन्सटेबिल मियाँ जान के आदेशानुसार ही चलाया जाएगा तथा उसे केवल शहर की संकरी गलियों से होकर निकालने की अनुमति हो सकेगी क्योंकि कुछ अविकसित बुद्धि वाले मुस्लिम, हिंदुओं के जुलूस को मुख्य सड़क से होकर जाने के विरुद्ध थे। अंत में अफवाह सत्य निकली क्योंकि कान्सटेबुल मियाँ जान ने ही सर्वप्रथम सिंहासन के एक ध्वज को फाड़कर अशांति का श्री गणेश किया। इस पर पुलिस निरीक्षक नजीर खाँ ने मियाँ जान को अनेक अपशब्द कहे।

बरेली के साम्प्रदायिकतावादी भावनाओं वाले मुस्लिम भाइयों अलताफ अली खाँ

और रहमत हुसैन खाँ ने मियाँ जान के प्रति नजीर खाँ के व्यवहार की कड़े शब्दों में निन्दा की। तत्पश्चात जैसे ही जुलूस इमामबाड़ा होता हुआ मुस्लिम बाहुल्य क्षेत्रों (मुहल्लों) में पहुँचा कि शेख बदरुद्दीन, अलताफ अली खाँ और रहमत हुसैन खाँ के संकेत पर कई मुस्लिमजन लाठियाँ लेकर आ गए और देखते ही देखते जुलूस पर टूट पड़े। इस दंगे में पुलिस का एक कांस्टेबुल और ले. कर्नल मि. अर्ल बुरी तरह घायल हो गए। इनके अतिरिक्त एक मुस्लिम उपद्रवी के भी प्राण गए, और लगभग 15 व्यक्ति घायल हुए। इस दंगे के संबंध में पुलिस ने कई व्यक्तियों को गिरफ्तार भी कर लिया।

इस दंगे के कुछ समय पश्चात् सायंकाल को 20, 30 मुस्लिमों ने रामप्रसाद बाग के मन्दिर पर आक्रमण कर दिया और 1852-53 ई. में मनोनीत बरेली रामलीला कमेटी के तत्कालीन प्रबंधक सेवादास वैरागी का वध कर दिया। सूचना पाते ही मि. काल्विन घटनास्थल पर पहुँच गये। उन्होंने हिंदुओं की क्रुद्ध भीड़ को समझाबुझाकर अपने-अपने घर जाने का आग्रह किया। इस घटना के पश्चात इसी रात्रि को संकीर्ण विचारधारा वाले मुसलमानों ने क्षुब्ध होकर गंदा नाला एवं साहूकारा आदि मुहल्लों में उपद्रव किए। तत्पश्चात कोहाड़ापीर, भूड़, श्यामगंज बिहारीपुर, मलकपुर बमनपुरी, जसौली और पुराना शहर आदि मुहल्लों में भी शेख बदरुद्दीन, अलताफ अली और रहमत हुसैन आदि मुस्लिम नेताओं के संकेत पर अशांति फैलाई गई। इस उपद्रव के समय नगर में किसी प्रकार की आरक्षित पुलिस बल की व्यवस्था नहीं थी और न ही पुलिस किसी प्रकार की प्रतिक्रिया ही कर रही थी क्योंकि अंग्रेजी शासन का स्पष्ट संकेत था कि जितनी अधिक साम्प्रदायिकता फैलेगी, उतनी ही शासन चलाने में और राष्ट्रीय विचारधारा वाले व्यक्तियों को दबाने में सहयोग मिलेगा।

इन पूर्व दंगों में मुस्लिम नेताओं शेख बदरुद्दीन, अलताफ अली खाँ और रहमत हुसैन खाँ प्रमुख रूप से हिंदू विरोधी थे। इन तीनों नेताओं को रामपुर के तत्कालीन नवाब नाजिम अली खाँ आर्थिक सहायता प्रदान कर रहे थे जो अंग्रेजों की कूटनीति का परिणाम था।

वर्ष 1871 ई. के संपूर्ण दंगों की कार्यवाही हाईकोर्ट के न्यायाधीश मि स्पेंकी की देखरेख में हुई जिसके अनुसार 5 व्यक्तियों को मत्युदंड, 8 को आजीवन कारावास और 45 व्यक्तियों को 6-7 वर्ष की कठोर कैद सुनाई गई। इन दंगों में 7 व्यक्ति पहले ही हताहत हो चुके थे और 158 व्यक्ति घायल अवस्था में पड़े थे।

जहाँ एक ओर हिंदू मुस्लिम परस्पर झगड़ रहे थे वहीं दूसरी ओर राजा कालिका प्रसाद, राजकिशन मुकर्जी, और लाला मूलचंद आदि हिंदू नेता एवं शेख खैरुद्दीन अहमद, नवाब किफायत उल्लाह, कुल्व अलीशाह और इनायत अली खाँ आदि मुस्लिम नेता अंग्रेजों के विश्वासपात्र भी बने रहे। इन्हें भाँति-भाँति के पुरस्कार दिये गये। साथ में पुलिस निरीक्षक अतवल सिंह और लिपिक जयचंद को भी एक-एक पगड़ी तथा परवाना भेंट किया गया।

सन् 1873 ई. में एक अन्य घटना और घटी, जो अंग्रेजी शासन द्वारा रचे गये षडयंत्र पर आधारित थी। बरेली जिला जेल में एक आदेश किया गया कि कोई भी कैदी ''जनेऊ'' नहीं पहनेगा। इस आदेश का हिंदू और मुसलमान बन्दियों ने संगठित रूप से विरोध किया और सभी एकत्र होकर जेल अधीक्षक के समीप पहुँच गये। अंत में विवश होकर सरकार को जनेऊ संबंधी आदेश वापस लेना पड़ा जिससे साम्प्रदायिक षडयंत्र असफल हो गया।

सन् 1874 ई. से 1878 ई. तक बरेली में कई छुटपुट घटनायें घटती रहीं जिनमें अंग्रेजी एजेन्ट बरेली की जनता को विभिन्न प्रकार से भयभीत करते रहे, साम्प्रदायिकता फैलाने की योजनायें बनाते रहे, परंतु अब बरेली का हिंदू और मुस्लिम जनमानस पूर्णतया संगठित हो चुका था और अंग्रेजों के विरुद्ध आवाज उठाने का साहस कर रहा था।

1879 ई. में बरेली में टाउन हाल पर आर्य समाज के संस्थापक स्वामी दयानन्द सरस्वती ने अपना ओजस्वी और शिक्षाप्रद भाषण दिया तथा बरेली की जनता का आव्हान किया कि यह राष्ट्र की स्वाधीनता के लिए तन-मन-धन से संगठित रहें। स्वाधीनता हेतु राष्ट्रीय विचार अब पुलिस विभाग में भी दृष्टिगोचर होने लगे। इसकी पुष्टि इस उदाहरण से हुई कि उपनिरीक्षक पुलिस क्षेत्र बिहारी लाल ने फरवरी 1884 ई. में आंवला के मियाँजान एवं उनके परिवार के अनेक सदस्यों को केवल इसलिये बन्दी बनाया था कि वे अंग्रेजी शासन के परमभक्त तथा राष्ट्रीय एकता में बाधक थे।

अब बरेली के जनमानस में अंग्रेज अधिकारियों का विरोध करने की शक्ति का उदय होने लगा क्योंकि एक अंग्रेज नर्स ने बरेली निवासी अपने नौकर का केवल इसलिए वध कर दिया कि वह उस नर्स का सामान अतिशीघ्रता से न ला सका। यह सुनकर बरेली का जनमानस क्रुद्ध हो गया और उसका इतना प्रबल विरोध किया कि नर्स को असहाय और भयभीत होकर बरेली से भाग जाना पड़ा।

सारांशतया 1857 ई. का प्रथम स्वाधीनता संग्राम केंद्रीय संगठन के अभाव, सेनापति बख्त खाँ के विरुद्ध दिल्ली सरदारों में ईर्ष्या और द्वेष, देशी नरेशों की स्वार्थ सिद्धि वाली भावनायें, क्रांति का जनसाधारण तक न पहुँचना, सिक्ख और जाट सेनाओं का देशद्रोह, अनुशासन और नियंत्रण का अभाव, हिंदू-मुस्लिम वैमनस्य, अंग्रेजों की कूटनीति और अंग्रेजी सेना के सैन्य साधनों आदि कारणों से असफल अवश्य रहा किंतु इस क्रांति द्वारा स्वाधीनता का बीज जनता में सदैव के लिए बो दिया गया और भविष्य में इस क्रांति की बुझी हुई चिंगारियाँ समय-समय पर प्रज्वलित होती रहीं परंतु प्रत्येक बार उनका स्वरूप भिन्न रहा।

अतः बड़े गर्व का विषय है कि बरेली जनपद का जनमानस आदि से अंत तक ब्रिटिश शासन से लोहा लेता रहा, जिससे 1857 ई. के प्रथम स्वाधीनता आंदोलन में बरेली का महत्वपूर्ण योगदान रहा। प्रथम स्वतंत्रता आंदोलन से लेकर कांग्रेस की उत्पत्ति तक बरेली जनपद में राष्ट्रीय आंदोलन के विकास हेतु विभिन्न क्रियाकलाप होते रहे जिनके

कारण अंततः दिसंबर 1885 ई. में कांग्रेस दल की स्थापना हुई।

कांग्रेस की स्थापना और उसका विस्तार (1885-1905)

भारतीय राष्ट्रीय कांग्रेस को स्थापना

सन् 1857 ई. के प्रथम स्वतंत्रता संग्राम को असफलता के पश्चात् भारत में ब्रिटिश शासन पूर्णतया स्थापित हो गया। भारतीय जनमानस के पास राष्ट्रीय भावनाओं और विचारों को व्यक्त करने का कोई माध्यम नहीं था। भारतीय जनता अंग्रेजों की साम्राज्यवादी और अवसरवादी नीति से क्षुब्ध थी परंतु अपने क्षोभ को प्रकट करने में असमर्थ थी। देश के अनेक स्थानों पर सीमित क्षेत्र एवं उद्देश्य वाली कई सार्वजनिक संस्थायें तो थीं परंतु ब्रिटिश अधिकारियों से किसी प्रकार के सुधार की मांग करने का साहस नहीं था। भारतीय जनमानस सन् 1857 ई. से ही आन्तरिक रूप से ब्रिटिश शासन से असंतुष्ट था जिसे शांत करने की चिन्ता ब्रिटिश अधिकारियों को निरंतर रहती थी।

अतः ब्रिटिश शासन के विरुद्ध भारतीयों के असंतोष के ज्वालामुखी को शांत करने के उद्देश्य को लेकर महत्वपूर्ण सार्वजनिक नेताओं के सहयोग से अखिल भारतीय स्तर पर प्रथम व्यवस्थित संस्था इण्डियन एसोसियेशन की स्थापना श्री सुरेन्द्र नाथ बनर्जी ने सन् 1876 ई. में की, जिसका सम्मेलन सन् 1883 ई. में कलकत्ता में हुआ। इसके पश्चात् दिसंबर सन् 1884 ई. में इण्डियन नेशनल यूनियन नामक संस्था की स्थापना हुई जिसका प्रथम सम्मेलन 28 दिसंबर सन् 1885 ई. को श्री सुरेन्द्र नाथ बनर्जी की अध्यक्षता में बम्बई में गोकुल दास तेजपाल संस्कृत पाठशाला के प्रांगण में हुआ। इसी सम्मेलन में पर्याप्त विचार-विमर्श के पश्चात् इस संस्था का संशोधित नाम "भारतीय राष्ट्रीय कांग्रेस" रखा गया।

जहाँ एक ओर ब्रिटिश अधिकारियों को आशा थी कि गवर्नर जनरल लार्ड डफरिन के आर्शीवाद एवं आक्टेवियन ह्यूम (रिटायर अधिकारी) के प्रयत्नों से स्थापित भारतीय राष्ट्रीय कांग्रेस का जन्म उनके साम्राज्य की सुदृढ़ता में सहायक होगा, एकता उत्पन्न होगी, जागृति बढ़ेगी, शोषण कम होगा और उनकी उचित मांगे मानी जायेंगी।

भारतीय राष्ट्रीय कांग्रेस और उसका बरेली पर प्रभाव

बम्बई में भारतीय राष्ट्रीय कांग्रेस की स्थापना की सूचना आते ही 30 दिसंबर सन् 1885 ई. को बरेली नगर में स्थित "टाउन हाल" पर एक सभा का आयोजन किया गया जिसमें बरेली शहर के अनेक प्रबुद्ध नागरिकों ने भाग लिया और नगर के राजनीतिक वातावरण को नवीन दिशा प्रदान की। कांग्रेस की इस सभा में सम्मिलित होने वाले प्रमुख नेताओं में थे बरेली कालेज, बरेली के उप-प्रधानाचार्य पं. रामनारायन जी कु. लाल बहादुर,

लालता प्रसाद, लाला भागीरथ, बाबू कालीचरन प्रसन्ना वकील, डॉ. छेदा सिंह और बाबू बल्देव प्रसाद।

इस प्रथम राजनीतिक सभा के पश्चात् बरेली नगर में नियमित रूप से सभाओं का आयोजन होने लगा और बरेली नगर के प्रमुख कार्यकर्ता परस्पर बैठकें करके नगर की तत्कालीन समस्याओं पर विचार विमर्श करने लगे थे तथा अन्य नगरों के कांग्रेस कार्यकर्ताओं से भी संपर्क करके मित्रता बढ़ाने लगे। नगर की तत्कालीन प्रारम्भिक सभाओं में पारिवारिक सौहार्दता का वातावरण विद्यमान रहने लगा। कांग्रेस की स्थापना के कुछ वर्षो के पश्चात् तक कांग्रेस का प्रचार केवल नगर तक ही सीमित था और ग्रामीण क्षेत्रों में इसका किसी प्रकार का प्रचार नहीं था।

कांग्रेस का प्रभाव बरेली में इतनी तीव्र गति से बढ़ने लगा कि आगामी चार वर्षो के उपरान्त 22 सितंबर सन् 1889 ई. को जब बरेली में कांग्रेस कार्यकर्ताओं की आम सभा 'टाउन हाल' पर आयोजित की गई तो उसमें लगभग 1000 कांग्रेस सदस्य उपस्थित थे। इसके पूर्व इस प्रकार की किसी राजनीतिक जनसभा में बरेली के व्यक्ति इतनी अधिक संख्या में कभी सम्मिलित नहीं हुए थे इस अवसर का मुख्य आर्कषण अखिल भारतीय स्तर के कांग्रेसी नेता पं. मदन मोहन मालवीय का बरेली आगमन था। उन्होंने राष्ट्रीय एवं स्वातन्त्रय भावनाओं से ओतप्रोत ओजस्वी भाषण दिया तथा उपस्थित जनसमूह के समक्ष कांग्रेस की कार्यप्रणाली एवं उद्देश्य पर प्रकाश डाला। इस सभा में पं. मदन मोहन मालवीय के अतिरिक्त पं. अयोध्या प्रसाद और बाबू सीताराम (इलाहाबाद निवासी) एवं बाबू बल्देव प्रसाद और बाबू काली चरन प्रसता वकील आदि बरेली के कांग्रेस नेता भी उपस्थित थे। इन सभी महानुभावों ने राष्ट्रीय विचारों एवं नागरिकों के जन अधिकारों की चर्चा करते हुये भाषण दिये। सभा का वातावरण कितना सौहार्दपूर्ण और प्रेममम था इसकी पुष्टि इस उदाहरण से हो जाती है कि जब इस सभा के लिये आनरेरी मजिस्ट्रेट लाला दामोदर दास को अध्यक्ष प्रस्तावित किया गया तो उन्होंने अपनी ओर से स्वयं उठ कर अध्यक्ष के आसन पर बाबू सीताराम (इलाहाबाद निवासी) को आसीन किया।

जहाँ एक ओर कांग्रेस के नेतागण पारस्परिक सौहार्दता एवं धार्मिक एकता को प्रोत्साहन देकर नागरिकों की सामाजिक और राजनीतिक बुराइयों को दूर करने के उद्देश्यों के प्रयास कर रहे थे, वहीं दूसरी ओर ब्रिटिश अधिकारी, जिनकी नीति इस समय तक कांग्रेस के प्रति परिवर्तित हो चुकी थी, हिंदुओं और मुस्लिमों में धार्मिक मतभेद उभार कर भारतीयों की इस संस्था के प्रभाव को क्षीण करने के लिये प्रयत्न कर रहे थे।

इसका परिणाम हुआ कि देश के अन्य स्थानों की भाँति बरेली में भी हिंदू और मुस्लिम समाज के मध्य साम्प्रदायिक भावनायें जागृत होने लगीं। नगर के तत्कालीन एकमात्र विद्यालय बरेली कालेज, बरेली में उस समय अधिकांश प्राध्यापक हिंदू धर्मी थे और कालेज की प्रबंध समिति के अधिकांश अधिकारी भी हिंदू धर्मी थे। सबसे अधिक मतभेद कालेज के उप-प्रधानाचार्य पं. राम नारायण के मन में था। इस मतभेदपूर्ण नीति

का स्पष्ट उदाहरण इस तथ्य से लगाया जा सकता है कि एक मुस्लिम छात्र को केवल इसलिये प्रवेश नहीं दिया गया क्योंकि उसके पूर्व परीक्षा में कम अंक थे जबकि दो दिनों के पश्चात ही मुस्लिम छात्र के अंकों से कम अंक वाले हिंदू छात्र को प्रवेश दे दिया गया। समकालीन समाचार पत्र भी इस ओर संकेत करते हैं कि तत्कालीन हिंदू धनी हैं और वे मुसलमानों का विरोध करते है। यह दोनों धर्माबलंबियों के मध्य खाई पैदा करने का प्रथम प्रयास था।

अंग्रेज अधिकारियों ने मुस्लिम जनमानस के हृदय में यह भावना विठाने का पूरा प्रयास किया कि हिंदू वर्ग धनी और मुसलमानों का प्रबल विरोधी है। इसके अतिरिक्त हिंदुओं को भी मुसलमानों के विरुद्ध भड़काने के प्रयास किये गए 6 दिसंबर सन् 1891 ई. को एक अंग्रेज अधिकारी मि. इवान्स ने बरेली में आर्य समाज भवन पर भाषण करते हुये कहा कि बरेली के हिंदू जन एक ऐसी जनसभा आयोजित करें, जिससे हिंदू धर्म के विकास पर बल दिया जा सके। इस धार्मिक प्रोत्साहन का स्पष्ट आणय यह था कि हिंदुओं की मुसलमानों के विरुद्ध भड़काया जाये।

उस समय कुछ संकीर्ण विचारधारा वाले हिंदू और मुगलमान साम्प्रदाविकता से वशीभूत होकर कार्य कर रहे थे। ईद के अवसर पर जहाँ कुछ साम्प्रदायिकतावादी मुस्लिम तत्वों ने गाय का वध करके हिंदुओं को भड़काने का प्रयत्न किया, वहीं 6 जुलाई 1892 ई. को हिंदू धर्म में प्रबल आस्था रखने वाले ब्राह्मण क्षेत्राधिकारी (सी. ओ. सिटी) ने पुलिस निरीक्षकों वाले उड़नदस्ते के सहयोग से अनेक मुसलमानों को अव्यवस्था फैलाने के अभियोग में गिरफ्तार करके जेल भेज दिया।

जहाँ बरेली नगर में इस तरह की संकीर्ण विचारधारायें रंग दिखा रही थीं, वहीं अनेक प्रबुद्ध नागरिकों के प्रयास भी फलीभूत हो रहे थे। बरेली के नगर मजिस्ट्रेट मि. सी. जे. कॉनल की 30 दिसंबर सन् 1892 ई. को मृत्यु हो जाने पर उनकी स्मृति में 14 जनवरी सन् 1893 60 को श्रद्धांजलि अर्पित करने के उद्देश्य से टाउन हाल पर एक सभा का आयोजन किया गया। इस जनसभा में समाज के सभी वर्गों के लोगों ने श्रद्धांजलि अर्पित की। इसके पश्चात श्रद्धांजलियाँ अर्पित करके श्रद्धासुमन चढ़ाने वाली संस्थाओं में 'अंजुमन ए इस्लाम,' 'आर्य समाज' और 'स्त्री-सुधार समिति' के नाम प्रमुख हैं। टाउन हाल की वृहद् सभा में स्वर्गीय सी.जे. कॉनेल की स्मृति में एक भवन बनाने का प्रस्ताव पारित करके यह निर्णय भी लिया गया कि कॉनेल कोष में एकत्र हुई धनराशि का आधा धन बरेली के विद्यालयों को तथा शेष धन अस्पतालों को दान में दे दिया जाये। इसी दिन एक अन्य सभा बरेली निवासी रायबहादुर लाला दामोदर दास के आवास पर भी आयोजित की गई। इसमें भी स्वर्गीय कॉनेल को शोक श्रद्धांजलि अर्पित की गई।

कांग्रेस की स्थापना का उद्देश्य भारतीयों की भावनाओं का पूर्णरूपेण अवलोकन करना था और कांग्रेस से किसी को भी यह आशा नहीं थी कि यह संस्था एक दिन स्वाधीनता की माँग करके जनवादी आंदोलन चलायेगी। सन् 1889 ई. तक कांग्रेस का

नेतृत्व भारत के ऐसे नेताओं के हाथों में था जो ब्रिटिश शासन के प्रति अत्यन्त उदार थे। उनके विचार में कांग्रेस-स्थापना का उद्देश्य पारस्परिक सहयोग, सौहार्दता और मधुर संबंध स्थापित करना जबकि ब्रिटिश सरकार अपनी नीति के अनुसार कांग्रेस के प्रत्येक अधिवेशन पर कड़ी दृष्टि रखती थी। सर्वश्री सुरेन्द्र नाथ बनर्जी, दादा भाई नौरोजी, फोरोजशाह मेहता, बदरुद्दीन तैय्यब जी, उमेश चंद्र बनर्जी और गोपाल कृष्ण गोखले आदि काँग्रेस के शीर्षस्थ राष्ट्रीय नेता संविधानवाद एवं संसदात्मक पद्धतियों द्वारा शासन सुधार के समर्थक थे। ये 1900 ई. तक किसी प्रकार का जन-आंदोलन प्रारंभ करने के पक्ष में नहीं थे एवं स्वतंत्रता प्राप्ति की मांग कभी जुवान पर नहीं लाये थे।

सन् 1901 ई. में हुये सत्तरहवें अधिवेशन में महात्मा गांधी ने अफ्रीका में रहने वाले लाखों भारतीयों की ओर से प्रार्थी के रूप में दक्षिण अफ्रीका में भारतीयों पर किये जाने वाले अत्याचारों के विरोध का प्रस्ताव रखा था। इसी प्रकार वर्ष 1902 ई. में अहमदाबाद में हुए अठारहवें कांग्रेस अधिवेशन में सुरेन्द्र नाथ बनर्जी ने माँग की थी कि भारतीय सेना पर होने वाले व्यय के भार को भारत और इंग्लैण्ड दोनों को संयुक्त रूप से वहन करना चाहिये।

अतः सन् 1905 ई. तक आयोजित इक्कीसवें कांग्रेस अधिवेशनों में पारित प्रस्तावों, कार्यवाहियों और गतिविधियों से स्पष्ट हो गया कि कांग्रेस ने शांति पूर्वक उदार उपायों से भारतीयों को अखिल भारतीय सेवाओं में लिये जाने तथा आर्थिक स्थिति को सुदृढ़ करने की मांग की और सन् 1905 ई. तक किसी प्रकार का उग्र कदम नहीं उठाया। देश में अनेक स्थानों पर छोटे-मोटे आंदोलन एवं शासन की नीति के विरुद्ध प्रदर्शन किए गये क्योंकि शासन ने अधिवेशनों में की गई किसी माँग पर कोई ध्यान नहीं दिया।

सन् 1905 ई. के पूर्व तक ब्रिटिश अधिकारियों ने भारतीयों को जनआकांक्षाओं को कुचलने के साथ-साथ यहाँ की हिंदू और मुस्लिम जनता के मध्य तीव्र मतभेद उत्पन्न करा दिये, बरेली भी इससे अछूता न रह सका। कांग्रेस की स्थापना के पश्चात् बरेली के जनमानस ने भी अंग्रेज अधिकारियों की साम्प्रदायिक कूटनीति का सामना करते हुए उदार उपायों से शासन का विरोध किया।

स्वर्गीय सी. जे. कॉनेल को अर्पित की गई शोक श्रद्धांजलियाँ तथा कांग्रेस के नेताओं द्वारा हिंदू और मुस्लिम जनमानस के मध्य मैत्रीपूर्ण सामंजस्य स्थापित करने की वार्तायें उदारवाद का स्पष्ट प्रमाण है।

जब कांग्रेस-अधिवेशन में शनैः-शनैः मांगों का क्रम बढ़ता गया तो अंग्रेज शासन तिलमिला उठा और साम्प्रदायिकता का वातावरण फैलाने पर कृतसंकल्प हो गया। जून 1893 ई. में हुये मुस्लिम त्योहार ईद से सम्बन्धित कार्यवाही में बरेली के मुहल्ला गुलाबनगर के एकमात्र कट्टर हिंदू नेता लाला भागीरथ को गिरफ्तार कर लिया गया और 6 माह का कठोर कारावास तथा 50 रुपये अर्थदंड का आदेश भी दिया गया। इनके अतिरिक्त 25-30 अन्य व्यक्तियों को भी कैद करके कारागार भेज दिया गया तथा प्रत्येक

पर 50 रुपये के अर्थदंड की घोषणा भी की गई। बरेली के तत्कालीन कांग्रेसी नेता बाबू कालीचरन प्रसन्ना वकील पर भी साम्प्रदायिकता का मिथ्या अभियोग लगा दिया गया और भारतीय दंड संहिता की धारा 182 के अंतर्गत कार्यवाही की गई।

इस प्रकार बरेली के हिंदू समाज पर ब्रिटिश अधिकारियों ने हर संभव अत्याचार किये।

अप्रैल 1894 ई. में हिंदू पर्व होली हर्षोल्लास के वातावरण में मनाया जाने वाला था कि ब्रिटिश अधिकारियों के संकेत पर मुसलमानों ने झगड़ा करके वातावरण विषाक्त बना दिया। अंग्रेजों ने मुगलमानों का पक्ष लेकर बरेली निवासी ठा. छेदासिंह को कैद करके दो माह के कठोर कारावास के साथ 50 रुपये अर्थदंड का आदेश भी दिलाया। इनके अतिरिक्त अन्य 4 हिंदू भी इसी प्रकार के मिथ्या अभियोग लगाकर दण्डित किए गये। इन चारों पर सबसे बड़ा अभियोग यह था कि उन्होंने मस्जिद में रखे मुस्लिमों के बधने दबावपूर्वक तोड़े थे, जबकि यह अभियोग मौलिक रूप से असत्य था तथा बंद किये गये हिंदूजन निर्दोष थे।

अंग्रेज अधिकारियों की राष्ट्रीय एकता में बाधक कूटनीति ने 7 जुलाई सन् 1894 ई. को मुस्लिम समाज की ओर से मोहर्रम के अवसर पर हिंदू विवाहों में प्रयुक्त बाजे एवं बारात को निषिद्ध करने की मांग करके वातावरण को पुनः विषाक्त बना दिया। स्थिति को शांत करने के उद्देश्य से कांग्रेसी नेताओं के नेतृत्व में दोनो वर्गों के प्रतिनिधिमण्डल तत्कालीन जिलाधिकारी मि.ई.वी. अलैक्जैंडर से मिले। उनके सद्प्रयत्नों के फलस्वरूप ही समस्या का उचित हल निकालकर स्थिति को सामान्य किया गया। बरेली नगर में कांग्रेस युग के प्रभाव का प्रारंभ हो जाने से नागरिकों में जहाँ राजनीतिक चेतना का उदय हुआ, वहीं सभ्य समाज में रहने के लिए नियमों व कानूनों के पालन करने की प्रवृति भी विकसित हो रही थी। इसका प्रमाण इस उदाहरण से मिल जाता है कि 16 अगस्त 1894 ई. को ईद के अवसर पर संकीर्ण और साम्प्रदायिक विचारधारा वाले एक हिंदू बढ़ई के संकेत पर खटिक जाति के एक व्यक्ति ने बरेली सिटी चौपुला पर एक सुअर का वध कर दिया, जिससे मुस्लिम समाज उतेजित हो उठा। तनाव होना स्वाभाविक था परंतु नगर के प्रबुद्ध नागरिको ने स्वंय हस्तक्षेप किए बिना प्रशासन को सूचना देकर अपने उत्तरदायित्व का निर्वहन किया तथा आरोप सिद्ध होने पर हिंदू बढ़ई को 9 माह तथा वधिक खटिक को 3 माह के कारावास का दंड दिया।

इसी अवसर पर 17 अगस्त सन् 1894 ई. को मुहर्रम में एक गाय का वध कर दिया, लेकिन जागरूक लोगों ने दोषियों को बन्द कराने में शासन को सूचित कर दिया गया और गाय के वध करने हेतु हिंदू नागरिकों ने प्रशासन को सूचित कर सहायता की।

अगले मास सितंबर सन् 1894 के अंतिम सप्ताह में बरेली के ग्राम अग्रास में हिंदु पर्व–'दधिकंदन' के अवसर पर स्थानीय तथा बाहरी मुस्लिम जनसूमह ने हस्तक्षेप किया। पुलिस को सूचना दी गई, जिसके फलस्वरूप 15 मुस्लिमों को घटना स्थल पर

ही गिरफ्तार कर लिया गया। इस घटना से यह निष्कर्ष निकला कि नगर के साथ-साथ ग्रामों में भी आंदोलनात्मक एवं साम्प्रदायिक प्रवृत्तियों का विकास होना प्रारंभ हो गया। पुलिस को सूचना दी गई, जिसके फलस्वरूप 15 मुस्लिमों को घटना स्थल पर ही गिरफ्तार कर लिया गया। इस घटना से यह निष्कर्ष निकला कि नगर के साथ-साथ ग्रामों में भी आंदोलनात्मक एवं साम्प्रदायिक प्रवृत्तियों का विकास होना प्रारंभ हो गया।

इन घटनाओं के पश्चात् बरेली के हिंदू और मुस्लिमों के मानसपटल पर ये विचार बनने लगे कि अंग्रेज स्थाई रूप से भारत में जमे रहने के उद्देश्य से अपने प्रतिनिधियों (एजेन्डो) द्वारा धार्मिक भावनाओं को भड़का कर दोनों वर्गों को पारस्परिक साम्प्रदाधिक व्यूह में फँस कर अशक्त ही बनाये रखना चाहते हैं। नागरिकों में इस विचारधारा को हृदयंगम कराने में नगर की कांग्रेसी सभाओं का बहुत बड़ा योगदान था। ब्रिटिश शासन की कमियों का विरोध करने के लिए उदारवादी उपायों को अपनाने के निर्णय लिए गये। जनता या तो शोषण सह लेती थी या साम्प्रदायिकता के जाल में फंस जाती थी अथवा अनुदार या हिंसक उपायों से विरोध करती थी परंतु अब वैध व उदार उपायों को अपनाया जाने लगा। विरोध की प्रक्रिया में उदारता का समावेश निःसंदेह कांग्रेस के उदारवादी प्रभाव का ही परिणाम था।

जनता द्वारा विरोध प्रदर्शित करने के उदार उपाय का स्पष्ट उदाहरण तब प्रकाश में आया जब बरेली जंक्शन रेलवे स्टेशन पर टिकट वितरक मि. देव दयाल ने अपने अकुशल व्यवहार से उद्दंड कार्य किया। उन्होंने 14 सितंबर सन् 1895 ई. को एक यात्री से अभद्र व्यवहार किया। जिसके फलस्वरूप उपस्थित जनसमूह की ओर से इसका प्रतिवाद किया गया तथा परिवाद पुस्तिका में सामूहिक रूप से जनमानस ने अपनी आपत्ति लिखकर प्रशासन का ध्यान टिकट वितरक मि. देवदयाल के उद्दंड व्यवहार की ओर आकृष्ट किया। वास्तविक रूप से नगर में किसी राजकीय कर्मचारी के विरोध में ऐसी प्रक्रिया का प्रथम बार प्रदर्शन हुआ था।

अगले माह दशहरे के पुनीत अवसर पर अक्टूबर 1895 ई. के द्वितीय सप्ताह में शासन के विरुद्ध पुनः उद्घोष किया गया और सांकेतिक आंदोलन करके ब्रिटिश शासन को एक ज्ञापन प्रेषित किया गया, जिसमें कहा गया था कि शासकीय अवकाश के दिन भी राजकीय कार्यालयों में कार्यरत कर्मचारियों को शासकीय अवकाश के बदले में पारिश्रमिक दिया जाना चाहिये।

24 अक्टूबर सन् 1895 ई. को बरेली जंकशन रेलवे स्टेशन पर नियुक्त एक भ्रष्ट और दुराचारी पुलिस सिपाही माधोसिंह को अनियमितताओं के आरोप में गिरफ्तार कराने में नागरिकों ने जिस साइस व संयम का परिचय दिया, वास्तव में वह उस काल में जागृति का साहसिक कदम था क्योंकि जनता ने इस बार किसी राजकीय कर्मचारी के विरुद्ध कार्यवाही करने का अभूतपूर्व साहस दिखाया था।

ब्रिटिश शासन ने देश के सभी राजकीय कार्यालयों में भाषा का माध्यम रोमन लिपि

में उर्दू घोषित कर दिया, जिसके विरोध में संपूर्ण देश ने आवाज उठाई। बरेली में 22 नवंबर सन् 1895 ई. को एक आम सभा का आयोजन किया गया जिसका मुख्य उद्देश्य उत्तर पश्चिमी प्रांत, अवध के राजकीय कार्यालयों में रोमन लिपि वाली उर्दू के प्रयोग का विरोध करना था। इस सभा में बरेली के मौलवी रियाजउद्दीन बी. ए. ने एक प्रस्ताव रखा जिसे सभा में उपस्थित सदस्यों ने हर्षध्वनि से पारित कर दिया और उसकी पाँच सो प्रतियाँ मुद्रित कराके वितरित की तथा उसकी एक प्रति लेफ्टिनेंट जनरल मि. हौसोर की सेवा में भी प्रेषित की गई। प्रस्ताव में बरेली की आम जनता की ओर से स्पष्ट चेतावनी दी गई थी कि वे सरकारी कार्यालयों में रोमन उर्दू का विरोध करते हैं तथा अरबी लिपि चाहते हैं।

इस प्रकार बरेली का जनमानस उदारवादी आंदोलनों तथा साधनों के माध्यम से अंग्रेजी शासन का विरोध करने का साहस करने लगा तथा प्रत्येक सामाजिक पहल का भी अवलोकन करने लगा। मुहल्ला कटरा मानराय, बाँस मण्डी और टाउन हाल के समीप सब्जी मण्डी में स्थित वैश्यालयों को हटाने हेतु जन आंदोलन छेड़े गये और उद्देश्य की सफलता प्राप्ति तक हर संभव सार्थक प्रयास किये गये।

तत्कालीन जनआंदोलन निःसंदेह वर्बर और अनुदारपूर्ण उपायों की बाद की स्थिति तथा उत्साहित असहयोग की पूर्ववर्ती नीति के परिणाम थे तथा यह मुख्यतः उदारवादी युग की ही प्रतिध्वनि थी जिसके प्रभाव से बरेली भी अछूती न रही।

अंततः इस काल में बरेली का वातावरण भी राजनीतिक संक्रमण काल से गुजर रहा था तथा बीसवीं सदी के स्वतंत्रता आंदोलन के लिए सुदृढ़ आधारशिला तैयार कर रहा था। इससे स्पष्ट है कि कांग्रेस की स्थापना के पश्चात् का उदारवादी युग स्वतंत्रता संग्राम की आधार शिला है तथा उस मध्य हुए आंदोलन स्वतंत्रता संग्राम के उत्प्रेरक।

सन् 1905 में बंगाल विभाजन और बरेली

सन् 1905 ई. तक कांग्रेस के नेताओं की शिक्षावृत्ति की उदारवादी नीति से कुछ परिणाम परिलक्षित नहीं हुये और भारत के नेतागण प्रार्थना करते-करते निराश हो गए। अब तक भारतीयों को ब्रिटिश शासन की सद्भावना और न्याय में पूर्ण विश्वास था लेकिन कांग्रेस अधिवेशनों के किसी प्रस्ताव पर कोई ध्यान न दिये जाने तथा अंग्रेज अधिकारियों द्वारा किए गए कुछ ऐसे कुकृत्यों से भारतीय नेताओं के मानसपटल पर गहरा आघात लगा और उन्होंने अनुभव किया कि सुनिश्चित एवं ठोस परिणाम प्राप्त करने के लिए कुछ त्याग और बलिदान करना होगा।

नई शताब्दी का नया सूर्य आंदोलन की गर्म हवायें लेकर आया। सन् 1905 ई. के पश्चात् कांग्रेस के अधिवेशनों से भारत के राजनीतिक आकाश में उग्रवादी तूफान उठने लगा तथा राष्ट्र का उदारवादी स्वरूप उग्रवाद में परिवर्तित हो गया। सन् 1905 ई. का बंगाल विभाजन भारतीयों के ऊपर बम की भाँति गिरा और उससे भारतीय जनमानस

ने घोर अपमान अनुभव किया। इससे पूर्व 1896-97 ई. में पूना में फैली प्लेग जैसी महामारी की कोई व्यवस्था नहीं की गई, विदेशों में निर्वासित भारतीयों के साथ अंग्रेजों ने दुर्व्यवहार किया और विशाल देश रूस के विरुद्ध छोटे से देश जापान की विजय से भारतीय नेताओं एवं जनता पर पड़े प्रभाव से राष्ट्रीय आंदोलन को नई दिशा मिली।

देश के अनेक स्थानों पर ब्रिटिश साम्राज्य के विरुद्ध उग्र आंदोलन होने लगे। वास्तव में सन् 1905 ई. की बंग-भंग जैसी घटना के पश्चात् ही कांग्रेसी संस्था के अंदर एक बड़ा वर्ग उग्रवादी हो गया जिसका नेतृत्व लाला लाजपतराय, बालगंगाधर तिलक और विपिन चंद्र पाल जैसे शीर्षस्थ नेता कर रहे थे। इस त्रिमूर्ति के नेतृत्व में 1907 ई. तक उग्रवादी आंदोलन चला। सन् 1919 ई. में महात्मा गांधी के उदय के समय से उग्रवादियों के हाथों में कांग्रेस का नेतृत्व रहा।

जब उग्रवादी विचारधारा वाले नेताओं ने ब्रिटिश शासन से कुछ भी प्राप्त न होने का अनुमान लगा लिया तो उन्होंने अंग्रेजी शासन के विरुद्ध किये जाने वाले इस संग्राम का स्वरूप निर्धारित किया जिसके अंतर्गत सक्रिय विरोध को प्रमुख साधन मान उग्रवादी संग्राम का बिगुल बजा दिया गया।

इस प्रकार उग्रवादी आंदोलन स्वतंत्रता संग्राम की प्रगति का सूत्राधार था जिसके मार्ग पर चलकर भारतीय जनमानस में ब्रिटिश शासन के विरुद्ध उम्र भावनाएँ जागृत हुईं।

सन् 1906 के कलकत्ता अधिवेशन में स्वराज्य की घोषणा

जब बंगाल विभाजन के विरोध में सन् 1906 के कलकत्ता अधिवेशन में दादा भाई नौरोजी की अध्यक्षता में पारित चारों प्रस्तावों के समर्थन में भारत के अधिकांश स्थानों पर उग्र प्रदर्शन होने लगे तो बरेली भी उग्रवादी आंदोलन में कूद पड़ा। विदेशी वस्तुओं के बहिष्कार के संबंध में फरवरी सन् 1907 ई. में विदेशी चीनी के वहिष्कार का प्रस्ताव पारित करने के उद्देश्य को लेकर नगर के प्रमुख महाजनों की एक सभा बरेली के मुहल्ला आलमगिरीगंज में आयोजित की गयी। इसमें प्रस्ताव रखा गया कि बरेली के जो बनिये, महाजन अथवा व्यापारी विदेशी वस्तुओं के क्रय-विक्रय का बहिष्कार नहीं करेंगे, उन्हें उनकी जाति से बहिष्कृत कर दिया जायेगा। विदेशी चीनी से दिन प्रतिदिन घिन बढ़ती गई। विदेशी चीनी के विक्रय आदि को रोकने के लिए कई स्थानों पर पंचायतें हुई। अनेक स्थानों पर हुई पंचायतों ने विदेशी वस्तुओं के उपयोग, क्रय और विक्रय पर प्रतिबन्ध लगा दिया। बरेली के व्यापारी वर्ग ने विदेशी चीनी का प्रयोग बन्द कर दिया तथा एक पंचायत में सर्वसम्मति से यह निर्णय भी लिया गया कि जिनके पास विदेशी चीनी है, वे उसे फेंक दें तथा भविष्य में न मंगायें। पंचायत के निर्णय के अनुसार नगर के सात बड़े महाजनों में से छः ने निर्णयानुसार कार्य किया लेकिन बरेली के एक मात्र महाजन दयाराम ने चीनी फेकले एवं प्रयोग न करने से असहमति प्रकट की। अन्य महाजनों ने दयाराम को यहाँ तक समझाया कि उसे फेंकी गई चीनी के मूल्य के बराबर धन देकर

उसकी क्षति पूर्ति कर दी जायेगी, लेकिन उस पर कोई प्रभाव नहीं पड़ा। अंत में एक उग्रवादी बनिया गेंदनलाल ने अपने पृष्ठ समर्थकों के साथ महाजन दयाराम के घर गया और विदेशी चीनी को फेंकने की मांग की।

विदेशी चीनी को फेंकना जैसा शब्द सुनकर महाजन दयाराम क्रोधित हो गया। तब गेंदनलाल ने विवश एवं क्रोधित होकर दयाराम से कहा तुम जाति से भंगी हो। दयाराम को बनिया जाति से बहिष्कृत कर दिया गया। इस घटना से अन्य जनमानस पर इतना प्रबल प्रभाव पड़ा कि दैनिक कार्य करने वालों जैसे नाई और धोबी आदि ने भी दयाराम के कार्य करने से मना कर दिया।

महाजन दयाराम अंग्रेजी शासन का प्रशंसक था. इसलिए उसने इस संबंध में न्यायालय का द्वार इस आशय से खटखटाया कि उसे ब्रिटिश न्यायवेत्ता समर्थन देकर अन्य महाजनों को दन्डित करेंगे। उसने गेंदनलाल सहित अनेक समर्थकों पर द्वारा 500 तथा 506 के अभियोग लगाकर रिपोर्ट कर दी। न्यायालय ने उसकी बात सुनी और उनकी इच्छानुसार ज्वाइंट मजिस्ट्रेट ने मदनलाल सहित सभी अभियुक्तों पर 25 रुपये प्रति व्यक्ति की दर से अर्थदंड का आदेश दे दिया।

न्यायालय के निर्णय को चुनौती देने के लिए प्रतिवादियों ने सत्र न्यायाधीश के न्यायालय में अपील कर दी. जिस पर वाद-विवाद और तर्क-वितर्क होने के पश्चात् उन्हें दोषमुक्त कर दिया गया और ज्वांइट मजिस्ट्रेट द्वारा आदेशित अर्थदंड की धनराशि भी स्थगित कर दी गयी।

दयाराम ने इसके विरुद्ध उच्च्य न्यायालय में मुकदमा पंजीकृत कराया। इन क्षेत्र के तत्कालीन न्यायाधीश श्री बनर्जी और श्री एकमन आजन्म राष्ट्रीय विचारधारा वाले व्यक्ति थे। इस अभियोग से दोनों न्यायमूर्तियों को दयाराम पर ब्रिटिश प्रभाव होने का संदेह हुआ। लगभग तीन घन्टे की प्रबल बहस और तर्कों के पश्चात् पूर्व नियोजित न्याय के अनुसार इस न्यायालय ने प्रतिवादियों को सत्र न्यायाधीश के अनुरूप ही दोषमुक्त कर दिया। अंततः निराश होकर महाजन दयाराम को विदेशी चीनी का बहिष्कार करना पड़ा।

बहिष्कार का क्रम चल ही रहा था कि बरेलो कालेज, बरेली में मार्च सन् 1907 ई. में एक उग्रवादी आंदोलन प्रारंभ हो गया। यहाँका विद्यार्थी वर्ग विकसित मस्तिष्क और राष्ट्रीय विचारधारा वाला था। प्रधानाचार्य मि करे की कुटनीति से क्षुब्ध होकर यहाँ का विद्यार्थी वर्ग उनकी किसी आज्ञा का पालन नहीं करता था जिससे प्राचार्य अपना अपमान समझ विद्यार्थियों को यदाकदा विद्यालय से निष्कासित कर देते थे। विद्यालय के राष्ट्रीय विचारधारा वाले विद्यार्थी भूदेव बनर्जी पर विभिन्न प्रकार के मिथ्या अभियोग लगा दिये और उसे यह कह कर विद्यालय से निष्कासित कर दिया कि वह अनुशासनहीनता करता है। यह समाचार जब इलाहाबाद विश्वविद्यालय में पहुँचा, तो वहाँ के राष्ट्रवादी विद्यार्थी वर्ग ने उग्र रूप धारण करते हुए बरेली कालेज से निष्कासित भूदेव बनर्जी को सहयोग

देने का प्रस्ताव पारित किया। इससे भयभीत होकर भूदेव बनर्जी को बरेली कालेज, बरेली में पुनः प्रवेश दे दिया गया और उग्रवादी आंदोलन की प्रगति नहीं होने दी।

सन् 1907 ई. में हुये कांग्रेस अधिवेशन की असफलता के पश्चात् अंग्रेज अधिकारियों ने अवसर पाकर हिंदू और मुसलमानों के मध्य साम्प्रदायिक खाई को चौड़ा करने का प्रयत्न किया ऐसा देखने में तब आया, जब अधिकांश समस्याओं पर अंग्रेज अधिकारी मुस्लिमों का पक्ष लेते थे जिससे वे हिंदुओं के द्वारा होने वाले उग्रवादी आंदोलन में भाग नहीं लेते थे। इस पर बरेली के राष्ट्रबादी जनमानस ने मुस्लिम भाइयों से यह आग्रह किया कि उग्रवादी आंदोलन में हम सबको संयुक्त रूप से भाग लेना चाहिये तभी स्वयं हमारी और हमारे देश की स्थिति सुधर सकती है तथा हमें अपने राजनीतिक अधिकार प्राप्त हो सकते हैं। अंत में यहाँ तक कह दिया कि यदि मुस्लिम समाज बरेली में होने वाले किसी राजनीतिक सम्मेलन या आंदोलन में भाग नहीं लेगा तो निश्चित रूप से यह अनुमान लगाया जायेगा कि वे भारतीय जनमानस के विरुद्ध हैं तथा ब्रिटिश शासन के समर्थक हैं, उन्हें यह भी समझा जायेगा कि वे अपना अलग वर्ग बनाना चाहते हैं। साथ ही यह चेतावनी भी दे दी गयी कि यदि ये सभी अनुमान सत्य हैं तो हिंदुओं के इतने बड़े बहुमत के सामने मुसलमानों को मनमानी नहीं करने दी जायेगी।

बरेली में उग्रवादी आंदोलन चल रहा था कि 2 नवंबर सन् 1908 ई. को भारत के वायसराय (गवर्नर जनरल) लार्ड मिन्टो के सम्मान में बरेली दरबार का आयोजन किया गया जिसकी अध्यक्षता लेफ्टीनेंट गवर्नर ने की। अपने ओजस्वी भाषण में आपने कहा—

There is a blending of a ring of sincerly with a tingle of sorrow at purpose misapprehended in Honour's utterances which had made them more than ordinarily attractive. Above all the speech is bristling with facts and evidence of an honest effort made to meet every question squarely whether the reply given to the people of Kumaun in respect to their prayer for a high grade college at Almora has satisfied them we can not say but the reason advanced by His Honour for declining to open such a college there are fficiently convincing and strong ground. There is another reason which might have been added and it is that our Kumaun friends can not fairy ask everything given to them at their homes- They have a tendency to grow exclusive in their fastness and ought to come out more amongst us and in a large number every year- An ardent desire for higher education only has hither to been bringing them to the plains- We are glad that the Govt- has been thinking favourably of their prayer for bringing Kumaun under the North&West Provinces. High Court in Civil matters also- We support this prayer for reason noted in these columns not long ago- We can not however understand why His Honour should have asked our friends to establish a hostel at Allahabad.

Will not Bareilly be the best place.The climate difference will not be so marked there and it will be nearer home to the students- Moreover the gloomy pictures of the future of the College there as given by his Honour should we believe be a further reason why Bareilly should receive most of the support that Kumaun can give For students in opulants circumstances Allahabad will be,as it now is always available.

बरेली दरबार में दिये गये वक्तव्यों और भाषणों का मुस्लिम समाज पर प्रतिकूल प्रभाव पड़ा और उन्हें अंग्रेजी शासन की भावनाओं का परिचय हुआ, जिसका प्रभाव यह पड़ा कि उन्होंने भी बरेली में मुख्यतः अंग्रेजी शासन के विरुद्ध घोषणायें करनी प्रारंभ कर दीं। ब्रिटिश शासन पर बरेली के मुस्लिम समाज ने आरोप लगाया कि बरेली कालेज, बरेली में अरबी भाषा के शिक्षण की कोई उचित व्यवस्था नहीं है जबकि रुहेलखंड क्षेत्र में बरेली कालेज, बरेली ही एक मात्र ऐसा विद्यालय है जिसमें मुस्लिम छात्रों का बाहुल्य है। उनका आरोप था कि बरेली कालेज, बरेली में संस्कृत के शिक्षक को 75 रुपये मासिक तथा अरबी के शिक्षक को मात्र 25 रुपये मासिक वेतन दिया जाता है। दोनों प्रकार के शिक्षकों को दिये जाने वेतनमानों का यह अंतर अन्याय का स्पष्ट उदाहरण है। मुसलमानों का कहना था कि उस अल्प आय से अरबी भाषा का प्राध्यापक अपने परिवार का किस प्रकार जीवन यापन कर सकता है।

वास्तव में अंग्रेजी शासन के विरुद्ध मुस्लिम जनमानस की यह प्रथम उग्रवादी आवाज थी।

बरेली में जब अंग्रेज अधिकारियों ने यह अनुमान लगा लिया कि अब बरेली के हिंदू-मुस्लिम परस्पर विद्रोह नहीं कर रहे हैं तो उन्होंने बरेली की आम जनता के सामने ऐसे कार्य किये जिनसे जनता उन कार्यों को दया दृष्टि के कार्य समझकर सहयोग प्रदान करने लगी। इस नीति के क्रियान्वयन में जनवरी सन् 1910 ई. में अंग्रेजी शासन काल में बरेली में प्रथम बन्दोवस्त कराया गया जिसके अनुसार बरेली जनपद को 6 तहसीलों में विभक्त कर दिया जिसमें बरेली सदर, मीरगंज, नवाबगंज, आंवला, बहेड़ी और फरीदपुर थीं। वास्तव में ऐसा इसलिये किया गया था कि इन तहसीलों के द्वारा 6 अंग्रेज तहसीलदारों की नियुक्ति हो सकती थी जिससे भारतीय जनमानस के मध्य रहकर उनकी भावनाओं का पता लगता रहे।

कुछ समय के पश्चात् तहसील मीरगंज को तोड़ दिया गया और इसके ग्रामों को बरेली, आंवला और बहेड़ी की तहसीलों में सम्मिलित कर दिया गया।

उग्रवादी आंदोलन के अंतर्गत् स्वाधीन होने के कार्यक्रम चल रहे थे। इसी तारतम्य में बरेली में 31 मार्च सन् 1911 ई. को एक प्रांतीय औद्योगिक सम्मेलन आयोजित किया

गया। इस सम्मेलन का मुख्य उद्देश्य प्रांत के भारतीय जनमानस को इस प्रकार बनाना था कि वे विदेशी वस्तुओं पर निर्भर न रहें। सम्मेलन की अध्यक्षता अखिल भारतीय स्तर के राष्ट्रीय विचारक महामना मदन मोहन मालवीय ने की, जिसमें प्रस्ताव पारित किया गया कि बरेली में तथा बरेली के बाहर कहीं भी विदेशी चीनी का प्रयोग न किया जाये। इसकी पूर्ति करने के लिए भारतीय शर्करा कारखाने खोले जायें तभी विदेशी शासन से मुक्ति मिल सकती है। सम्मेलन में संपूर्ण प्रांत के सैकड़ों कार्यकर्ता उपस्थित थे तथा कई अन्य उद्योगों के प्रतिनिधि भी सम्मिलित हुये थे। इस सम्मेलन के प्रस्तावों के अनुसार ही बरेली में कार्यवाही की गई और यहाँ कई देशी कारखाने खोले गये।

जब संपूर्ण भारत में उग्रवादी आंदोलन हिंसक रूप लेने के निकट था तो अंग्रेजी शासन ने अनुभव किया कि इस आंदोलन को शांत करने का केवल एक ही उपाय है और वह है बंगाल विभाजन का रद्द करना। इसलिए सन् 1911 ई. में गवर्नर जनरल लार्ड हार्डिग के प्रतिनिधित्व काल में दिल्ली में शासन की ओर से एक अभिनव दरबार का आयोजन किया गया जिसमें महारानी के साथ सम्राट जार्ज पंचम् पधारे थे। इस अवसर पर सम्राट ने वंग-भंग को रद्द कर के बंगाल का पुनः एकीकरण करने की घोषणा की। साथ में यह भी घोषणा की गई कि भारत की राजधानी कलकत्ता के स्थान पर दिल्ली कर दी जाये।

इस दिल्ली दरबार में संपूर्ण भारत के अनेक व्यक्ति सम्मिलित हुए थे। बरेली के अधिकांश वे व्यक्ति दरबार में सम्मिलित हुये, जिन्हें ब्रिटिश शासन ने विभिन्न प्रकार की उपाधियों द्वारा अलंकृत किया था। इन व्यक्तियों के साथ बरेली के अन्य साधारण व्यक्ति भी गये परंतु उन्हें दरबार में प्रविष्ट होने का सौभाग्य प्राप्त न हो सका और निराश होकर बरेली लौट आये। इस दरबार में बरेली के भूतपूर्व नवाब स्व. खानबहादुर खाँ के बंशजों को कुछ सहायतायें देने की भी घोषणायें की गईं। घोषणा में कहा गया था–

"The Pargana of Bareilly was permanently granted to East India Company to the family of the late Hafiz & ul & Mulk in lieu of a Wajifa of one lakh and Twenty five thousands and that His Magesty be pleased to restore this jagir to the lineal heirs of Hafiz Rahmat Khan under a great obligation to him"

बंगाल के विभाजन का अंत उग्रवादियों और प्रतिक्रियावादियों की कठोर तपस्या का ही परिणाम था। इस विजय से प्रेरित होकर स्वदेशी संस्थाओं की स्थापना होने लगी। बरेली में राष्ट्रीय विचारधारा वाली संस्था–'हिंदू महासभा' की स्थापना इस उद्देश्य को लेकर की गयी कि राष्ट्रीय विचारधारा वाले कार्यों से अंग्रेज सदैव भयभीत रहें। इस संस्था की प्रथम सभा 24 अप्रैल सन् 1911 को हुई जिसमें लगभग 100 सदस्यों ने भाग लिया। सभा में उपस्थित सभी सदस्यों ने शपथ ग्रहण की कि वे प्रतिदिन कोई न कोई ऐसा कार्य अवश्य करेंगे, जिससे अंग्रेज अधिकारी भयभीत बने रहें। इसके पश्चात एक प्रस्ताव भी

पारित किया गया कि हिंदू महासभा के सदस्य अंग्रेजी साम्राज्य की जड़ें खोखली करने में किसी प्रकार की कमी नहीं रखेंगे।

मुस्लिम लीग के प्रयत्नों और अंग्रेजों की "खाओ और नष्ट करो" की साम्प्रदायिकतावादी नीति के परिणामस्वरूप सन् 1909 में भारत अधिनियम 1909 पारित हो चुका था जिसके अनुसार साम्प्रदायिक निर्वाचन प्रणाली का सूत्रपात किया गया जिससे मुस्लिम समाज में हर्ष की लहर दौड़ गई और उन्होंने ब्रिटिश शासन से कुछ आशायें लगायी। इसी संबंध में बरेली के मुस्लिम नेता खानबहादुर असगर अली ने संपूर्ण रुहेलखंड़ के मुस्लिम बाहुल्य क्षेत्र का दौरा किया और मुस्लिम समाज से विचार-विमर्श करके बरेली में हुए विगत वर्षों के प्रांतीय अधिवेशनों तथा उग्र प्रदर्शनों पर भी विरोध प्रकट किया। तत्पश्चात उन्होंने यह भी निर्णय लिया कि उन्हें अलग प्रतिनिधित्व दिया जाना चाहिये तथा अनुमान लगाया गया कि मईसन् 1911 ई. तक बरेली में जितने भी राजनीतिक सम्मेलन, सभायें और प्रदर्शन हुए थे, वे अधिकांश मुस्लिम आकांक्षाओं के विरुद्ध थे। उन्होंने मुस्लिम समाज को भयभीत किया और मुस्लिमों की भावनाओं को ठेस पहुँचाई गई है।

जब मुस्लिम लीग काँग्रेस की नीति का खुला विरोध करने लगी तो अंग्रेज अधिकारी बहुत प्रसन्न हुये जिससे मुस्लिमों के पक्ष में कुछ शासकीय घोषणायें करना परिस्थिति के अनुकूल समझा घ्य इन शासकीय घोषणाओं के अंतर्गत जुमा (शुक्रवार) को राजकीय कार्यालयों में आधे दिन का अवकाश घोषित करना भी सम्मिलित था। इस प्रकार की घोषणायें मुस्लिम जनमानस को प्रसन्न करके हिंदुओं का प्रबल विरोध करने लगीं।

जब वायसराय लार्ड हार्डिंग भारत की प्राचीन राजधानी कलकत्ता से नई राजधानी दिल्ली में विजेता के प्रतिनिधि के रूप में प्रविष्ट हुए तो उनके सम्मान में एक विशाल जुलूस 12 दिसंबर सन् 1911 ई. को निकाला गया जिससे क्रांतिकारियों के हृदयों पर साँप रेंग गया। विशाल जुलूस ज्यों ही दिल्ली के चांदनी चौक से गुजर रहा था, तभी क्रांतिकारी वीर रास बिहारी बोस ने हजारों सिपाहियों के देखते-देखते लार्ड हार्डिंग पर बम फेंक कर अद्भुत साहस का परिचय दिया। बम फेंकने की मूल योजना बरेली निवासी वीर दामोदर स्वरूप सेठ के प्रयत्नों से बनी थी। क्रांतिकारी विचारधारा वाले वीर दामोदर स्वरूप सेठ, रास बिहारी बोस के तत्कालीन निजी सचिव थे। वीर दामोदर स्वरूप सेठ इस षडयंत्र में तो नहीं पकड़े जा सके परंतु कुछ मास पश्चात सन् 1913 में बनारस षडयंत्र केस में गिरफ्तार कर लिये गये जिसमें उन्हें 6 वर्ष का कठोर कारावास भुगतने के पश्चात् सन् 1919 ई. में मुक्त कर दिया गया।

सन् 1913 ई. में टर्की, इटली और बल्कान के युद्ध हुए। इसी समय मई 1913 ई में मुस्लिम लीग का वास्तविक रूप से उदय हुआ। इस अवसर पर अन्जुमन ए खुद्दाम-ए-कावा (काबा सेवकों का एक समाज) स्थापित हुआ क्योंकि इसके पूर्व जनवरी सन् 1913 ई. में फिरंगी महल, लखनऊ के मौलाना अब्दुल बारी तथा बैरिस्टर वशीर अहमद किदवई लखनऊ की एक आम सभा में अपने विचार प्रकट कर चुके थे जिसमें

स्पष्ट कहा गया था कि मुस्लिमों के विचारों को प्रेसों, पर्यटनों एवं सभाओं के माध्यमों से प्रचारित किया जाना चाहिये। इन सद्विचारों के प्रचार और प्रसार करने के लिए मौलाना अब्दुल बारी और शौकत अली 2 जून सन् 1913 ई. को बरेली आये और यहाँ इस आशय की कई सभायें आयोजित कर अपने विचार प्रकट किए। इन सभाओं में बरेली के अधिकांश प्रबुद्ध मुस्लिम नेताओं ने भाग लिया क्योंकि बरेली प्रमुख इस्लामी केंद्र था।

इस्लामी प्रचार के समानान्तर बरेली की आर्य समाज संस्था ने भी बरेली नगर में अपना धार्मिक प्रचार प्रारंभ किया। आर्य समाज के उच्च नेताओं में बरेली के डॉ. श्याम स्वरूप सत्यवृत का नाम विशेष रूप से उल्लेखनीय है। इस समय तक यत्र-यत्र प्राप्त अनाथ बच्चों को ईसाई मिशनरियों में भेज दिया जाता था और उन्हें अप्रत्यक्ष रूप से ईसाई बना लिया जाता था। इस नीति से क्षुब्ध होकर बाबू बल्देव प्रसाद के प्रयत्नों से बरेली का अनाथालय अपनी चौगुनी प्रगति पर पहुँच गया और निकट भविष्य में प्रांत का एक प्रमुख आर्य समाज अनाथालय बन गया। वास्तव में इस अनाथालय ने प्रत्यक्ष रूप से अंग्रेज मिशनरियों का प्रबल विरोध करके राष्ट्रीय विचारधारा विकसित करने में सहयोग दिया।

सन् 1914 ई. में प्रथम विश्व युद्ध प्रारंभ हुआ। मित्र राष्ट्रों का सबसे बड़ा मित्र ब्रिटेन और उसका शत्रु जर्मनी था। युद्ध में विजय प्राप्त करने के लिए ब्रिटेन को चहुँदिशी सहायता की आवश्यकता थी। इसी उद्देश्य की पूर्ति के लिये ब्रिटेन के तत्कालीन प्रधानमंत्री एस्क्विथ ने स्वशासन का चुगा डालकर भारतीय नेताओं को अपनी ओर आकृष्ट कर लिया। चूंकि उस समय काँग्रेस का नेतृत्व उदारवादी नेताओं के हाथों में था. इसलिए उन्होंने तत्कालीन संकट के समय अंग्रेजों की सहायता करने का निर्णय लिया। महात्मा गाँधी भी समझने लंबे कि विश्व युद्ध की समाप्ति के पश्चात इंग्रेज स्वशासन को तश्तरी में रखकर उन्हें स्टे कर देते। अतः उन्होंने ब्रिटिश शासन को हर संभव सहायता करने का निर्णय लिया। भारत के हजारों नवयुवक सेना में भर्ती हुए और भारत के करोड़ों रुपये देश के नेता महात्मा गाँधी के आव्हान पर प्रथम विश्व युद्ध के संकटकालीन अवसर पर आर्थिक सहायता करने के उद्देश्य से बरेली जनपद में कांग्रेसी कार्यकर्ताओं ने सहायता कोष में हजारों रुपये का धन दान स्वरूप एकत्र किया तब संकड़ों कार्यकर्ता अंग्रेजी सेना में भर्ती हो गये। इसके अतिरिक्त प्रार्थना यज्ञ भाँति-भाँति के कार्य करके ईश्वर से दुआ माँगी कि अंग्रेज युद्ध में विजयी हो। बरेली की जनता ने ब्रिटिश मनोबल को बढ़ाने में हर संभव प्रयन्त किये।

भारतीय सैनिकों ने युद्ध में अद्भुत वीरता एवं शौर्य का परिचय दिया जिसे अंग्रेज अधिकारियों ने स्वयं अनुभव किया। चार वर्ष के युद्ध की समाप्ति पर अंग्रेजों को विजयश्री प्राप्त हुई लेकिन अंग्रेज भारतीयों को दिये स्वशासन के वचन से मुकर गाये तथा विभिन्न प्रकार के बहाने बनाकर इस मामले को टालने लगे, जिससे पुनः असंतोष की ज्वाला धधकने लगी।

सन् 1915 में महात्मा गाँधी की वापसी

बरेली में कांग्रेस की विधिवत स्थापना प्रथम बार सन् 1915 ई. में हुई। बरेली के तत्कालीन प्रसिद्ध हनुमान मन्दिर के पास बाबू नन्द किशोर कक्कड़ की कोठी में प्रथम कांग्रेस की सभा का विधिवत आयोजन किया गया। इस सभा की अध्यक्षता स्वयं नन्द किशोर कक्कड़ ने की। सभा में प्रस्ताव पारित करके अध्यक्ष नन्द किशोर कक्कड़ को ही जिला कांग्रेस का संस्थापक अध्यक्ष मनोनीत किया गया। इस सभा में लिखित रूप से अन्य कई प्रमुख व्यक्ति कांग्रेस के सदस्य बने जिनमें सर्वश्री बंशीधर पाठक, और जय नारायण चौधरी, मुहल्ला बिहारीपुर निवासी के नाम प्रमुख हैं।

पंचम अध्याय
सन् 1915 से 1946 तक बरेली

सन् 1915 से सन् 1924 तक खिलाफत आंदोलन

सन् 1916 में लखनऊ में कांग्रेस का अधिवेशन श्री अम्बिका चरण मजूमदार की अध्यक्षता में संपन्न हुआ। इस अवसर पर देश के शीर्षस्थ नेता लाला लाजपतराय, बाल गंगाधर तिलक, विपिन चंद्र पाल, मौलाना अबुल कलाम आजाद, गोपाल कृष्ण गोखले, महामना मदन मोहन मालवीय और मुहम्मद अली जिन्नाह आदि उपस्थित थे। इस अधिवेशन का प्रमुख आकर्षण हिंदु मुसलमानों के मध्य पारस्परिक सौहार्दता का वातावरण था।

बरेली में कांग्रेस आंदोलन का श्रीगणेश सन् 1916 ई. के एतिहासिक वर्ष में हुआ। बरेली से लखनऊ अधिवेशन में सम्मिलित होने वाले कांग्रेसी प्रतिनिधियों में सर्वश्री प्रियनाथ बनर्जी, नन्दकिशोर कक्कड़ ज्वालाप्रसाद, जियाराम सक्सेना वकील और पं. द्वारिका प्रसाद थे। इस अधिवेशन के पश्चात् स्वदेशी प्रचार, हिंदू मुस्लिम समन्वय और कांग्रेस संगठन ने विराट रूप धारण किया।

सन् 1917 ई. में सीतापुर में प्रांतीय राजनीतिक सम्मेलन हुआ जिसमें बरेली जनपद से सम्मिलित हुये प्रतिनिधि मण्डल में सर्वश्री जयनारायण चौधरी एडवोकेट, जियाराम सक्सेना वकील और पंडित द्वारिका प्रसाद थे। यहीं पर सर्वप्रथम पंडित जवाहर लाल नेहरू और बरेली के कांग्रेसी प्रतिनिधियों में परस्पर विचार विमर्श हुआ और भावी प्रक्रियाओं पर दृष्टिपात किया गया। वर्ष 1917 ई. में ही कांग्रेस का राष्ट्रीय अधिवेशन डॉ. एनीविसेंट की अध्यक्षता में सम्पन्न हुआ, जिसमें बरेली से वे ही प्रतिनिधि गये जो सीतापुर के प्रांतीय राजनीतिक सम्मेलन में सम्मिलित हुये थे।

सन् 1918 ई. में डॉ. एनीविसेंट ने गृह शासन आंदोलन प्रारंभ किया जिसके फलस्वरूप वह स्वयं एवं अन्य समर्थित व्यक्ति गिरफ्तार करके कारावास भेज दिये गये। बरेली जनपद में भी गृह शासन आंदोलन का समर्थन जुलूस और समारोह आदि करके किया गया। इसी अवसर पर बरेली के प्रसिद्ध वकील और मुस्लिम लीग को समर्थन देने वाले मौलाना अजीज अहमद खाँ ने कांग्रेस की नीतियों से प्रभावित होकर कांग्रेस दल में सम्मिलित होने की घोषणा कर दी। बरेली में भी कांग्रेस का प्रभाव निरंतर बढ़

रहा था और इसी वर्ष बरेली में प्रथम बार मण्डलीय राजनीतिक सम्मेलन आहूत किया गया। यह अपने समय का ऐसा प्रथम राजनीतिक सम्मेलन था जिसमें विभिन्न स्थानों के विभिन्न व्यक्ति सम्मिलित हुये। संयुक्त प्रांत आगरा तथा अवध के विभिन्न स्थानों को श्री जियाराम सक्सेना तथा पंडित द्वारिका प्रसाद भेजे गये, तथा बाबा आनन्द बहादुर और राजाराम सक्सेना गांधी जी को बुलाने गये। सम्मेलन पंडित द्वारिका प्रसाद के बंगले पर हुआ, जिसकी अध्यक्षता मुरादाबाद निवासी मुहम्मद हुसैन बैरिस्टर ने की। इस सम्मेलन में सर्वश्री शौकत अली, पंडित गोकरन नाथ मिश्र वैरिस्टर, रामचंद्र एडवोकेट (लखनऊ) आदि नेतागण सम्मिलित हुये। सम्मेलन के पश्चात् बरेली के बाबूराम सक्सेना एडवोकेट कांग्रेस कार्यालय के सचिव मनोनीत किये गये।

कलकत्ता में 1918 ई. में गांधी जी के प्रयत्नों से एक सम्मेलन आहूत किया गया, जिसमें बरेली के पंडित द्वारिका प्रसाद सपत्नीक सम्मिलित हुये थे। सम्मेलन में एक प्रस्ताव अछूतोद्धार पारित किया गया। इसी सम्मेलन की पुष्टि में पंडित द्वारिका प्रसाद के बँगले में एक सम्मेलन आयोजित किया गया। इस सम्मेलन में सरोजिनी नायडू और पंजाब के रामभज दत्त चौधरी का भी आगमन हुआ। यहाँ पर अंग्रेजी शासन के विरुद्ध अनेक प्रस्ताव पारित किए गए।

शासकीय विद्यालयों का वहिष्कार और राष्ट्रीय विद्यालयों की स्थापना का क्रम चलाकर ब्रिटिश अधिकारियों को यह दर्शाया जाता था कि अब भारतीय जनमानस प्रबल विरोध करने में पूर्ण रूपेण सक्षम है। सन् 1918 ई. में राजकीय विद्यालयों का बहिष्कार करने के उद्देश्य से पंडित द्वारिका प्रसाद के बंगले पर ही तिलक राष्ट्रीय विद्यालय स्थापित किया गया। इसी वर्ष सितंबर 1918 ई. में दिल्ली में कांग्रेस का सम्मेलन हुआ जिसमें श्री चिरंजीव लाल गुप्त बरेली से कांग्रेस प्रतिनिधि के रूप में सम्मिलत हुये।

सन् 1919 ई. में रोलट एक्ट के विरोध में महात्मा गांधी के नेतृत्व में देश व्यापी आंदोलन प्रारंभ हुआ। इस एक्ट का लक्ष्य भारतीयों के स्वतंत्रता प्राप्ति से संबंधित किए गए प्रयत्नों को निष्ठुरता से कुचलना था। महात्मा गांधी के आव्हान पर आम जनता ने प्रथम विश्वयुद्ध में जो सहायता और सहयोग प्रदान किया था, उसके उपलक्ष्य में उस भारतीय जनमानस को कारागारों में बन्द कर दिया गया अर्थात मांगी रोटी, पाया पत्थर वाली कहावत चरितार्थ होने लगी। परंतु इसका परिणाम यह निकला कि महात्मा गांधी सहित अनेक नेताओं एवं जनता का विश्वास ब्रिटिश शासन से उठ गया जिसके फलस्वरूप महात्मा गांधी ने रोलट एक्ट के विरोध में सत्याग्रह करने की घोषणा कर दी। इस घोषणा का सर्वत्र स्वागत किया गया।

बरेली में 30 मार्च सन् 1919 ई. को रोलट एक्ट विरोधी दिवस मनाया गया जिसके अंतर्गत संपूर्ण नगर में पूर्ण हड़ताल हुई। सायंकाल को श्री केकई नन्दन की कोठी के सामने पड़े मैदान में श्री नन्दकिशोर कक्कड़ की अध्यक्षता में एक विराट जनसभा का आयोजन किया गया, जिसमें लगभग 30,000 लोग सम्मिलित हुये। बरेली के तत्कालीन

प्रमुख नेताओं में सर्वश्री जियाराम सक्सेना, वंशीधर पाठक, और बाबा आनन्द बहादुर आदि के उग्रवादी और ओजस्वी भाषण हुए। वास्तव में बरेली के इतिहास में रोलट एक्ट के विरोध में किया गया यह प्रथम सफल राजनीतिक प्रदर्शन था। इस राजनीतिक प्रदर्शन के संयोजक भारत सेवक समाज के तत्कालीन प्रमुख कार्यकर्ता वाबा आनन्द बहादुर थे।

30 मार्च सन् 1919 ई. को ही एक अन्य प्रदर्शन बरेली जनपद के कस्वा आँवला में किया गया। इस प्रदर्शन के मुख्य सचेतक तत्कालीन प्रमुख कांग्रेसी नेता श्री चिरंजीव लाल गुप्त थे, जो वास्तव में बरेली के सक्रिय और कर्मठ कांग्रेसी कार्यकर्ता थे। श्री गुप्त के सफल निर्देशन में आंवला की संपूर्ण बाजार में प्रदर्शन किया गया। सबसे विराट प्रदर्शन यहाँ पर स्थित मकबरे पर हुआ जो अंत में एक वृहद् सभा में परिवर्तित हो गया।

वास्तव में 30 मार्च 1919 ई. का आंदोलनकारी दिवस बरेली के स्वतंत्रता संग्राम का एक महत्वपूर्ण दिन था जिससे बरेली की गणना प्रमुख राजनीतिक स्थानों में होने लगी।

सन् 1919 ई. में अप्रैल के प्रथम सप्ताह में रोलट एक्ट के विरोध में एक अन्य सभा बरेली नगर के मुहल्ला ब्रह्मपुरी (आज वमनपुरी) में पं. दीनानाथ मिश्र के निवास स्थान पर आयोजित की गई, जिसकी अध्यक्षता पं. द्वारिका प्रसाद ने की। सभा में सर्वश्री जहूर उद्दीन वंशीधर पाठक, कालीचरन, मौलवी अब्दुल बदूद, टिकैतराय वर्मा और मुंशी उधौनारायण आदि प्रमुख कांग्रेसी नेता उपस्थित थे। इनके अतिरिक्त 10-15 कांग्रेसी स्वयं सेवक भी सभा में उपस्थित थे। सभा में एक प्रस्ताव पारित करके अंग्रेजी शासन की भर्त्सना करके रोलट एक्ट का प्रबल विरोध किया गया।

रोलट एक्ट के विरोध में सन् 1919 ई. में इलाहाबाद में एक मंडलीय राजनीतिक सम्मेलन हुआ जिसमें पं. मोतीलाल नेहरू और पं. जवाहर लाल नेहरू सदृश्य मूर्धन्य नेता सम्मिलित हुए। बरेली के प्रतिनिधि मण्डल में पं. द्वारिका प्रसाद और श्री जियाराम सक्सेना थे। सम्मेलन में कई नीतियों पर प्रकाश डाला गया। तत्पश्चात् अंग्रेजों का खुला विरोध करने का प्रस्ताव पारित किया गया। इस सम्मेलन में उपस्थित अधिकांश सदस्यों को अंग्रेज अधिकारियों के आदेश पर पुलिस ने गिरफ्तार कर लिया तथा उन पर विभिन्न प्रकार के आरोप लगाये गये। श्री जियाराम सक्सेना किसी प्रकार पुलिस की गिरफ्त में नहीं का सके, परंतु पं. द्वारिका प्रसाद को कुछ महीनों का कठोर कारावास भुगतना पड़ा।

सन् 1919 ई. का जलियांवाला बागकाण्ड

महात्मा गांधी के आह्वान पर रोलट एक्ट के विरोध में 30 मार्च सन् 1919 ई. में अनेक स्थानों पर उग्र प्रदर्शन एवं विराट सभाओं के आयोजन हो ही रहे थे. परंतु देशव्यापी प्रदर्शन का अति उग्र रूप 6 अप्रैल 1919 ई. में देखने में आया, जब तत्कालीन जुलूसों और नारों से नित्य-प्रति हिंदु-मुस्लिम एकता का प्रचार किया जा रहा था। इसका प्रभाव तब दृष्टिगोचर हुआ, जब गंगा स्नान के पावन अवसर पर मुसलमान भाइयों द्वारा एवं मुहर्रम के अवसर पर हिंदू भाइयों द्वारा सिगरेट, पान और प्याऊ का प्रबंध किया गया।

इसके पश्चात् बरेली में कुछ समय तक हिंदू-मुसलमानों में पारस्परिक सौहार्दता का वातावरण दिखाई दिया, परंतु निकट भविष्य में पुनः ब्रिटिश अधिकारियों की धूर्ततापूर्ण नीति ने दोनों धर्मियों के मध्य एकता का वातावरण विषाक्त करके पुनः अलगाव पैदा कर दिया।

13 अप्रैल, 1919 ई. को रोलट एक्ट का विरोध प्रदर्शित करने के लिए अमृतसर के जलियाँवाला बाग में हजारों स्त्री, पुरुष एवं अवोध बच्चे एकत्र हुए। जनरल डायर के क्रूर आदेश से हृदय विदारक घटना घटी, जिसके समाचार से ब्रिटिश उच्च अधिकारियों के हर्ष की सीमा न रही परंतु भारतीय जनमानत में ब्रिटिश शासन के विरुद्ध क्रांति की भयानक ज्वाला भड़क उठी, जिसके फलस्वरूप ब्रिटिश अधिकारियों की दमन नीति से सैकड़ों राष्ट्रीय तथा स्थानीय नेता कैद करके कारागारों में ठूंस दिये गये। यही नहीं, इंग्लैण्ड की लार्ड सभा ने जनरल डायर को हीरो घोषित कर बीस हजार पौड की एक थैली तथा सम्मान की एक तलवार भी भेंट की।

जब जलियाँवाला बाग की हृदय विदारक घटना की सूचना बरेली के जनमानस तक पहुँची, तो यहाँ के समग्र मानस पटल पर भय छा गया, लोग दहल उठे, कांप उठे और निर्लज्ज अत्याचारों के विरुद्ध क्रोध से पागल हो उठे। बरेली में तत्कालीन कांग्रेस के वरिष्ठ नेताओं में सर्वश्री जियाराम सक्सेना, वंशीधर पाठक, नन्द किशोर कक्कड़, टिकंतराय वर्मा, पं. द्वारिका प्रसाद, ठा. पृथ्वीराज सिंह, प्रियनाथ बनर्जी, बाबुराम सक्सेना एडवोकेट, म्यूनिसिपल कमिश्नर मौलाना अब्दुल बढूद, मौलवी जहूरउद्दीन और डॉ. मोती सिंह आदि के क्रोध की सीमा न रही। जय नारायण चौधरी, मझले भइया रामनारायण चौधरी, राज नारायण सिंह और बाबा आनन्द बहादुर ब्रिटिश शासन के विरुद्ध अत्यधिक उत्तेजित हो गये, परंतु ब्रिटिश अधिकारियों की कठोर दमन नीति के सम्मुख उन्हें अपमानित होना पड़ा, जिससे तत्काल कोई भी उग्र कदम न उठा सका।

अंग्रेजों की कठोर नीति से कांग्रेस के नेतागण की भावनायें अस्थाई रूप से एक बार को दब अवश्य गयीं, लेकिन मनोबल में कोई अंतर नहीं आया क्योंकि आगामी माह में ही कांग्रेस के वरिष्ठ नेताओं सर्वश्री टिकैतराय वर्मा, पं. द्वारिका प्रसाद और बाबू जियाराम सक्सेना के आव्हान पर एक रैली का आयोजन किया गया। यह रैली मोतीपार्क (कुतुबखाना) से प्रारंभ होकर गंगा नदी के समीप बरेली के समीप बाकरगंज के ईदगाह पर जाकर रुकी और एक सभा में परिवर्तित हो गई। हजारों निर्भीक जनमानस वाले जुलूस का नेतृत्व मुहल्ला कोहाड़ापीर निवासी श्री रवि शंकर कर रहे थे। ईदगाह के मैदान में "जलियाँवाला बाग"नृशंस कांड के उत्तरदायी जनरल डायर सहित अन्य अंग्रेज दमनकारियों के पुतले जलाये गये तथा कई को भूमि में दफना दिया गया। सभा में नेताओं के ओजस्वी भाषण हुए तथा आतंकवादियों की भर्त्सना की गई। यह प्रदर्शन बरेली के जनमानस की विषम परिस्थितियों में निर्भीक मनोवृत्ति का परिचय देता है।

इस प्रदर्शन के पश्चात् बरेली के जियाराम सक्सेना, टिकैतराय वर्मा, उधौनारायण

और पं. द्वारिका प्रसाद निर्भीक होकर संयुक्त रूप से पं. द्वारिका प्रसाद के निवास पर कांग्रेस की जनसभायें आयोजित करने लगे तथा क्रांतिकारी. एवं प्रबल उग्रवादी आंदोलन के विकास पर बल देने लगे। सन् 1919 ई. के अंतिम सप्ताह में बनारस - षडयंत्र केस से मुक्त होकर वीर दामोदर स्वरूप सेठ भी बरेली आ गये जिससे आगामी आंदोलनों में क्रांतिकारी एवं उग्रवादी मनोवृत्ति का स्वतः विकास होने लगा।

27 दिसंबर सन् 1919 ई. को अमृतसर में कांग्रेस का चौंतीसवाँ सम्मेलन हुआ जिसकी अध्यक्षता पं. मोतीलाल नेहरू ने की, जो जलियाँवाला बाग हत्याकांड से क्षुब्ध होकर एक अति उग्रवादी नेता बन गये थे। बरेली जनपद से इस सम्मेलन में भाग लेने बाबू टिकैत राय वर्मा, एडवोकेट गये थे। इस सम्मेलन को आयोजित करने का वास्तविक उद्देश्य जलियाँवाला बाग हत्याकाण्ड की भर्त्सना करना तथा कांग्रेस की भावी नीतियों व कार्यक्रमों से कार्यकर्ताओं को अवगत कराना था।

अंततः बरेली जनपद उग्रवादी आंदोलन की लपटों से अछूता न रह सका और बरेली जनपद ने इस आंदोलन में बढ़ चढ़ कर भाग लिया।

सन् 1920 में असहयोग आंदोलन और बरेली

सन् 1918 ई. में रोलट एक्ट के पारित होने से ब्रिटिश सरकार की भारतीयों के प्रति दमनात्मक नीति का पर्दाफाश हुआ। रोलट एक्ट का सर्वत्र एक काले कानून के रूप में विरोध किया गया और भारत में लगभग सभी स्थानों पर इसके विरुद्ध विद्रोह हुए। विशेष रूप से पंजाब में होने वाले विद्रोह उल्लेखनीय हैं। इन्हीं विद्रोहों में अमृतसर का जलियांवाला बाग हत्याकाण्ड था।13 अप्रैल 1919 ई. को अमृतसर में रोलट एक्ट के विरोध में जलियाँवाला बाग में एक विशाल जनसभा का आयोजन किया गया था जिसमें ब्रिटिश सरकार के द्वारा निहत्थे जन समूह पर अन्धाधुन्ध गोली प्रहार कर भीषण नरसंहार किया गया। इस अमानवीय कृत्य के कारण महात्मा गाँधी पंजाब के लिए रवाना हुए लेकिन पलवल पर उन्हें गिरफ्तार कर लिया गया और उनका पंजाब में प्रवेश प्रतिबंधित कर दिया गया।

इस प्रकार भारतीय राजनीतिक क्षितिज, जो कि गोखले और तिलक की मृत्यु से रिक्त हो गया था, उसकी पूर्ति करने के लिए रोलट एक्ट ने महात्मा गाँधी को पूरा अवगर प्रदान किया और रोलट एक्ट के विरोध ने उन्हें स्वतः ही भारत का सर्वमान्य नेता बना दिया और 1919 ई. से लेकर सन् 1947 ई. तक का युग इसी नेतृत्व की सर्वमान्यता के कारण गांधी युग कहलाता है।

महात्मा गांधी इस अवसर की खोज में थे कि वह कौन सा समय और परिस्थिति होगी जब हिंदू मुस्लिम एकता स्थापित होकर अंग्रेजी शासन के विरुद्ध जनआंदोलन छेड़ा जाएगा। प्रथम विश्व युद्ध के पश्चात् टर्की की अखंडता को स्थापित नहीं रखा गया जिसका ब्रिटिश सरकार ने मुस्लिमों के सहयोग को प्राप्त करने हेतु आश्वासन दिया था।

अतः अव टर्की के खलीफा की पुर्नस्थापना के लिए 24 नवंबर, 1919 ई. को महात्मा गाँधी की अध्यक्षता में एक खिलाफत सम्मेलन बुलाया गया और महात्मा गाँधी तथा डॉ. अन्सारी के नेतृत्व में मुस्लिम प्रतिनिधिमण्डल गवर्नर जनरल से मिला, परंतु इसका कोई परिणाम नहीं निकला। इससे खिन्न मुस्लिम समाज ने कांग्रेस का साथ दिया। महात्मा गाँधी और अली बन्धुओं ने खिलाफत आंदोलन के प्रसार हेतु सितंबर 1920 ई. से संपूर्ण भारत का दौरा किया। वे भारत के प्रत्येक प्रांत में गए और प्रत्येक स्थान पर खिलाफत आंदोलन की रूपरेखा से जन-जन को परिचित कराया।

17 अक्टूबर सन् 1920 ई. में महात्मा गाँधी, मुहम्मद अली और शौकत अली के साथ बरेली पधारे। महात्मा गाँधी के आगमन पर स्थान स्थान पर स्वागत द्वार बनाये गए। महात्मा गाँधी के दर्शन करने एवं विचार सुनने दूर-दूर के ग्रामीण अंचलों से उत्साही स्त्री-पुरुष नगर में प्रविष्ट होने लगे। बरेली नगरपालिका की ओर से महात्मा गाँधी का अभिनन्दन किया गया और एक प्रशंसा पत्र भी भेंट किया गया। मोतीपार्क की विराट सभा में बरेली जनपद के अधिकांश गणमान्य व्यक्ति और कर्मठ कांग्रेसी कार्यकर्ता उपस्थित थे। नगरपालिका द्वारा समर्पित मानपत्र के उत्तर में अभिनन्दन के पश्चात महात्मा गाँधी ने उपस्थित जनसमूह को सम्बोधित करते हुये कहा–

'चूंकि आप लोग अब इतने निडर हो गये हैं कि कहने को कोई बात ही नहीं है। अतः मैं आपसे यही आशा करूंगा कि आप ऐसे ही बने रहें, अमृतसर में नगरपालिका से सरकार ने बहुत नीच कृत्य कराये हैं, यहाँ तक कि लोगों को जल देना तक बन्द करवा दिया, इससे घोर कृत्य और क्या हो सकता है। चाहें आप पर कितने घोर अत्याचार क्यों न हों, आप अपनी स्वतंत्रता को बनाये रखने का प्रयत्न करते रहें, दबाब में न आयें, अमृतसर की नगरपालिका जैसा व्यवहार न करें। दूसरी बात मैं यह कहता हूँ कि अगर आप में शक्ति हो तो आप अपने स्कूलों की स्वतंत्रता को बनाए रखें। अगर आप सरकार की ओर से मिलने वाला अनुदान (लेना) बन्द कर दें तो आपके स्कूल स्वतन्त्र हो जायेंगे। मेरी कामना है कि इन दोनों बातों पर आप खूब विचार करें।''

नगरपालिका द्वारा महात्मा गाँधी के अभिनन्दन समारोह के अवसर पर बरेली में असहयोग आंदोलन का भी प्रस्ताव पारित किया गया तथा निर्णय लिया गया कि असहयोग और खिलाफत आंदोलनों के विकास के लिए बरेली जनपद में स्थान-स्थान पर जन साभायें आयोजित की जायें जिससे जनमानस में राष्ट्रीय विचारधारा को प्रोत्साहित किया जा सके।

अक्टूबर 1920 में मोहम्मद अली के भी कई मुस्लिम जनसभाओं के अपने भाषण दिए। एक स्थान पर आपने कहा–

'तो मुझे बताइए कि क्या है? क्या हम उन धनी लोगों के धन से अपने बच्चों को पढ़ा सकते हैं जो हमारे धार्मिक रूप में शत्रु है? जिससे हमारे खलीफा को अपना दास बना रखा है, हमारे धार्मिक स्थल जेरूसलम को अपवित्र कर रखा है। जो हमारे प्रवित्र

देश के शत्रु है, जिन्होंने हमारी स्त्रियों और अबोध बच्चों पर जुल्म ढ़ाये, जिन्होंने हमारे हिंदू और मुस्लिम भाइयों को केंचुए को भाँति समझा है। क्या मैं आप सबसे यह प्रार्थना कर सकता है कि आप सब संगठित रहकर अंग्रेजों का विरोध करें।

मुहम्मद अली के ओजस्वी भाषण का बरेली में इतना व्यापक प्रभाव पड़ा कि मुस्लिम समाज में ब्रिटिश साम्राज्य के विरुद्ध घृणा व्याप्त हो गयी और यहाँ के हिंदुओं और मुसलमानों के नेतागण पुर्णतया शासन से विरोध प्रकट करने लगे। शासन इन विरोधियों का दमन करने में जुट गया और असहयोग आंदोलन में गिरफ्तारी देने वाले शीर्ष स्तर के कांग्रेसी पं. शिव सहाय मिश्रा थे लेकिन जेल में दो गयी यातनाओं से भयभीत होकर उन्हें अग्रेज अधिकारियों से माफी मांगनी पड़ी, तब अंग्रेजी से उन्हें जेल से रिहा कर दिया।

नवंबर सन् 1920 ई. में बरेली कांग्रेस समिति के आमंत्रण पर महात्मा गाँधी का बरेली में पुनः आगमन हुआ। इस बार महात्मा गाँधों के साथ अलीबंधु मौलाना मुहम्मद अली के अतिरिक्त आर्यसमाज के स्वामी सत्यदेव परिव्राजक श्री पधारे थे। महात्मा गाँधी अपने साथियों सहित बरेली के कांग्रेसी नेता पं. द्वारिका प्रसाद के निवास स्थल 50. सिविल लाइन्स बरेली में ठहरे। गांधी जी के स्वागतार्थ एवं दर्शनार्थ बरेली जनपद के अतिरिक्त अन्य समस्त जनपदों से भी कांग्रेस संस्था के प्रेमी चले आ रहे थे जिससे एक विशाल जनसमूह एकत्र हो गया।

बरेलो कुतुबखाने के सामने विशाल मैदान में आयोजित सभा में महात्मा गाँधी का उपस्थित जनसमुह ने स्वागत किया तथा गाँधी जी ने एक ओजस्वी भाषण देकर सबको हत्तप्रभ कर दिया। कुतुबखाने से जिला परिषद के हॉल तक विशाल जनसमूह दृष्टिगोचर हो रहा था। यह अनुमान नहीं लग पा रहा था कि भीड़ की संख्या कितनी थी। यहाँ के विशाल कक्ष में उपस्थित बरेली के तत्कालीन प्रमुख उर्दू कवि श्री नन्दलाल गुप्त ने एक उर्दू की कविता पढ़ी जिसकी कुछ पंक्तियाँ इस प्रकार थीं–

खुशी नसीब कि किस्मत खुली बरेली की
मिली जो देखने हमको ये शक्ल गांधी की।
इलाही कोशिशें पूरी हों, तू मदद करना,
विरादराने अली व सत्यदेव स्वामी की।

महात्मा गाँधी के ओजस्वी भाषण में असहयोग आंदोलन में भाग लेने के लिए नगर निवासियों तथा ग्रामीण अंचलों से आये जनसमूह का आव्हान किया गया जिसके प्रभाव से बरेली जनपद के कई हजार स्वयं सेवक एवं कार्यकर्त्ता असहयोग आंदोलन में कूद पड़े।

नवंबर सन् 1920 ई. में फतेहगंज पश्चिमी में एक जनसभा का आयोजन किया गया जिसमें ग्राम सहोड़ा निवासी कु. ढाकन लाल तथा शाही निवासी अहमद रजा खाँ भी सम्मिलित हुए। सभा का श्रीगणेश गगन भेदी नारों से किया गया। सभा में शासकीय विद्यालय के बहिष्कार पर प्रमुख भाषण देने वाले बरेली नगर के श्री वीरेन्द्र स्वरूप वर्मा

थे। सभा की अध्यक्षता पं. जवाहर लाल नेहरू ने की। आपके साथ राष्ट्रीय नेता बाबू पुरुषोत्तम दास टण्डन भी आए थे। ग्राम बुधौली ठा. पृथ्वीराज सिंह ने इसी सभा में असहयोग आंदोलन के आव्हान पर डिप्टी कलक्टरी जैसे महत्वपूर्ण पद से त्यागपत्र दे दिया था। सभा का आयोजन श्री बृजमोहन लाल शास्त्री ने किया।

फतेहगंज पश्चिमी की जनसभा के पश्चात् इसी वर्ष ठा. पृथ्वीराज सिंह के प्रयासों से ग्राम बुधौली में भी एक राजनीतिक सम्मेलन का आयोजन किया गया। यहाँ भी ब्रिटिश शासन विरोधी भाषण हुए। सभा की प्रबंध समिति में सर्वश्री बृजमोहन लाल शास्त्री, मौलाना अब्दुल बहुद, जहू र उद्दीन, खलीकुज्जमां और पं. त्रिवेनी सहाय मिश्रा आदि व्यक्ति थे। इन सभा की अध्यक्षता देश के शीर्षस्थ नेता पं. जवाहर लाल नेहरू ने की। यहाँ भी बाबू पुरुषोत्तम दास टण्डन साथ थे। इस सभा में बरेली जनपद में स्वयं सेवक अभियान चलाने बालों का आव्हान किया गया जिसे पं. त्रिवेदी सहाय मिश्रा ने अपने ऊपर लिया।

इसी समय सन् 1920 में लाला लाजपतराय की अध्यक्षता में हुए कलकत्ता के कांग्रेस अधिवेशन में विदेशी वस्तुओं के बहिष्कार पर बल दिया गया। इसकी सूचना मिलते ही बरेली के मोतीपार्क में एक जनसभा आयोजित की गई जिसमें सर्वसम्मति से लिए गए निर्णय के अनुसार विशाल पैमाने पर विदेशी वस्त्र जलाये गये।

बरेली नगर में कई दिनों तक विदेशी वस्त्र जलाये जाते रहे। दीजिए-दीजिए सरकार विदेशी कपड़ा, विदेशी वस्त्र एकत्र करने वालों का नारा था। विदेशी वस्त्रों का गधों पर लादकर प्रदर्शन किया गया। गधों को टाई और टोप पहनाकर जुलूस निकाला गया। अंत में इस सारे सामान का रावण जैसा पुतला बनाकर कुतुबखाने पर जलाया गया जिसे देखने बरेली के हजारों नागरिक उपस्थित हुए।

दिसंबर सन् 1920 ई. के नागपुर के काँग्रेस अधिवेशन में पारित असहयोग आंदोलन का प्रस्ताव एक विशाल रूप में सामने आया। इस अधिवेशन का प्रस्ताव देशबन्धु चितरंजनदास ने प्रस्तुत किया था जबकि इससे पूर्व वे अहयोग आंदोलन का विरोध कर रहे थे। बड़े हर्ष का विषय है कि असहयोग आंदोलन को चितरंजन दास जैसे शीर्षस्थ नेताओं का सहयोग भी प्राप्त हो गया। बरेली जनपद ने इस आंदोलन में एक महत्वपूर्ण भूमिका निभाई। बरेली में सर्वश्री जय नारायण चौधरी वकील, जियाराम सक्सेना और जहूर उद्दीन वकील आदि राष्ट्रवादी नेता वकालत त्यागकर असहयोग आंदोलन में कूद पड़े। बरेली कालेज, बरेली तथा अन्य सरकारी विद्यालयों के अधिकांश विद्यार्थियों द्वारा इन विद्यालयों का बहिष्कार किया गया। बहिष्कार करने वाले छात्रों में टिकैतराय वर्मा, बाबुराम भटनागर और बाबूराम सक्सेना आदि के नाम प्रमुख हैं। बरेली के श्री प्रताप नारायण वर्मा ने बनारस विश्वविद्यालय का बहिष्कार कर दिया। ठा. पृथ्वीराज सिंह के परामर्श एवं आव्हान पर कालीचरन अग्रवाल ने शिक्षा विभाग में उपनिरीक्षक का पद त्याग कर आंदोलन में भाग लिया।

स्वराज प्राप्ति के निमित्त विद्यालय त्यागने वाले विद्यार्थियों की शिक्षा की उचित व्यवस्था हेतु पं. द्वारिका प्रसाद के बंगले पर राष्ट्रीय तिलक विद्यालय स्थापित हो चुका था जिसमें प्रथम प्रधानाध्यापक ठा. मोती सिंह नियुक्त किए गए। ब्रिटिश सरकार द्वारा आपकी गिरफ्तारी के पश्चात् श्री कालीचरन अग्रवाल प्रधानाध्यापक मनोनीत किए गए। इनके पश्चात् पं. रामस्वरूप पाराशरी और श्री उदयशंकर भट्ट, जो आगे चलकर हिंदी के साहित्यकार के रूप में प्रसिद्ध हुए, आदि अनेक सुयोग्य अध्यापकों ने तिलक विद्यालय में अपना योगदान दिया। कुछ समय के अंतराल से इन्हें भी गिरफ्तार कर लिया गया, जिससे श्री टिकैतराय वर्मा, बाबुराम भटनागर और बाबूराम सक्सेना को भी अध्यापन करने का सुअवसर प्राप्त हुआ।

असहयोग आंदोलन में महिला भूमिका

असहयोग आंदोलन में महिला समाज की भी प्रमुख भूमिका रही। इस आंदोलन में प्रमुख भूमिका निभाने वाली महिला कार्यकत्रियों में श्रीमती द्रोपदी देवी, सूर्यवती देवी, कुटुम्ब प्यारी देवी, तारावती देवी, नन्दो देवी, गंगादेवी और बच्ची देवी थीं। इनके नेतृत्व में एक विशाल और सुदृढ़ संगठन बनाया गया तथा निर्धन अवलाओं की शिक्षा तथा सहायता हेतु बरेली के मुहल्ला कूचा सीताराम में एक करघा भबन स्थापित किया।

इसी अवसर पर क्रांतिकारी नेता दामोदर स्वरूप सेठ कारागार से मुक्त होकर आये ही थे कि इस असहयोग आंदोलन में सक्रिय कार्यकर्ता के रूप में सम्मिलित हो गये। वीर दामोदर स्वरूप सेठ और साहू गोपीनाथ के राष्ट्रीय विचारों से प्रभावित होकर पं. दीनानाथ मिश्र ने भी आंदोलन में पदार्पण किया।

असहयोग आंदोलन को अधिक प्रभावी बनाने के उद्देश्य से बरेली नगर में 5 फरवरी सन् 1921 ई. को कांग्रेसी कार्यकर्ताओं का एक विशाल जुलूस निकाला गया जिसका नेतृत्व पं. त्रिवेनी सहाय मिश्रा ने किया। जुलूस समाप्त होने से पूर्व ब्रिटिश अधिकारियों के संकेत पर गिरफ्तारियाँ होनी प्रारंभ हो गयीं जिससे सर्वप्रथम पं. त्रिवेनी सहाय मिश्र की गिरफ्तारी के पश्चात् अन्य कार्यकर्ता भी गिरफ्तार कर लिए गये।

बरेली में 24 से 26 मार्च सन् 1921 ई. में खिलाफत आंदोलन को उचित दिशा देने हेतु एक सम्मेलन आयोजित किया गया जिसके आयोजन में जमीयत- उल उलेमा नामक संस्था ने विशेष भूमिका निभाई। सम्मेलन की अध्यक्षता कांग्रेस के राष्ट्रीय वरिष्ठ नेता मौलाना अबुल कलाम आजाद ने की। बरेली में खिलाफत आंदोलन का नेतृत्व तत्कालीन मुस्लिम नेता सर्वश्री मौलवी अब्दुल बदूद और मौलाना जहूर उद्दीन कर रहे थे। इस अवसर पर मौलाना मुहम्मद अली ने अपने संक्षिप्त तथा प्रभावशाली भाषण में कहा–

'मै बार-बार कहता था कि शरीयत के अनुसार ब्रिटिश सेना में भर्ती होना अवैध था। मैं कई बार सूचित कर चुका हूँ कि इस संबंध में जमात-उल-इस्लाम की ओर से एक इश्तहार (फतवा) भी जारी किया गया था कि दार-उल- कजा (न्याय का घर) के द्वारा

उलेमा वर्ग इन विरोधियों को दंड देगा। प्रस्ताव भी पारित किये जायें, जिससे इस प्रकार की न्यायालय स्थापित की जायें, तभी पूर्ण स्वराज की प्राप्ति हो सकती है, तभी इस्लामी शरीयत के अनुसार पूर्णतया ईमानदारी मानी जा सकती है। यह भी देखने में आया है कि सभा में उपस्थित कुछ मोलवी, हिंदुओं के साथ होने वाली संधि के विरुद्ध हैं।'

इस सभा के पश्चात बरेली में असहयोग आंदोलन प्रगति के पथ पर अग्रसर होता रहा। अपनी अन्यायपूर्ण नीति के फलस्वरूप ब्रिटिश सरकार आंदोलनकारियों को पकड़ कर कारागार में भेजने में कोई कसर नहीं छोड़ती थी। इस आंदोलन में सर्वश्री ऊधौनारायण, चिरंजीवलाल गुप्त, प्रभुलाल वकील, जियाराम सक्सेना, टिकैतराय वर्मा, दामोदर स्वरूप सेठ और पं. द्वारिका प्रसाद आदि को सर्वप्रथम गिरफ्तार किया गया। तत्पश्चात् सर्वश्री अब्दुल रहमान, अलीअहमद खाँ, कल्लन असगर, खलील अहमद अंसारी, ख्यालीराम, गयाराम, गुलाम नवी, गोपाल राम, चंद्रपाल सिंह, छिद्दाशाह, धर्मपाल, छोटे लाल घंटेवाले, जयराम दास, पुराय, ज्वाला सिंह, दीनदयाल, दीनानाथ गुप्त, दुल्लन दास, देवनाथ, धनजीत, नन्दलाल गुप्त, नन्हें, रघुनन्दन सिंह, बिहारी लाल, मजीद खाँ, मीरान शाह, रामरतन, मोतीसिंह वकील और रामनारायण पाठक आदि ने अपनी गिरफ्तारी देकर भारतीय स्वतंत्रता के इतिहास में बरेली का नाम उज्ज्वल किया।

सन् 1921 में महात्मा गाँधी का पुनः बरेली आगमन हुआ। इस बार भी गाँधी जी, पं. द्वारिका प्रसाद के निवास स्थल पर ठहरे। इस अवसर पर महात्मा गाँधी ने असहयोग और खिलाफत आंदोलन में महिला जगत के योगदान पर श्रीमती द्वारिका प्रसाद से विचार विमर्श किया तथा स्त्री आंदोलन की रूपरेखा से भी श्रीमती द्रोपदी देवी को अवगत कराया।

महात्मा गाँधी का बरेली के जुबली पार्क में आयोजित सभा में भव्य स्वागत किया गया। कई हजार के विराट जनसमूह को सम्बोधित करते हुए गाँधी जी के साथ आये शीर्षस्थ नेता मौलाना अबुल कलाम आजाद का ओजस्वी भाषण हुआ, जिसे सुनते ही बरेली के जनमानस में उत्साह और आवेश की लहर दौड़ गई। वास्तव में इसी उत्साहवर्धन हेतु मौलाना आजाद का भाषण कराया जाना अपेक्षित था। सभा की अध्यक्षता बरेली नगरपालिका के तत्कालीन अध्यक्ष मौलाना अब्दुल बहूद ने की थी! गाँधी जी ने भो अपने भाषण के द्वारा जनता के हृदय में राष्ट्रीयता के विचार फूंक दिए। भाषण के बीच अनेक बार गांधी जी की जय' और 'गाँधी जी जिन्दाबाद के नारों से आकाश गूंज उठा।

इस प्रकार महात्मा गाँधी के विचार जुबली पार्क की सभा के पश्चात् बरेली के जन-जन की भावनाओं में समा गये।

अंग्रेजी न्यायालयों के बहिष्कार को सफल बनाने तथा पारस्परिक विवादों को निःशुल्क निबटाने हेतु कुतुबखाने पर एक कौमी अदालत की स्थापना को गई। वास्तव में इस न्यायालय ने बरेली में सामाजिक क्रांति ला दी और यह देखने में आया कि यहाँ के लोग पारस्परिक निर्णय करके अपने-अपने घर चले जाते थे।

इसी वर्ष काँग्रेस का प्रचार करने हेतु पं. द्वारिका प्रसाद के बंगले पर जनपद के अनेक प्रमुख कांग्रेसी कार्यकर्त्ताओं के मध्य प्रस्ताव पारित किया गया। इस अवसर पर कार्यकर्त्ताओं को प्रशिक्षित करने के लिए पं. जवाहर लाल नेहरू भी आये थे। प्रशिक्षण कार्य के व्यय के लिए पं. द्वारिका प्रसाद जो के परिवार जनों ने सोने के कड़े भेंट किए। इस प्रशिक्षण के पश्चात नन्दलाल गुप्ता का कार्य अत्यन्त सराहनीय रहा। कांग्रेस के स्वयंसेवकों के साथ गुप्त जो कांग्रेस के तिरंगा ध्वज को लेकर ग्रामीण क्षेत्रों में जाकर कांग्रेस का प्रचार करते तथा गाँधी जो के संदेश से अवगत कराते थे। ठा. पृथ्वीराज सिंह के नेतृत्व में उनका गाँव बुधौली तत्कालीन कांग्रेस का एक प्रमुख गढ़ था।

असहयोग आंदोलन से सम्बन्धित निर्णयों के आधार पर बरेली में बहिष्कारों का क्रम निरंतर चलता रहा। बरेली में खिलाफत आंदोलन के अहमद हुसेन ने गांधी जी से पत्र द्वारा चार प्रश्नों के उत्तर जानने की इच्छा प्रकट की थी। इन प्रश्नों में असहयोग आंदोलन क्यों किया जा रहा है। सफल क्यों नहीं हो रहा है? और स्वराज्य का वास्तविक अर्थ क्या है, प्रश्नों से संबंधित उत्तर पूछे थे। वास्तव में अहमद हुसैन राष्ट्रीय विचार धारा बाले मुस्लिम नहीं थे, इसीलिए उन्हें गाँधी जी की असहयोगात्मक नीति और अहिंसाबादी सिद्धान्त तथा हिंदुओं से मिलकर रहने वाले नारों में कोई रूचि नहीं थी।

महात्मा गाँधी ने बरेली के अहमद हुसेन के प्रश्नों के उत्तर में निम्न बातें कहीं, जिसे यंग इण्डिया नामक समाचार पत्र ने 4 मई सन् 1921 ई. को प्रकाशित किया।

पहले सवाल का जवाब मैं अन्य स्थान पर दूंगा। दूसरे सवाल के बारे में मेरा ख्याल है कि ईश्वर का भय मानने वाले लोग ही असहयोगी बन सकते हैं; लेकिन असहयोग का कार्यक्रम अपनाने के लिए किसी को अपने धर्म या विश्वास का उल्लेख करना आवश्यक नहीं है। जिसे अहिंसा पर विश्वास हो और जो असहयोग के कार्य को मंजूर करे, ऐसा हर आदमी असहयोगी बन सकता है। तीसरे सवाल के बारे में मैं समझता हूँ कि पत्र लेखक (अहमद हुसैन) ने परिस्थिति की वास्तविकता को समझने में भूल की है। देश में पूर्ण असहयोग शुरू नहीं हुआ, इसका कार्य विश्वास या इच्छा की कमी न होकर योग्यता अथवा तैयारी का न होना है। इसीलिए तो अभी तक सरकारी कर्मचारियों से नौकरी छोड़ने की बात नहीं कही गई है। सरकारी कर्मचारी अब भी चाहें, नौकरी छोड़ने के लिए स्वतंत्र हैं, लेकिन उनसे सरकारी नौकरी छोड़ने की बात तभी कही जा सकती है जब हिंसा के न भड़क सकने की पूर्ण समुचित व्यवस्था कर ली गई हो। अतएव जब तक देश में नौकरी त्यागने वाले प्रत्येक देशवासी को कोई दूसरा कार्य मुहैय्या कर देने की स्थिति नहीं हो जाती, तब तक नौकरी छोड़ने की बात नहीं कही जा सकती। अब तक हमारा ऐसा न करना किसी मसलहत के अंतर्गत न माना जाये, जैसा कि आमतौर पर माना जा रहा है। शुद्धतम् धर्मशीलता से बढ़कर कोई मसलहत हो ही नहीं सकती। ऐसी बहुत सी बातें हैं जो विधि सम्मत तो हैं किंतु उपयुक्त बिल्कुल नहीं होतीं। असहयोग का आदर्श ही हमारी विधि है।

चौथा प्रश्न स्वराज्य से संबंधित है। स्वराज्य की मेरी सीधी-सादी व्याख्या यह है कि भारत अपना काम काज बिना किसी बाहरी दखल के कर सके। उसे अपनी सेना संबंधी व्यय और राजस्व प्राप्ति का उपाय अपने तरीके से प्रयोग करने की स्वतंत्रता होनी चाहिए। उसमें अपने सारे सैनिकों को, वे कहीं भी क्यों न हों, वापस बुलाने की क्षमता होनी चाहिए। यह काम कैसे होगा और कैसे किया जा सकता है? यह सब देश पर और देश की जनता पर निर्भर है। जनता द्वारा स्वतंत्रतापूर्वक चुने हुए भारत के प्रतिनिधियों को ही अपने अमल का तरीका तय करना चाहिए। अगर एक वर्ष के अंदर स्वराज्य कायम नहीं किया जा सका, अगर मेरा बस चला, तो स्कूल छोड़ने वाला एक भी छात्र लौटकर स्कूल नहीं जायेगा और न ही वकालत छोड़ने वाला कोई भी वकील फिर से अदालत में लौटेगा।

5 मई सन् 1921 ई. को बरेली के टाउन हाल पर कांग्रेस की रैली करने की योजना बनाई गई जिसमें लगभग 2000 कांग्रेसी कार्यकर्त्ताओं ने भाग लिया। पुलिस सूचना मिलते ही आ धमकी और रैली की नियोजित व्यवस्था में अवरोध उत्पन्न करने लगी। पुलिसजनों और रैली आयोजकों के मध्य तनाव उत्पन्न होना स्वाभाविक था। तनाव की स्थिति में पुलिस ने 5 व्यक्तियों को तत्काल मौत के घाट उतार दिया। ब्रिटिश अधिकारियों के संकेत पर पुलिस के सिपाहियों की बन्दूकों और लाठी प्रहार से लगभग 123 कार्यकर्त्ता बुरी तरह घायल हो गये। इस घटना से बरेली के कांग्रेसी कार्यकर्ता अंग्रेजी सरकार के विरुद्ध गोपनीय सभाओं के आयोजन करने लगे।

21 से 23 मई सन् 1921 ई. को ठा. पूर्ण सिंह तथा नन्हें सिंह औंध, लाला गंगाराम व मोहन लाल यदुवंशी अग्रास, ठा. मेहरबान सिंह व रामचंद्र सिंह शाही, ठा. पहलवान सिंह कुलछा तथा क्षेत्र के अनेक कांग्रेसी कार्यकर्त्ताओं के सहयोग से ग्राम औंध में एक विराट जिला काँग्रेस सम्मेलन आयोजित किया गया जिसमें पं. जवाहर लाल नेहरू, कपिलदेव मालवीय, पं. गौरीशंकर गोरखपुरी आदि अनेक शीर्ष नेता भी उपस्थित थे। स्थानीय प्रबंधक प्रताप नारायण वर्मा थे। इस सम्मेलन की सफलता का श्रेय जियाराम सक्सेना तथा पं. द्वारिका प्रसाद को था। इसी सम्मेलन में कुवंर ढाकन लाल ने रायबहादुरी तथा मुहम्मद रजा खाँ ने खान बहादुर आदि उपाधियों को त्यागने की भी घोषणा की। इस सम्मेलन का सभापतित्व देश के प्रमुख कांग्रेसी नेता बाबू पुरुषोत्तम दास टंडन ने संभाला।

सन् 1921 ई. के अंतिम मासों में प्रांतीय कांग्रेस कमेटी के आव्हान पर असहयोग आंदोलन को अधिक प्रभावी बनाने हेतु बरेली में स्वतंत्र रूप से काँग्रेस स्वयं सेवक दल का गठन किया गया जिसमें प्रत्येक स्वयं सेवक को पीली बर्दी पहनना अनिवार्य था और यह शपथ लेनी भी अनिवार्य थी कि वे प्रत्येक गाँव तथा शहर के प्रत्येक मुहल्ले में कांग्रेस के कार्यक्रमों का प्रचार करेंगे। इस दल के प्रथम संगठनकर्त्ता बरेली नगर निवासी श्री प्रताप नारायण वर्मा थे। यह स्वयं सेवक दल प्रातःकाल ही नगर के मुहल्लों

में जाकर उत्साहबधंक राष्ट्रीय गीत गाता था। इस दल में हिंदुओं और मुसलमानों की संख्या लगभग समान थी। शहर काँग्रेस स्वयं सेवक दल के नेता पं. त्रिवेनी सहाय मिश्रा थे और उप नेता डॉ. हरदेव सिंह थे। इस दल की परेड प्रत्येक रविवार को बरेली के मुहल्ला किला के क्षेत्र में स्थित चौधरी तालाब पर होती थी। परेड का अंतिम रूप जुलूस होता था जो किला सड़क से होता हुआ कार्यालय में जाकर समाप्त होता था।

14 दिसंबर सन् 1921 ई. को बरेली निवासी जियाराम सक्सेना, तत्कालीन मंत्री, संयुक्त प्रांत काँग्रेस कमेटी ने महात्मा गाँधी को क्षेत्र में चल रहे असहयोग आंदोलन की प्रगति के संबंध में पत्र द्वारा अवगत कराया। पत्र में आपने लिखा–

'संयुक्त प्रांत की काँग्रेस कमेटी के स्थानीय पदाधिकारियों में से मैं ही एक अभागा अभी तक जेल से बाहर हूँ, इसीलिए अभी हाल में जो कुछ हुआ है, वह बताना मेरा कार्य है आधी रात के लगभग प्रांतीय कांग्रेस के कार्यालय की तलाशी ली गई और प्रांतीय काँग्रेस कमेटी काँग्रेस समिति तथा उपसमितियों के रजिस्टर आदि सामान पुलिस अधीक्षक, जिन्होंने तलाशी ली, ले गये। इसके अतिरिक्त गिरफ्तार हुए सज्जनों के घरों और खिलाफत समिति के कार्यालय की भी तलाशी ली गई।'

हमने अब इलाहाबाद में भी सुनियोजित तथा संयत विधि से सविनय अवज्ञा आंदोलन प्रारंभ कर दिया है। कांग्रेस स्वयं सेवक बड़ी तेजी से भर्ती हो रहे हैं। कल 12 स्वयं सेवकों की टोली ने अपनी बाहों पर राष्ट्रीय बिल्ले लगाकर देश भक्ति पूर्ण गीत गाते हुये नगर में चक्कर लगाया परंतु किसी को भी गिरफ्तार नहीं किया गया। आज पुनः वही टोली अन्य 12 स्वयं सेवकों सहित नगर के विभिन्न भागों में घूमती रही, आज भी कोई गिरफ्तारी नहीं हुई।

श्री जियाराम सक्सेना के पत्र को पाकर महात्मा गाँधी को वास्तविक स्थिति का ज्ञान हुआ श्री सक्सेना का पत्र प्राप्त होते ही 16 दिसंबर सन् 1921 ई. को महात्मा गाँधी ने प्रांतीय कांग्रेस कमेटी के तत्कालीन मंत्री श्री जियाराम सक्सेना को निम्न प्रकार तार द्वारा सूचित किया–

'श्री जियाराम सक्सेना, मंत्री संयुक्त प्रांतीय काँग्रेस कमेटी। कार्य समिति की बैठक तेईस को।' गाँधी।

23 दिसंबर सन् 1921 ई. को गाँधी जी के पूर्व निश्चित कार्यक्रम के अनुसार प्रांतीय कांग्रेस समिति की एक सभा हुई जिसमें बरेली जनपद से प्रांतीय सदस्य के रूप में पं. द्वारिका प्रसाद और ठा. पृथ्वीराज सिंह सम्मिलित हुये। इस सभा में अंग्रेजी के प्रत्येक कार्य में असहयोग करना, खिलाफत करना तथा बहिष्कार संबंधी कार्यक्रम सम्मिलित थे। इसी अवसर पर जियाराम सक्सेना प्रांतीय काँग्रेस समिति के कार्यालय में गिरफ्तार कर लिये गये, क्योंकि वे अहमदाबाद काँग्रेस में सम्मिलित होने हेतु तैयारी कर रहे थे। इस निर्दोष स्वयं सेवक को दंड देते हुये अंग्रेज मजिस्ट्रेट ने पश्चाताप भी किया, जिसकी सूचना प्राप्त होते ही ब्रिटिश सरकार ने उसे वापस इंग्लैंड बुला लिया।

सन् 1921 ई. के क्रांतिकारी वर्ष में ठा. मोतीसिंह ने वकालत का बहिष्कार करके तिलक विद्यालय की प्रधानाध्यापकी की थी। सराय खाम के प्रसिद्ध विद्वान मौलाना मुहम्मद यासीन देवबन्दी के संकेत पर मौलाना अब्दुल बदूद भी काँग्रेस में सक्रिय रूप से सहयोग प्रदान करने लगे। पं. बाबूराम वैद्य भी तिलक विद्यालय के प्रधानाध्यापक रहे।

असहयोग आंदोलन जैसे विषम परिस्थितियों वाले काल में बरेली के तत्कालीन प्रसिद्ध उर्दू शायर नन्द लाल गुप्ता ने अपनी कृतियों से बरेली में राजनीतिक भूचाल उत्पन्न कर दिया। सर्वश्री उधोनारायण और ठा. लाखन सिंह महात्मा गाँधी की अजेय राष्ट्रीय सेना के योग्य सेनानी थे। इसी अवसर पर कांग्रेस के क्रियाशील सिपाही तथा ग्राम अग्रास निवासी श्री मोहन लाल यदुवंशी ने बरेली में काँग्रेस का विधिबत् निर्देशन करके योग्यता का परिचय दिया।

महात्मा गाँधी के अहिंसावादी अस्त्रों से सुशोभित अनेक सिपाहियों में बरेली नगर के राजनारायण बाजपेयी, मुहम्मद कुरेशी टेलर मास्टर, ओंध के ठा. पूर्णसिंह और नन्हें सिंह, रामसहाय, लालता प्रसाद और बद्री प्रसाद निवासी बल्लिया, नवाबगंज के बांकेलाल और दीनानाथ, जोगीनवादा के छोटेलाल, शिवपुरी के भगवान सिंह, ठा. निरंजन सिंह, रामस्वरूप सिंह और डूंगर सिंह एवं नगर के विशननरायन, पं. राधेश्याम पाठक और गोपेश्वर बाबू मेहरा आदि ने असहयोग आंदोलन में प्रमुख भूमिका निभाई।

विभिन्न सभाओं, रैलियों तथा सम्मेलनों के पश्चात् जनपद में राष्ट्रीय चेतना द्रुत गति से जाग्रत हो रही थी। सन् 1922 ई. के प्रारंभ से बरेली में हजारों स्वयं सेवक असहयोग आंदोलन के लिए तैयार रहने की घोषणायें करने लगें।

कांग्रेस के असहयोग आंदोलन को सुचारू रूप से जागृत करने के लिए जनवरी 1922 ई. में बरेली में स्वराज्य अंजुमन नामक संस्था का गठन हुआ जिसके प्रमुख कार्यकर्ता दामोदर स्वरूप सेठ, प्रताप नारायण वर्मा और बावू टिकैत राय वर्मा थे। 23 दिसंबर सन् 1921 ई. को इलाहाबाद में कांग्रेस के प्रमुख नेताओं की गिरफ्तारी के पश्चात् शेष कांग्रेसी नेताओं में और अधिक उत्साहवर्धन हुआ। नगर में प्रतिदिन की कांग्रेसी उथल-पुथल से स्थानीय कर्मचारी तिलमिला उठे और ब्रिटिश शासन के स्थान पर कांग्रेसी शासन सदृश्य दिखाई देने लगा। जिले के अधिकांश सरकारी कर्मचारी इस अवसर की ताक में थे कि किसी अप्रिय घटना होते ही काँग्रेस के शेष नेताओं को आंदोलन करने या उसे प्रेरित करने या नई दिशा देने के अभियोग में गिरफ्तार करके आंदोलन को धूल धूसरित कर दें।

5 फरवरी सन् 1922 ई. को बरेली में कुतुबखाना पर स्वयं सेवकों एवं काँग्रेस जनों की एक विशाल रैली इस आशय से आयोजित करने की रूपरेखा तैयार की गयी कि ब्रिटिश सरकार को यह दिखा दिया जाये कि बरेली में हिंदू मुस्लिम किस प्रकार संयुक्त रूप से ब्रिटिश शासन के विरुद्ध असहयोग कर सकते हैं।

प्रदेश काँग्रेस कमेटी के तत्कालीन मंत्री श्री जियाराम सक्सेना तथा बरेली काँग्रेस

के तत्कालीन मंत्री दामोदर स्वरूप सेठ के संयुक्त प्रयास से एक योजना निश्चित की गई कि ग्राम बुधौली और फरीदपुर क्षेत्रों के सभी स्वयं सेवक 5 फरवरी सन् 1922 ई. को होने वाली रैली में सम्मिलित हों।

अबसर पाकर ब्रिटिश सरकार को उनके चाटुकारों ने सूचित किया कि बरेली के दामोदर स्वरूप सेठ फरीदपुर और बुधौली से डकैतों को नगर लुटवाने के लिए बुला रहे हैं। ब्रिटिश शासन ने भयभीत होकर योजना को असफल करने के उद्देश्य से संपूर्ण नगर में 4 फरवरी 1922 ई. से धारा 144 लगा दी जिससे कुछ स्वयं सेवक भयभीत होकर विचलित होने लगे। भयभीत होने वालों में जहूर उद्दीन और वंशीधर पाठक के नाम प्रमुख रूप से लिये जा सकते हैं। अंततः इस निर्णय हेतु मतदान किया गया कि धारा 144 तोड़ी जाये या नहीं। इसमें धारा तोड़ने वाले मत आशा से कहीं अधिक थे। सुनियोजित पूर्व कार्यक्रम के अनुसार रैली आयोजित की गई। ब्रिटिश अधिकारियों ने स्वंय सेवकों को आतंकित करने के उद्देश्य से नगर में प्रमुख बल का प्रबंध कर दिया, परंतु ये सब उपाय रैली में किसी प्रकार का कोई व्यवधान उत्पन्न न कर सके।

ग्रामीण क्षेत्रों से आने वाले स्वयं सेवकों के भोजन का प्रबंध कूचा सीता राम स्थित गली हकीम रामजीमल में करने की योजना बनाई गयी। फरीदपुर के लगभग 122 स्वयं सेवकों ने भाग लिया। इनके स्वागतार्थं मोतीपार्क में एक सभा आयोजित की गई। सभा में निर्णय लिया गया कि फरीदपुर से आने वाले स्वयं सेवकों के स्वागत के लिये बरेली कालेज, बरेली के पूर्वी द्वार से होकर जाया जाये। इसी अवसर पर पं. द्वारिका प्रसाद के बंगले पर भी एक सभा की गई जिसकी अध्यक्षता बरेली काँग्रेस के तत्कालीन अध्यक्ष ठा. मोतीसिंह ने की। सभा में विभिन्न सदस्यों द्वारा प्रस्तुत ध्यानाकर्षण प्रस्तावों के अतिरिक्त जनपदीय काँग्रेस के उपमंत्री श्री चिरंजीव लाल गुप्त, जो एक सक्रिय राष्ट्रीय विचारधारा वाले नेता थे, ने अविलम्ब धारा 144 तोड़ने का प्रस्ताव भी प्रस्तुत किया जिसे हर्ष ध्वनि से पारित कर दिया गया।

निर्णयानुसार बंगले से काँग्रेस का जुलूस चलना प्रारंभ हुआ। इसी जुलूस में मोतीपार्क में एकत्र स्वयं सेवक भी सम्मिलित हो गए। प्रत्येक स्वयं सेवक केसरिया वस्त्र पहने और कंधे पर थैला डाले हुए था। जैसे ही जुलूस मुहल्ला श्यामगंज में स्थित ईसाइयों की पुलिया (आज के आजाद इण्टर कालेज) के समीप पहुँचा, कि पुलिस ने इसका प्रबल विरोध करना प्रारंभ कर दिया। पुलिस का विरोध करते स्वयं सेवक निरंतर आगे बढ़ते ही जा रहे थे। अंततः सर्वप्रथम दामोदर स्वरूप सेठ और टिकैतराय वर्मा को पुलिस ने सर्वप्रथम गिरफ्तार कर लिया, लेकिन इन वीरों की चिन्ता किये बिना जुलूस आगे बढ़ता ही गया। पुलिस के बल प्रयोग के विरुद्ध रैली बरेली कालेज, बरेली के पूर्वी द्वार पर पहुँच भी न पाई थी कि समाचार मिला कि फरीदपुर से आने वाले स्वयं सेवकों को पुलिस ने नकटिया नदी पर घेर रखा है और आगे नहीं बढ़ने दे रहे हैं। इस समाचार से रैली में दुगना उत्साह भर गया और रैली कालेज से आगे निकल गई। रैली को रोकने वाले

(पुलिस जनों) में से भी कुछ सिपाही राष्ट्रीय विचारक होने के कारण रैली के समर्थक थे, इसीलिए वे केवल विरोध का दिखावा कर रहे थे। इसे देखते ही रैली के स्वयं सेवकों के मनोबल में वृद्धि हो गयी। जुलूस शनैःशनैः आगे बढ़ ही रहा था कि सरकारी गुप्तचरों द्वारा पुलिस की कर्तव्य परायणता में संदेह की सूचना से अविलम्ब जिलाधिकारियों को सूचित किया जिसकी प्रतिक्रिया स्वरूप विश्वसनीय पुलिस बल भेजा गया तथा कठोर कार्यवाही करने का आदेश दे दिया।

तत्कालीन जिलाधिकारी मि. ईस्टव के कठोर आदेश से पैदल पुलिस ने रैली को रोकने में सफलता प्राप्त कर ली। रैली के अधिकांश व्यक्तियों द्वारा विरोध करने पर भी उन्हें स्वयं रूकना पड़ा, पुलिस ने अपमान समझ लाठी प्रहार किये, जिसमें कई व्यक्ति गंभीर रूप से घायल हो गए। दो व्यक्तियों (नाम अज्ञात) को मौत के घाट उतार दिया, श्री प्रताप नारायण वर्मा गंभीर रूप से घायल होने वालों में से एक थे।

मौलाना अब्दुल वदूद अपने घर से रैली में सम्मिलित होने जा रहे थे कि उन्हें रास्ते में समाचार प्राप्त हुआ कि दामोदर स्वरूप सेठ और टिकैतराय वर्मा को ब्रिटिश अधिकारियों के संकेत पर गिरफ्तार कर लिया गया है तथा रैली पर लाठी प्रहार किया गया है जिससे क्षुब्ध होकर उन्होंने स्वयं को भी गिरफ्तार करा दिया।

घायलावस्था में ही प्रताप नारायण वर्मा कुतुबखाना स्थित काँग्रेस के कार्यालय गये जहाँ पं. विशन नारायन को कार्यालय की सुरक्षा करने हेतु नियुक्त करके यह आदेश दिया कि वे किसी भी स्वयं सेवक को कुतुबखाना स्थित काँग्रेस कार्यालय पर एकत्र न होने दें, क्योंकि तत्कालीन काँग्रेस कार्यालय पर पुलिस के आने की संभावना थी।

भोजन के निश्चित कार्यक्रम को परिवर्तित करके सभी स्वयं सेवकों को मुहल्ला कौआ टोला में स्थित श्रीराम मन्दिर में पहुँचने का आदेश दिया गया। स्वयं सेवकों को आतंकित करके पुलिस कुतुबखाना स्थित काँग्रेस के कार्यालय पर पहुँच गयी क्योंकि उन्हें अनुमान था कि वहाँ अनेक स्वयंसेवक उपस्थित होंगे। पुलिस को सहयोग देने के अभिप्राय से सेना की एक छोटी टुकड़ी भी पुलिस दल में आकर सम्मिलित हो गई। घोड़े पर आसीन जंट साहब (ज्वाइंट मजिस्ट्रेट) सैनिक टुकड़ी का नेतृत्व कर रहे थे जैसे ही जंट साहब काँग्रेस कार्यालय के द्वार पर पहुँचे कि कार्यालय पर नियुक्त निर्भीक प्रहरी पं. विशन नारायण ने जंट साहब के घोड़े की लगाम पकड़कर अपने कर्तव्य का निर्भीकता से पालन किया।

अंग्रेज अधिकारी जंट साहब का विरोध करने के अभियोग में बरेली के कांग्रेसी नेता विशन नारायन को धक्का देकर हटा दिया तथा गिरफ्तार कर लिया। फिर क्या था? देखते ही देखते सेना का प्रत्येक सैनिक (एक के पश्चात एक) कांग्रेस कार्यालय में प्रविष्ट हो गया जिन्होंने कांग्रेस की सारी सम्पति (चर्खा, कागजात आदि) जलाकर भस्म कर दिये। यद्यपि आवश्यक रजिस्टर और कांग्रेस कार्यालय की प्रमुख वस्तुएं 4 फरवरी 1922 ई0 को ही अन्य स्थान पर स्थानान्तरित की जा चुकी थीं तथापि ज्यों ही ऊंची

बल्ली पर फहराते राष्ट्रीय ध्वज को उतारकर जलाया गया तब तक हजारों की संख्या में एकत्र भीड़ इस अपमान से उत्तेजित हो गयी। इस अपमानजनक कार्य के पश्चात् भीड़ की ओर से ईट तथा सेना और पुलिस की ओर से गोली चलनी प्रारंभ हो गईं। अनुमान है कि तत्कालीन भीड़ पर गुप्तचर विभाग के ही किसी व्यक्ति ने एक इंट फेंकी थी। दूसरे अनुमान के अनुसार वह ईंट किसी भिखारिन ने फेंकी थी। जो जंट साहब के लग गई जिससे रुष्ट होकर उन्होने गोली चलाने का आदेश दिया। ऊँचाई पर स्थित काँग्रेस कार्यालय पर पहुँच कर सैनिकों द्वारा निहत्थी जनता पर गोलियाँ चलाई जा रही थीं, जिसका विरोध आम जनता ईट फेंक कर प्रकट कर रही थी। इस प्रकार एक भयंकर दृश्य उत्पन्न हो गया था। तत्कालीन गोलीकाण्ड में 7 व्यक्ति हताहत हुए और अनेक व्यक्ति गंभीर रूप से घायल हुए। ब्रिटिश सरकार द्वारा घायल व्यक्तियों के उपचार की कोई समुचित व्यवस्था नहीं की गई। अंततः बरेली के तत्कालीन प्रमुख चिकित्सक डॉ. बिहारी लाल गुप्त के निर्देशन में अनेक व्यक्तिगत चिकित्सकों तथा कंपाउन्डरों की सहायता से घायलों का उपचार किया गया।

तत्कालीन गोलीकाण्ड में आम जनता को विशेष रूप से विषम परिस्थितियों का सामना करना पड़ा और उन्हीं में से 7 व्यक्ति हताहत हुए और घायल हुए क्योंकि काँग्रेस के कार्यालय पर निश्चित पूर्व योजनानुसार पं. विशन नारायन के अतिरिक्त कोई स्वयं सेवक उपस्थित नहीं था। प्रत्यक्षदर्शियों के अनुसार जब पुलिस के सिपाही बन्दूकें छोड़ रहे थे तो उनका धमाका सुनकर दूर-दूर से नगर की जनता कार्यालय की ओर को भागती देखी गयी। इस गोली काण्ड की सूचना प्राप्त होते ही मुंशीं ऊधौनारायण गोली चलाने के समय उत्तेजित जनता को समझाने व तितर-बितर करने हेतु कार्यालय के पास खड़े रहे, क्योंकि यह सिद्धांत महात्मा गाँधी की अहिंसावादी नीति का ही एक रूप था। जनता को शांत करने तथा गोलीकाण्ड के स्थल से उन्हें हटाने को भी अपराध मान मुंशी ऊधौनारायण को तत्काल गिरफ्तार कर लिया गया।

5 फरवरी 1922 ई. की सायं से संपूर्ण नगर में अशांति का वातावरण तैयार हो गया द्य जिला काँग्रेस के प्रमुख नेताओं एवं स्वयं सेवकों को ब्रिटिश अधिकारियों के आदेश पर गिरफ्तार करने का सिलसिला प्रारंभ हो गया। प्रथम दिन गिरफ्तार किये जाने वालों में पं. द्वारिका प्रसाद और ठा. लाखनसिंह आदि शीर्षस्थ नेता भी थे।

5 फरवरी 1922 ई. को सायंकाल तक सर्वश्री जहूरउद्दीन, अब्दुल वदूद, वंशीधर पाठक, मुहम्मद यासीन, मंजूर अली, ठा. मोती सिंह, नन्दलाल गुप्ता कैफी, चौ. इश्ताक अहमद, पं. दीनानाथ मिश्र, ठा. लाखनसिंह चौबारी, मोहन लाल यदुवंशी, रामस्वरूप सिंह, पं. रामस्वरूप पाराशरी, ठा. भगवान सिंह, नत्थूसिंह के अतिरिक्त और अनेक कांग्रेसी कार्यकर्ताओं एवं स्वयं सेवकों को गिरफ्तार करके जेल भेज दिया गया। इन सभी को छः महीने की कैद की सजा के आदेश दिए गये।

बरेली नगर में सैनिक शासन की घोषणा कर दी गई। फरवरी के प्रथम और

द्वितीय सप्ताह में कांग्रेस के कार्यकर्ताओं की गिरफ्तारी का क्रम चलता रहा। इसी अवसर पर असहयोग आंदोलन में गिरफ्तार हुये श्री बाबू राम सक्सेना,बाबूराम भटनागर और मथुराप्रसाद गुप्त लखनऊ कारागार से मुक्त होकर बरेली आये तो उन्होंने पाया कि नगर में धारा 144 लगी थी। वे सीधे असहयोग में गिरफ्तार आंदोलनकारियों के स्वागत प्रदर्शन में बरेली सिटी स्टेशन तक पहुँच ही पाये थे कि तीनों नेताओं को पुलिस ने पुनः गिरफ्तार कर लिया, जिसमें उन्हें एक-एक माह का कठोर कारावास भोगना पड़ा।

6 फरवरी सन् 1922 के पश्चात् खिलाफत आंदोलन करने तथा असहयोग की नीति अपनाने के अभियोग में सर्वश्री मौलाना खलील उल्लाह खाँ, जमील उल्लाह खाँ, प्रयाग दास, उदय नारायण, पूर्ण सिंह बद्री प्रसाद, बांके लाल, बाबू सिंह हकीम, विकलराम, भगवान सिंह, मूलसिंह, मुकुन्दी राम, रघुवर दयाल, राजेन्द्र नारायण, अनूपराय, राम बहादुर सिंह, राम भजन, राम स्वरूप, लालता प्रसाद, श्यामबिहारी सिंह, हरदेव सिंह और हुसैन बख्श आदि को गिरफ्तार करके तीन से छः मास की कठोर सजायें दी गईं।

अधिकांश व्यक्तियों को 6 मास के कठोर दंड भुगतने पड़े जबकि पं. विशन नारायण को दो वर्ष का कारावास दिया गया।

बरेली में फैले ब्रिटिश आतंक और सैनिक शासन स्थापित होने की सूचना ज्यों ही प्रदेशीय काँग्रेस कार्यालय में पहुँची, त्यों ही तत्कालीन प्रदेशीय मंत्री श्री विशम्भर दयाल बरेली आ गये। यहाँ आकर स्थिति का अवलोकन करने हेतु वे जनपद के विभिन्न काँग्रेस अधिकारियों तथा काँग्रेस के बन्दी कार्यकर्ताओं और जनता से मिले। उनका अनुमान था कि नगर में धारा 144 लगी होने से इस आशय की कोई सभा होना अस्वाभाविक और असंभव है। परंतु अपने आगमन के उद्देश्य को सार्थक करने, नगर में शांति का वातावरण स्थापित करने और नागरिकों के अंदर से ब्रिटिश शासन का भय समाप्त करने के उद्देश्य से रामगंगा नदी के किनारे एक सार्वजनिक सभा का आयोजन किया गया जिसमें हजारों की संख्या में लोग एकत्र हुए। नगर से इतनी दूर उस विशाल भीड़ को देखकर यह अनुमान लगाना आवश्यक हो जाता है कि बरेली का जनमानस कांग्रेस के प्रति किस सीमा तक श्रद्धा रखता था। सभा में शांति स्थापित करने का आव्हान किया गया जिससे जनता के उत्साह में गुणोत्तर वृद्धि हुई। काँग्रेस के तत्कालीन प्रांतीय मंत्री श्री विशम्भर दयाल के प्रयत्नों से शांति स्थापित हो सकी

अब तक बरेली में कांग्रेस रैलियों, सभाओं और सम्मेलनों के आयोजन होने तक ही असहयोग आंदोलन सीमित था तथा खिलाफत आंदोलन में कार्यकर्ताओं ने अपनी गिरफ्तारियाँ दी थीं, लेकिन अब बरेली के कतिपय व्यक्तियों में यह विचार भी पनपने लगे थे कि यदि सरकारी अधिकारियों तथा पुलिस कर्मियों को गोली से मार दिया जाये तो भी कोई हानि नहीं है। अर्थात कुछ लोग हिंसा को आवश्यक समझने लगे।

बरेली में कई पुलिस कांस्टेबिलों को गोली से उड़ा दिया गया। इस अभियोग में संदेहवश तीन व्यक्तियों को गिरफ्तार किया गया। टीकम सिंह, श्यामवीर सिंह और

शत्रु सदन सहाय नामक तीनों क्रांतिकारी कार्यकर्त्ताओं पर धारा 307 लगाई गई। इन पर अभियोग लगाये गये कि इन तीनों व्यक्तियों ने प्रांतीय सरकार को आतंकित करके पुलिस कांस्टेबिलों पर आक्रमण किए।

वास्तव में 22 जून 1922 ई. को श्यामवीर सिंह ने पुलिस कांस्टेबिल नारायण सिंह की गोली मारकर हत्या की थी। इसी प्रकार 26 जून 1922 ई. को टीकम सिंह ने पुलिस कांस्टेबिल मुहम्मद अली को पिस्तौल का निशाना बनाया। ये दोनों सिपाही घायल अवस्था में छोड़ दिये गये जिनका कुछ समय के पश्चात ही प्राणान्त हो गया। 25 जून को एक अंग्रेज पुलिस अधीक्षक के पुत्र पर भी आक्रमण किया गया लेकिन संयोग से वह बच गया। अगले दिन 27 जून 1922 को शत्रुसदन सहाय ने एक कांस्टेबिल को गोली मारी जिससे वह घटना स्थल पर ही ढेर हो गया। बाद में तीनों अभियुक्तों की ओर से मुक्ति हेतु प्रार्थना की गईं लेकिन उन्हें अस्वीकृत कर दिया गया। श्यामवीर सिंह को मुक्त कराने के लिए केंद्रीय विधानसभा के तत्कालीन सदस्य श्री मुहम्मद अली जिन्ना ने भी लिखित प्रार्थना की लेकिन इसे भी अस्वीकृत करके तीनों अभियुक्तों को मृत्यु दंड घोषित किया गया।

बरेली में असहयोग और खिलाफत आंदोलन से ब्रिटिश सरकार भयभीत हो रही थी जिससे इन आंदोलनों को दबाने हेतु कई प्रभावशाली व्यक्तियों को सरकार ने पुरस्कार का प्रलोभन दिया। पूर्व समय से ही सरकार के चाटुकारों ने शासन में अपना अधिकार जमा रखा था। इन चाटुकारों की सहायता से जनपद में सरकार ने अमन सभायें स्थापित की जिनका मुख्य उद्देश्य काँग्रेस के प्रभाव को क्षीण करना था लेकिन कांग्रेस पर इनका कोई विशेष प्रभाव नहीं पड़ा। ये अमन सभा के व्यक्ति गाँव-गाँव जाकर असहयोग आंदोलन के विरुद्ध भाषण देते थे। ये अमन सभायें जिला मुख्यालय के अतिरिक्त तहसील स्तर पर भी स्थापित की गई। अमन सभाई व्यक्तियों के प्रभाव को इस तथ्य से जाना जा सकता है कि जब ये ब्रिटिश शासन के समर्थक किसी गाँव में पहुँचते थे तो राष्ट्रीय विचारधारा वाले अधिकांश व्यक्ति टोड़ी बच्चा हाय-हाय के नारे लगाकर आत्म ग्लानि भर देते थे तथा अपमानित करते थे। इनके प्रभाव को निष्क्रिय बनाने के लिए बरेली के कांग्रेसी नेता श्री जियाराम सक्सेना व पं. द्वारिका प्रसाद उनके जुलूसों और सभाओं में उपस्थित होकर हस्तक्षेप करते थे तथा वे निर्भीकता से काँग्रेस का धुंआधार प्रचार करते थे। सन् 1923 ई. में बरेली में अमन सभाओं के स्थानीय कार्यकर्ताओं में रायबहादुर लाला शिव प्रसाद, खानबहादुर असगर अली खाँ, रहीमदाद खाँ, बलदेव प्रसाद और पं. राम लोचन शास्त्री (भूतपूर्व अध्यापक ईस्ट इंगलिश मेमोरियल हाई स्कूल, बरेली) आदि के नाम प्रमुख थे।

अंग्रेज जानते थे कि भारतीय जनता धर्म में विश्वास रखती है जिससे धार्मिक व्यक्तियों और मौलवियों को भी साम्प्रदायिकता तथा द्वेष फैलाने के उद्देश्य से सहयोगी बनाया गया। मोहल्ला सौदागरान के मौलाना अहमद रजा खाँ ब्रिटिश सरकार के परम भक्त थे, इसी से उन्होंने काँग्रेस समर्थित असहयोग आंदोलन और खिलाफत आंदोलन के

कार्यक्रमों के विरुद्ध मुस्लिम धर्म सम्बन्धित आदेश (फतवा) प्रकाशित किये। मुसलमानों को भड़काने के कार्य प्रारंभ करके परस्पर लड़ाने का प्रयत्न किया लेकिन उसमें वे सफल नहीं हो सके। ज्यों-ज्यों तिलकधारी पंडितों और दाड़ी वाले मौलवियों ने असहयोग तथा खिलाफत आंदोलन को दबाने के प्रयत्न किये, त्यों-त्यों वह तेजी से उभरता गया तथा अंत में उसने क्रांति का रूप ले लिया।

असहयोग आंदोलन को उग्र रूप देने के उद्देश्य से 18 फरवरी सन् 1923 ई. को बरेली में कांग्रेस का एक जिला सम्मेलन आयोजित किया गया। सम्मेलन की अध्यक्षता शीर्षस्थ युवा नेता पं. जवाहर लाल नेहरू ने की। अध्यक्षीय भाषण में पं. जवाहर लाल नेहरू ने कहा—

"जब मैं जेल से मुक्त हुआ तो मुझसे भीड़ ने बड़ी उत्सुकता से प्रश्न किए कि आप किस वर्ग के हैं, किस ग्रुप के हैं? मुझे यह सुनकर बेहद दुःख हुआ कि नेताओं से ऐसे प्रश्न नहीं पूछने चाहिए, यह बात उन्हें अपने मन में रखनी चाहिए। हमारे 50-60 लोगों ने यह कसम खाई थी कि सर्वप्रथम हमारा कर्तव्य समस्त नेताओं में एकता कराना होगा। मुझे यह कहने में बड़ी खुशी है कि इसमें मौलाना अबुल कलाम आजाद ने बहुत पहल की थी। आप सभी निकट भविष्य में यह देखेंगे कि दोनों वर्गों (उदार-अनुदार) के नेता आपस में साथ-साथ कार्य करेंगे।

स्वराज्य केवल तभी प्राप्त हो सकता है जब हमारे कार्य सहयोगात्मक हों। आज वह खुशी का दिन है जब ग्यारह मास पूर्व महात्मा गाँधी ने न्यायालय में अपना लिखा वक्तव्य पढ़ा था। वह दृश्य मेरे हृदय पर अमिट छाप छोड़ गया है और मैं इसे कभी नहीं भूल सकता। उनका सम्मानित निर्देश 'खद्दर, खद्दर, खद्दर की आवाजें अब भी मेरे कानों में गूंज रही हैं। मैं ईश्वर से ऐसी प्रार्थना करता हूँ कि वह मुझे ऐसी शक्ति दे जिससे मैं स्वतंत्रता सेनानी की भाँति लड़ने में सक्षम रह सकूँ।

यदि आप लोग आजादी के इच्छुक हैं तो एकाग्र मन से अपने कार्य को करें, तब असंभव कुछ भी नहीं है। भारत स्वतंत्रता प्राप्ति के योग्य तभी होगा, जब हम एकता के साथ कार्य करें।

अतः यह निश्चतप्राय है कि महात्मा गाँधी के आव्हान पर भारतीय जनता ने भरपूर प्रत्युत्तर दिया जिसके असहयोग और खिलाफत आंदोलन के अंतर्गत शासकीय उपाधियों का लौटाना, राजकीय विद्यालयों के बहिष्कार, शराब की दुकानों पर धरने, चर्खे का प्रचलन, वकालत का बहिष्कार और विदेशी वस्त्रों का जलाना तथा स्वनिर्मित वस्तुओं और राष्ट्रीय शिक्षा का प्रयोग आदि कार्यक्रमों को सफल बनाया जिसके परिणामस्वरूप हजारों स्त्री-पुरुषों को कारागार का मुंह देखना पड़ा। परंतु गाँधी जी के आव्हान पर ही असहयोग आंदोलन को यकायक स्थगित करने से देश में साम्प्रदायिक एवं क्रांतिकारी दंगे होने लगे। भारतीय राष्ट्रीय आंदोलन में असहयोग आंदोलन का एक अमिट स्थान है, उसने सर्व प्रथम स्वराज्य प्राप्ति हेतु लड़ना सिखाया। उत्तम होता कि खिलाफत आंदोलन

को असहयोग आंदोलन का एक अंग न बनाया जाता और असहयोग आंदोलन को पराजयवादी उपाय से समाप्त करने के स्थान पर अन्य किसी उत्तम प्रकार से समाप्त किया जाता।

महात्मा गाँधी द्वारा असहयोग आंदोलन को अचानक स्थगित कर देने से देश में नैराश्य का वातावरण बन गया। अंग्रेजों की साम्प्रदायिकतावादी कूटनीति, अमन सभाओं के पंडितों तथा मौलवियों-मुल्लाओं की नियुक्तियों और खिलाफत आंदोलन के समर्थक कुछ मुस्लिम नेताओं के हिंदुओं के प्रति वैमनस्य के कारण असहयोग आंदोलन, क्रांतिकारी आंदोलन में परिवर्तित होने लगा। अमन सभाई कार्यकर्ताओं का भारतीय जनता पर विशेष प्रभाव नहीं पड़ा तथा भीतर ही भीतर साम्प्रदायिकता की आग भड़कने लगी थी।

हिंदू और मुसलमानों के मध्य साम्प्रदायिक दंगे वास्तविक रूप में तब प्रकाश में आये जब मई 1923 ई. में बरेली के मुस्लिम संगठन, अंजुमन राइदा-ए-मुस्तफा ने शुद्धि आंदोलन से लड़ने के लिए विभिन्न जनपदों में भ्रमण करके धन एकत्र किया। ईद के अवसर पर छोटी-मोटी अनेक घटनायें तो हो ही जाती थीं। इससे भी बड़े-बड़े साम्प्रदायिक दंगे तब प्रकाश में आये, जब जुलाई 1923 में स्वामी श्रद्धानन्द ने बरेली का दौरा किया। जिससे मुस्लिम समाज बौखला उठा। मुहर्रम के अवसर पर तो तनाव और भी उग्र हो गया।

हिंदुओं के पर्व 'दधिकांदो' के अवसर पर बरेली में एक विशाल जुलूस निकाला गया, जिसमें हिंदू जनता हथियारों से लैस थी। इसी संदर्भ में हजारों मुसलमानों ने एकत्र होकर जुलूस का विरोध करने का प्रयत्न किया, परंतु सौभाग्यवश कोई अप्रिय घटना न घटी। मुस्लिम देववन्दियों ने मुस्लिम कादियानियों से संपर्क रखने से मना कर दिया। इसी तरह बरेली के अंजुमन राइदा-ए-मुस्तफा ने भी कादियानियों के साथ कार्य करने से मना कर दिया, यद्यपि अधिक मतभेद नहीं थे। इसके फलस्वरूप कई संस्थाओं जैसे-तवलीग-उलइस्लाम, अंजुमन तहफपुज-ए-इस्लाम, अंजुमन हिफाजत-ए-इस्लाम, अंजुमन शरियत-ए-इस्लाम आदि का प्रादुर्भाव बरेली में हुआ। वास्तव में इन सभी संस्थाओं के उद्देश्य समान थे, लेकिन कुछ बातों में पारस्परिक भिन्नता भी थी, क्योंकि इनके समर्थक परस्पर दोषारोपण किया करते थे। यह दोषारोपण भाषणों, प्रेस वक्तव्यों अथवा पैम्फलेटों के माध्यम से होता था। इन सब में घृणास्पद बातें होती थीं। ऐसे पोस्टर सब जगह से अधिक बरेली में देखने में आये थे जिनमें गालियाँ और आलोचनायें छपी होती थीं। ये ही प्रमुख रूप से साम्प्रदायिक तनाव पैदा करने वाले आधार थे।

चुनाव कार्यक्रम

सन् 1924 ई. में राष्ट्रीय स्तर पर परिषदीय चुनाव होने की घोषणा की गई। काँग्रेस का उदार दल, जिसका नेतृत्व पं. मोतीलाल नेहरू कर रहे थे, ने चुनाव का समर्थन किया द्य देशबन्धु चितरंजनदाम और मोतीलाल नेहरू के प्रयत्नों से एक जनवरी 1923 ई. को

स्वराज्य पार्टी की स्थापना हो चुकी थी। बरेली में भी स्वराज्य पार्टी की स्थापना की गई जिसका नेतृत्व मौलाना जहूर उद्दीन, जियाराम सक्सेना और मौलवी अब्दुल वदूद आदि प्रमुख कांग्रेसी नेता कर रहे थे।

चुनावों का दौर चल ही रहा था कि क्रांतिकारी देशभक्त शीघ्रातिशीघ्र अंग्रेजी शासन को उखाड़ फेंकने का विचार बना रहे थे। जनपद शाहजहाँपुर के पं. रामप्रसाद विस्मिल और अशफाक उल्लाह खाँ प्रायः बरेली में स्थित तत्कालीन गाँधीवादी खादी आश्रम दुकान पर आया करते थे और यहाँ पर उग्रवादी विचारक क्रांति की योजनायें बनाया करते थे।

1857 ई. की जो क्रांति बरेली में चरम सीमा पर पहुँची थी, उसी के क्रम में बरेली के बाहर के उग्रवादियों और क्रांतिकारी विचारधारा के लोगों को विश्वास था कि बरेली में ऐसी योजना अवश्य बन सकेगी।

काकोरी घटना (1925) और बरेली

बरेली के तत्कालीन प्रमुख क्रांतिकारी नेता दामोदर स्वरूप सेठ इससे पूर्व बनारस षडयंत्र में कैद होकर जेल काट चुके थे। उन्होंने पुनः क्रांतिकारी आंदोलन में प्रमुख भूमिका निभाई। क्रांति को विकसित करने की गुप्त मंत्रणायें बरेली की कुतुबखाना स्थित श्री चिरंजीव लाल गुप्त की तत्कालीन पुस्तकों की दुकान पर होती थी श्री दामोदर स्वरूप सेठ इस दुकान पर चादर ओढ़ कर आते थे और बिना बोले दुकान में प्रवृष्ट हो जाते थे। एक दिन तो चिरंजीव लाल गुप्त को भी सेठ जी के आगमन का भ्रम हो गया, बाद में सेठ जी को पहिचान कर गोपनीय उत्तर प्राप्त करके स्थिति समझ गये।

संपूर्ण भारत में क्रांतिकारी आंदोलन आरंभ हो गया था। सन् 1925 ई. के प्रारंभिक मासों में ब्रिटिश सरकार ने बंगाल अध्यादेश प्रस्तुत किया जिसकी सारे देश में भर्त्सना की गई, यहाँ तक कि बरेली और शाहजहाँपुर के कुछ क्रांतिकारी नेताओं ने इसका मुंहतोड़ उत्तर देने का संकल्प लिया। इस परिस्थिति से निबटने के लिए हथियारों की महती आवश्यकता थी, लेकिन हथियारों को क्रय करने के लिए विपुल धन की आवश्यकता थी। इस धन को एकत्र करने के साधनों एवं उपायों पर क्रांतिकारियों की गुप्त सभायें होने लगीं। जनवरी से मार्च 1925 ई. तक विभिन्न स्थानों पर सभायें हुईं तथा भाँति-भाँति के उपायों पर विचार विमर्श किया गया।

इसी से सम्बन्धित प्रमुख क्रांतिकारी नेताओं की एक गोपनीय सभा मेरठ नगर में वैश्य अनाथालय में आयोजित की गई। ऊजड़ स्थान पर होने के कारण किसी अन्य को उस सभा का आभास ही न हो सका। सभा की अध्यक्षता बरेली के प्रसिद्ध क्रांतिकारी नेता श्री दामोदर स्वरूप सेठ ने की। विभिन्न प्रकार के विचार सामने आये। इसी सभा में एक प्रस्ताव पारित किया गया कि जैसे ही इलाहाबाद जनता ट्रेन (पैसेंजर गाड़ी) लखनऊ से पश्चिम में आलम नगर स्टेशन के पास आये तभी उसमें रखा सरकारी खजाना क्रांतिकारियों द्वारा लूट लिया जाये। ये क्रांतिकारी पहले से ही बरेली, शाहजहाँपुर आदि

रेलवे स्टेशनों से गाड़ी में सवार हो जायें तथा गाड़ी को जंजीर खींच कर नियोजित स्थान पर रोक लें तथा बलपूर्वक सरकारी कोष को छीन लें।

9 अगस्त सन् 1925 ई. को निश्चित एवं प्रस्तावित कार्यक्रम के अनुसार ग्राम काकोरी के पास गाड़ी रोककर सरकारी कोष लूट लिया गया तथा कोष के रक्षकों तथा अन्य अधिकारियों की गोली मार कर हत्या कर दी गई और सभी क्रांतिकारी गाड़ी से विपुल धन लेकर भाग गये।

जैसे ही यह समाचार ब्रिटिश सरकार के कानों में पहुँचा, अंग्रेजी सरकार तिलमिला कर रह गई। मामले की छानवीन करने के लिए उत्तरी भारत में गुप्तचरों का जाल बिछा दिया गया। गुप्तचर शाखा के तत्कालीन अधीक्षक मिस्टर आर.ए. हर्टन ने अपनी रिपोर्ट में कहा था—इस षडयंत्र में शिक्षित क्रांतिकारी नवयुवक हैं। इसीलिए उसने अपने नेतृत्व में लखनऊ से मेरठ तक जाल बिछा दिया तथा कठोर परिश्रम करके उसने अनुमान लगा लिया कि गत मासों में मेरठ के वैश्य अनाथालय के खंडहरों में संभवतः इसी से संबंधित सभा आयोजित हुई थी। उसका अनुमान अक्षरशः सत्य था कि उ.प्र. में क्रांतिकारी संगठन स्थापित हो चुका है।

मि. हर्टन ने अपनी गवेष्णा के आधार पर 20 सितंबर 1925 ई. को काकोरी घटना से संबंधित संदिग्ध व्यक्तियों को गिरफ्तार करने हेतु वारन्ट जारी कर दिये। इनमें शाहजहाँपुर के पं. रामप्रसाद विस्मिल, इन्दु भूषण मिश्रा और इदरीस अहमद तथा बरेली के दामोदर स्वरूप सेठ पकड़े गये, इनके अतिरिक्त 25 व्यक्तियों को गिरफ्तार कर लिया गया जिनमें से अधिकांश को दीर्घकालीन कैदें, कुछ को अल्पकालीन कैदें तथा कुछ को मृत्यु दंड भुगतना पड़ा। वास्तव में बरेली के दामोदर स्वरूप सेठ गाड़ी लूटने की योजना में अवश्य भागीदार थे परंतु लूट के समय उपस्थित नहीं थे। संभवतः इस योजना की गोपनीयता को भंग करने वाला गुप्तचर विभाग का एक भूतपूर्व कर्मचारी दिलीप सिंह था जो सभा में सम्मिलित हुआ था और वह सेठ जी का विशेष सचिव भी था।

इस प्रकार गद्दार तथा देशद्रोही दिलीप सिंह के विश्वासघाती क्रियाकलापों से अंग्रेज पुलिस उपनिरीक्षक मिस्टर स्पीक ने दामोदर सेठ को गिरफ्तार कर लिया। सेठ जी ने यह सिद्ध करने के लिए, कि उन्होंने रेल षडयंत्र में भाग नहीं लिया है तथा वे निर्दोष हैं, बरेली जिला कारागार में आमरण अनशन की चेतावनी दे दी। लगभग 75 दिन भूख हड़ताल पर रहने के पश्चात दामोदर स्वरूप सेठ का स्वास्थ्य इतना बिगड़ गया कि देखने वाले यह अनुमान लगाने लगे कि वे जीवित नहीं बचेंगे। बरेली के लाला राधारमण, निवासी मुहल्ला कूचा रत्नचंद प्रायः दामोदर स्वरूप सेठ से भेंट करने प्रतिदिन जेल जाते थे। जब लाला राधारमण ने भी सेठ जी के स्वास्थ्य के संबंध में अन्य लोगों की भाँति अनुमान लगाया, तब उन्होंने प्रांत के तत्कालीन कार्यवाहक गवर्नर नवाब छतारी को तार द्वारा सेठ जी के स्वास्थ्य की जानकारी दी। इस पर नवाब छतारी ने, बरेली जेल के अधीक्षक एवं जेलर को तार द्वारा आदेश दिया कि दामोदर स्वरूप सेठ जी को अविलम्ब मुक्त कर

दिया जाये, क्योंकि उनका स्वास्थ्य खराब था, अन्यथा उनकी मृत्यु पर ब्रिटिश सरकार को दोषी ठहराया जायेगा। अंततः उन्हें जेल से मुक्त कर दिया गया।

जेल से मुक्त दामोदर स्वरूप सेठ को बरेली के श्री सतीश कपूर, पं द्वारिका प्रसाद के 56, सिविल लाइन्स स्थित निवास स्थान पर ले आये। यहाँ पर सेठ जी का अत्यधिक उपचार किया गया तथा बरेली के डॉ. श्याम स्वरूप के परामर्श पर उन्हें मंसूरी ले जाया गया, जहाँ वह पूर्ण स्वास्थ्य लाभ कर सके। स्वस्थ होने के पश्चात सेठ जी पुनः बरेली के क्रांतिकारी आंदोलनों में भाग लेने लगे। अब सेठ जी रुहेलखंड के जाने माने क्रांतिकारी नेताओं में गिने जाने लगे।

अतः भारतीय जनमानस असहयोग आंदोलन के चरमोत्कर्ष से स्वराज्य प्राप्ति की कल्पना कर ही रहा था कि ब्रिटिश अधिकारियों की कूटनीति तथा महात्मा गाँधी की तत्कालीन भूमिका ने उसके स्वप्न को धूल धूसरित कर दिया। जिससे व्युत्पन्न साम्प्रदायिक दंगों के साथ-साथ अनेक क्रांतिकारी आंदोलन भी हुए। असहयोग आंदोलन के स्थगनकाल और सविनय अवज्ञा आंदोलन के मध्य हुये क्रांतिकारी आंदोलन ने ही भारतीय राष्ट्रीय आंदोलन के इतिहास के निराशापूर्ण क्षणों में स्वराज्य की ज्योति प्रज्वलित की।

साइमन कमीशन का आगमन और बरेली

क्रांतिकारी आंदोलन की प्रगति के साथ-साथ, स्थान-स्थान पर युवक संघ और युवक काँग्रेस के गठन हो रहे थे। ऐसी परिस्थितियों में जबकि देश एक नये आंदोलन की पूर्ण स्थिति में था। कमी थी एक प्रेरक की जिसकी पूर्ति नवंबर सन् 1927 ई. में साइमन आयोग की स्थापना करके हो गई। कुटिल ब्रिटिश सरकार ने स्वतंत्रता आंदोलन से प्रभावित श्रमिक, कृषक, और युवा वर्ग की भावनाओं को पूर्णरूपेण पहचान लिया था। वह क्रांतिकारी आंदोलनों से पूर्व परिचित थी, इसलिए इन आंदोलनों को रोकने के लिए सर जान साइमन की अध्यक्षता में 7 अंग्रेज सदस्यों वाले एक आयोग को नियत समय से 2 वर्ष पूर्व ही नवंबर 1927 ई. में नियुक्त कर दिया, जिसके भारत आगमन पर सन् 1927 ई. के मद्रास काँग्रेस अधिवेशन में प्रस्तावित निर्णय के अनुसार भारत में सर्वत्र विरोध किया गया।

काकोरी घटना से मुक्ति पाने के पश्चात दामोदर स्वरूप सेठ आंदोलनों की रूपरेखा तैयार करने तथा उन्हें नई दिशा देने के लिए ठोस कार्य करने लगे। उन्हीं के नेतृत्व में साइमन कमीशन के विरोध में जिला कांग्रेस के आव्हान पर बरेली में भी विरोध दिवस मनाया गया। बरेली के मोतीपार्क में इस से संबंधित एक जनसभा आयोजित की गई जिसकी अध्यक्षता दामोदर स्वरूप सेठ ने की।

साइमन कमीशन से असंतुष्ट होकर महात्मा गाँधी भविष्य में प्रारंभ हो सकने वाले आंदोलनों की रूपरेखा को प्रचारित करने के उद्देश्य से संपूर्ण भारत के दौरे पर निकल पड़े। उसी क्रम में 18 मई 1928 ई. को गाँधी जी का आगमन बरेली हुआ। बरेली की

जनता ने आपका भव्य स्वागत किया तथा साहूकारा मोहल्ला निवासी श्री कालीचरन के निवास पर आपने विश्राम तथा भोजन किया। यहाँ पर भी जनपद के गणमान्य व्यक्तियों ने उनसे विचारविमर्श किया। इस अवसर पर गाँधी जी ने उपस्थित नगर निवासियों तथा काँग्रेस के स्वयंसेवकों का आव्हान किया कि वे भविष्य में होने वाले सत्याग्रह के लिए तैयार रहें तथा आव्हान करने पर अविलम्ब कार्यवाही प्रारंभ कर दें।

कमीशन जहाँ-जहाँ गया, उसे काले ध्वज दिखाकर उसका विरोध प्रदर्शन किया गया, यहाँ तक कि लाहौर में लाला लाजपतराय के नेतृत्व में साइमन कमीशन के विरुद्ध प्रदर्शन किये गये जिनका दमन करने के उद्देश्य से लाला लाजपतराय सहित अनेक प्रदर्शनकारियों पर बरबर्तापूर्वक लाठी प्रहार किया गया, जिसमें लाला लाजपतराय की मृत्यु भी हो गई।

जब लाला लाजपतराय की मृत्यु का समाचार बरेली आया तो यहाँ विरोध दिवस मनाया गया। संपूर्ण नगर में एक दिन की हड़ताल की गई तथा मोतीपार्क में एक प्रदर्शन किया गया जिसमें नगर के अनेक व्यक्तियों ने अपने विचार व्यक्त किये। इस सभा में दामोदर स्वरूप सेठ ने अपने भाषण में कहा कि अंग्रेज इस प्रकार के दुष्कर्म करके अपने लिए खाई खोद रहे हैं तथा बरेली की जनता का आव्हान किया कि वह अंग्रेजों के विरुद्ध प्रारंभ किये जाने वाले प्रदर्शनों से एकता का परिचय दे।

13 जून सन् 1929 ई. को पं. जवाहर लाल नेहरू और अखिल भारतीय चर्खा संघ के तत्कालीन राष्ट्रीय मंत्री आचार्य जे. बी. कृपलानी के साथ महात्मा गाँधी बरेली पधारे। आपके तत्काल आने का उद्देश्य भविष्य में होने वाले राष्ट्रीय आंदोलन के विकास को प्रसारित करना था। गाँधी जी के स्वागत में बरेली के कांग्रेसी कार्यकर्ताओं की एक सभा हुई, जिसमें गाँधी जी ने उपस्थित जनसमूह से दिल खोलकर वार्ता की। इस सभा का आयोजन बरेली की नगरपालिका की ओर से किया गया था। बरेली की जनता की ओर से सभा में गाँधी जी को एक मानपत्र भेंट किया गया। गाँधी जी के सम्मान में गाये गये गीतों और भजनों में से कुछ में अराष्ट्रीयता की दुर्गन्ध आ रही थी, जिस पर गाँधी जी क्रोधित हो गये तथा सभा के आयोजकों को परामर्श दिया कि इस प्रकार की सभा में प्रस्तुत गीत या अन्य कार्यक्रम सदैव राष्ट्रीय विचारधारा वाले हों। उन्होंने नगरपालिका के किसी सदस्य को विदेशी वस्त्र न पहनने का परामर्श दिया। उन्होंने दूसरी चर्चा खादी से संधन्धित की कि यदि जनता को खादी से प्रेम है तो नगरपालिका में तकली से कातकर कम मूल्य में ढेरों खादी तैयार की जा सकती है। इसके अतिरिक्त अंतिम परामर्श देते हुये गाँधी जी ने कहा कि निम्न श्रेणी की गरीब जनता से अलग रहने में कोई प्रतिष्ठावृद्धि नहीं होती, सच्ची वृद्धि तो जनता के साथ संबंध पैदा करके उनके सच्चे सेवक बनने से होती है।

आम वार्ता के उपरान्त गाँधी जी यह सुनकर बहुत दुखी हुए कि बरेली में हिंदू-मुस्लिम के संबंध मधुर नहीं हैं, परंतु उन्होंने अपनी अटल श्रद्धा प्रकट करते हुये बताया कि निकट भविष्य में हिंदू मुस्लिम एकता के सूत्र में बंध जायेंगे, क्योंकि जनता

अब समझ गई है कि देश की स्वतंत्रता के लिये एकता उतनी ही आवश्यक है जितनी जीवन रक्षा के लिये मनुष्य को खुराक की है। गाँधी जी ने अपने संक्षिप्त लेकिन ओजस्वी भाषण में कहा कि -

'मुझे यह जानकर बेहद दुःख हुआ है कि बरेली में हिंदू मुसलमानों के संबंध अच्छे नहीं हैं, किंतु देश के क्षितिज पर अनैक्य के जो बादल छा गये हैं और उसे तमसावृत कर रखा है, उसके होते हुये भी मैं हिंदू मुस्लिम एकता की स्थापना से अपने विश्वास की घोषणा करने यहाँ आया हूँ। जनता अब समझ गई है कि देश की आत्मा के लिए स्वतंत्रता उतनी ही जरूरी है जितनी खुराक मनुष्य की जीवन रक्षा के लिये जरूरी है तथा देशवासियों के हर वर्ग के बीच एकता इस स्वराज्य का मौलिक अधिकार है।'

इस भाषण से प्रभावित होकर बरेली नगरपालिका ने खादी से चुंगी हटा लेने की घोषणा करते हुए गाँधी जी को पुनः मानपत्र प्रस्तुत किया। इसके पश्चात् गाँधी जी को अनेक संगठनों की ओर से मानपत्र भेंट किये गये। इसी दिन एक अन्य महिला सभा में संगठन के सहायतार्थ 1650 रुपये भेंट किये गये।

सविनय अवज्ञा आंदोलन और बरेली

साइमन कमीशन के बहिष्कार के पश्चात् दिसंबर 1929 ई. में लाहौर में रावी नदी के तट पर काँग्रेस के युवा सम्राट पं. जवाहर लाल नेहरू की अध्यक्षता में हुए काँग्रेस के ऐतिहासिक सम्मेलन में महात्मा गाँधी ने सशक्त आंदोलन छेड़ने की घोषणा की। सावरमती के काँग्रेस कार्यकारिणी के अधिवेशन में सविनय अवज्ञा आंदोलन का प्रस्ताव पारित हो गया जिसमें आंदोलन का निर्देशक स्वयं महात्मा गाँधी को बनाया गया जिनके आव्हान पर 12 मार्च 1930 ई. से आंदोलन प्रारंभ किया गया।

विगत वर्षों की भाँति दिसंबर 1929 ई. में मुहल्ला लाखनगंज में एक राजनीतिक प्रादेशिक सम्मेलन आयोजित किया गया। सम्मेलन का मुख्य आकर्षण भारत के शीर्षस्थ नेतागण सर्वश्री पं. जवाहर नेहरू, सरोजनी नायडू, डॉ. सैफुद्दीन किचलू और जमीयत उल उलेमा के प्रसिद्ध मौलवी अताउल्लाह शाह बुखारी का आगमन था। सम्मेलन में विभिन्न समन्वयवादी प्रस्ताव पारित किए गये तथा हिंदू-मुस्लिम एकता की अपेक्षा की गई तथा भविष्य में होने वाले आंदोलनों पर प्रकाश डाला गया।

दिसंबर 1929 ई. में ही लाहौर में रावी नदी के तट पर काँग्रेस का ऐतिहासिक सम्मेलन हुआ जिसमें बरेली का प्रतिनिधित्व कांग्रेसी नेता ठा. लाखन सिंह तथा रामसरन अवस्थी ने किया।

अखिल भारतीय काँग्रेस के आव्हान पर देश में 26 जनवरी 1930 ई. को स्वराज्य दिवस मनाने की घोषणा की गई। जिसमें बरेली के नागरिकों से अपील की गई कि वे इस अवसर पर भारत को अंग्रेजों से मुक्त कराने की शपथ लें तथा एकताबद्ध होकर अंग्रेजों के विरुद्ध संघर्षरत् रहें। सभा की अध्यक्षता बरेली के क्रांतिकारी नेता दामोदर स्वरूप सेठ

ने की। सभा में सर्वश्री दीनानाथ मिश्र, मुंशी ऊधौनारायण, ठा. लाखन सिंह आदि के अतिरिक्त राम स्वरूप, भगवान सिंह (शिवपुरी), बाँकेलाल (नवाबगंज), बद्रीप्रसाद, राम सहाय (बल्लिया), मौलवी शाह (मुड़िया) और लालता प्रसाद (बल्लिया) आदि प्रमुख कांग्रेसी कार्यकर्ता उपस्थित थे।

सभा से उत्तजित तथा भयभीत होकर अंग्रेज अधिकारियों ने दमनात्मक उपाय अपनाया जिस पर अधिकांश उपस्थित व्यक्तियों को सभा के अवसान से पूर्व ही गिरफ्तार कर लिया गया। कुल 211 व्यक्तियों को तत्काल कंद किया था। कुछ दिनों बाद गिरफ्तार कांग्रेसी नेताओं में से अधिकांश को मुक्त कर दिया।

12 मार्च 1930 ई. से गाँधी जी के निर्देशन में सविनय अवज्ञा आंदोलन छेड़ने की घोषणा की गई। बरेली इससे प्रभावित हुए बिना न रह सका क्योंकि मार्च 1930 ई. से ही रुहेलखंड मण्डल के अधिकांश जनपदों में कार्यक्रम के अनुसार योजना बनाई गई थी।

नमक सत्याग्रह आंदोलन और बरेली

सविनय अवज्ञा आंदोलन के कार्यक्रमों में विगत असहयोग आंदोलन के अधिकांश कार्यक्रम पुनः रखे गये थे परंतु सविनय अवज्ञा आंदोलन में नमक कानून तोड़ना जैसा महत्वपूर्ण कार्यक्रम भी सम्मिलित किया गया। मार्च 1930 ई. में घोषित नमक सत्याग्रह आंदोलन का बरेली में श्रीगणेश हुआ।

मार्च 1930 ई. से ही बरेली के उग्र विचारधारा वाले कांग्रेसी नेता इस आंदोलन को नई दिशा दे रहे थे। नमक बनाकर कानून तोड़ने हेतु काँग्रेस के जत्थे तैयार किए जाने लगे। ठा. पृथ्वीराज सिंह बरेली में इन जत्थों के नेता चुने गये, साथ में यह भी निश्चित किया गया कि बरेली से मार्च 1930 ई. के अंतिम सप्ताह में बदायू जिले के गुलड़िया गाँव के दक्षिण में नमक तोड़ने हेतु एक जत्था जायेगा। गुलड़िया गांव के दक्षिण कोने पर एक निश्चित स्थान पर नमक बनाकर कानून के उल्लंघन करने की योजना थी। इस प्रत्याशित स्थान के चारों ओर लकड़ियाँ गाड़ी गईं जिन पर चारों ओर से रस्सियाँ बाँधकर बाड़ा (घेरा) बनाया गया। उसमें एक क्यारी बनाई गई, जिसमें लवणीय (नमकीन) मिट्टी एकत्र करके उस पर पानी छिड़का गया, जिससे रिस-रिस कर पानी निकलने लगा जिसे संलग्न नालियों द्वारा गर्म हो रहे कढ़ावों में ले जाया गया। पानी के वाष्पीकरण के पश्चात् पपड़ी के रूप में नमक प्राप्त हो गया और नमक बनाकर कानून तोड़ा गया।

वास्तव में बरेली से ग्राम गुलड़िया (बदायूँ) को नमक तोड़ने गये प्रथम जत्थे का संयुक्त नेतृत्व ठा. पृथ्वीराज सिंह और दामोदर स्वरूप सेठ कर रहे थे। इसके अतिरिक्त जाने वालों में श्रीमती ठा. शीलादेवी, कल्लू (अतरछेड़ी), रामऔतार (बिहारीपुर), हरबान सिंह और चंद्र प्रकाश आदि भी थे। अंग्रेजों से बचता निकलता और स्थान-स्थान पर अंग्रेजों द्वारा नियुक्त गुण्डों और बदमाशों का सामना करते जत्था अंत में बदायूँ पहुँचा ही था कि अंग्रेज अधिकारियों ने ठा. पृथ्वीराज सिंह को सर्वप्रथम गिरफ्तार कर लिया,

तथा शेष व्यक्ति गुलड़िया पहुँचे जिनका वहाँ की उपस्थित जनता ने पुष्प मालाओं से स्वागत किया।

बदायूँ में गुलड़िया गाँव में नमक कानून के उल्लंघन करने के बाद बरेली काँग्रेस कार्यकर्ताओं का उत्साह दुगना हो गया। अब जत्थों का नेतृत्व प्रेम शंकर समर कर रहे थे। उनके नेतृत्व में मुहल्ला लाखनगंज में भी नमक बनाया गया। इस प्रकार इस कार्य का प्रसार होता ही रहा।

9 अप्रैल 1930 ई. से महात्मा गाँधी ने देश की आम जनता का आव्हान करते हुये कुछ सुझाव प्रस्तुत किये कि प्रत्येक गाँव किसी प्रकार भी नमक कानून का बहिष्कार करे। उन्होंने कहा कि बहिनों को भी विदेशी वस्त्रों की दुकानों, शराब तथा अफीम की दुकानों पर धरने देने चाहिये। प्रत्येक घर में तकली चलाकर सूत काता जाये तथा खादी पहनने पर बल दिया जाना चाहिए। विदेशी वस्त्रों को जला देना चाहिए। विभिन्न धर्मी परस्पर एकता के सूत्र में बंध जायें तथा सरकारी विद्यालयों एवं सरकारी नौकरियों का पूर्णतया बहिष्कार करें।

आंदोलन को निर्देशित करने के आरोप में जब 3 मई 1930 ई. को सुभाष चंद्र बोस तथा 4 मई 1930 ई. को गाँधी जी कैद कर लिए गए तो इसकी प्रतिक्रिया संपूर्ण भारत में हुई। बरेली भी इससे विलग न रह सका। अंग्रेजी शासन के विरोध में तथा गाँधी जी एवं सुभाष चंद्र बोस के समर्थन में बरेली में प्रदर्शन किए गये। इसी अवसर पर एक जुलूस बरेली के टाउन हाल से प्रारंभ होकर मुहल्ला बमनपुरी तक जाना निश्चित हुआ। एक योजना बनाई गई कि जुलूस का समापन बमनपुरी में स्थित पं. दीनानाथ मिश्र के निवास स्थान पर होगा। किसी प्रकार योजना की गोपनीयता भंग हो गई जिससे नमक सत्याग्रहियों के जुलूस की प्रगति रोकने के लिए जिलाधिकारी ने नगर में धारा 144 लगा दी। इस हेतु जिलाधिकारी ने 1800 घुड़सवार पुलिस की व्यवस्था करवा दी। बरेली की सड़कों पर पुलिस की गश्तें प्रारंभ कर दी गईं।

जुलूस का नेतृत्व दीनानाथ मिश्र कर रहे थे। जुलूस निश्चित योजना के विरुद्ध दर्जी चौक 3 से निकलना प्रारंभ हुआ क्योंकि टाउन हाल पर कलक्टर ने पुलिस नियुक्त करवा दी थी। धारा 144 का उल्लंघन करता हुआ जुलूस मुहल्ला बमनपुरी में पहुँचा ही था कि दीनानाथ मिश्र को गिरफ्तार कर लिया गया क्योंकि मिश्र जी हाथ में कांग्रेसी ध्वज लिए जुलूस का नेतृत्व कर रहे थे। उनके हाथ से पुलिस ने ध्वज छीनना चाहा कि बिजली की भाँति लपककर ध्वज को पास खड़े कांग्रेसी कार्यकर्ता मोहन सिंह बन्दा ने अपने हाथ में ले लिया।

अब पुलिस ने बल प्रयोग करना प्रारंभ किया तथा जुलूस के अधिकांश कार्यकर्ताओं को गिरफ्तार कर लिया। कई व्यक्तियों की गिरफ्तारी तो हुई, किंतु पुलिस की उदारता के कारण मोहन सिंह बन्दा आदि कई उग्र काँग्रेसियों को गिरफ्तार नहीं किया जिससे जुलूस आगे बढ़ता रहा।

पूर्व नियोजित कार्यक्रमानुसार जुलूस की परिणति सभा के रूप में हुई और यह सभा पं. दीनानाथ मिश्र के निवास स्थल पर हुई जिसमें श्रीमती पार्वती देवी, दयाल मोहन कमांडर और मोहन सिंह बन्दा आदि ने प्रभावशाली भाषण दिए। सभा की समाप्ति के पश्चात् बरेली में कांग्रेसी कार्यकर्ताओं की गिरफ्तारी का कार्यक्रम चलता रहा।

इस प्रकार नमक कानून के उल्लंघन तथा सम्बन्धित जुलूस एवं प्रदर्शनों के कारण पुलिस ने बरेली में सर्वश्री उधौनारायण, चिरंजीव लाल गुप्त, प्रभुलाल वकील, बृजमोहन लाल शास्त्री, जयति राम, दरबारी लाल शर्मा, दामोदर स्वरूप सेठ, दीनानाथ मिश्र, पृथ्वीराज सिंह आदि प्रमुख नेताओं के अतिरिक्त सर्वश्री अमीर अहमद हाजी, अमोहित, ईश्वरी प्रसाद, उत्तम, ऊधन, किशन लाल चौबे, कुसुम प्यारी, केदार सिंह, कृष्ण मुरारी लाल खूबी, गुलाब गेंदनलाल, गोपीलाल, साहू, चंदादेवी (आर्या देवी) चेरी, चंद्रमुखी, चंद्रावती, जगराज, जगदेवसहाय, डिंगू, जमुना दीन मिश्र, डोरीलाल, नन्हें, दामोदर सिंह, दयाल मोहन, दीनानाथ गुप्त, धूम सिंह, नन्द राम, परमाई, बाबू राम, प्रेमशंकर समर, बाबू सिंह हकीम, बुलाखीराम, भोलानाथ, मदारअली खाँ, मल्खू खाँ, मोती राम, मोहन सिंह बन्दा, रमई, रामचंद्र सेवक, राम प्रसाद, राम भरोसे लाल, रामसहाय, रामस्वरूप, लाखनसिंह, लालजीराम, लालमन, विलाससिंह, वीरेन्द्र स्वरूप, शीलादेवी, शिवदयाल, संत सिंह, साहिबसिंह, सीताराम, हर्षदेव को गिरफ्तार करके जेल भेज दिया। इनमें से कुछ को 2 माह तथा कुछ प्रमुख नेताओं को 3 माह की कारागार भुगतनी पड़ी।

आंदोलन उग्र होता गया। आम जनता को जेलों में ठूंस दिया गया। आंदोलन को स्थगित कराने के संबंध में गाँधी जी से अनेक ब्रिटिश अधिकारी मिले परंतु उन्होंने कहा कि सविनय अवज्ञा आंदोलन तब तक स्थगित नहीं हो सकता जब तक अंग्रेज सरकार स्वतन्त्रता प्रदान करने जैसी कोई घोषणा नहीं करती है। लेकिन ऐसा कोई आश्वासन नहीं मिला जिससे सविनय अवज्ञा आंदोलन चलता रहा और दूसरी ओर इसके विरुद्ध-दमन चक्र चलता रहा।

प्रथम एवं द्वितीय गोलमेज सम्मेलन और बरेली

12 नवंबर सन् 1930 को लन्दन में प्रथम गोलमेज सम्मेलन का उद्घाटन हुआ। इस समय भारत में कांग्रेस के सौजन्य से और गाँधी जी के नेतृत्व में सविनय अवज्ञा आंदोलन अविरल गति से चल रहा था जिससे प्रथम गोलमेज सम्मेलन में काँग्रेस सम्मिलित नहीं हुई। अतः बरेली की काँग्रेस का प्रथम गोलमेज सम्मेलन में सम्मिलित होने का प्रश्न ही नहीं उठता।

बरेली में सर्वत्र सविनय अवज्ञा आंदोलन संबंधी जन-आंदोलन तेजी से चल रहे थे। काँग्रेमी जन ग्रामीण अंचलों में भ्रमण करके सभायें करते थे तथा अंग्रेजों के विरुद्ध उत्तेजित वातावरण पैदा करते थे जिससे बरेली का जनमानस आंदोलित हो रहा था।

दिसंबर 1930 ई. के प्रथम सप्ताह में बरेली के कस्बा शाही में राजनीतिक सम्मेलन आयोजित करने की एक योजना बरेली के काँग्रेस कार्यालय पर बनाई गई। सम्मेलन में गये स्वंयसेवकों का नेतृत्व नत्थू सिंह (जो बाद में विधायक चुने गये) कर रहे थे। शाही के मुहम्मद रजा खाँ, जो अंग्रेजों के समर्थक थै, सम्मेलन की योजना सुनकर आग बबूला हो गये तथा मु. रजा ने कुछ गुण्डे शाही और फतेहगंज पश्चिमी के मध्य इस लिए नियुक्त कर दिये कि वे सम्मेलन में आने वाले कांग्रेसी स्वयंसेवकों को घायल कर दें जिससे सम्मेलन असफल हो जाये। जैसे ही स्वयं सेवक घात लगाये बैठे गुण्डों के समीप से गुजर रहे थे, कि वे स्वयं सेवकों पर अचानक टूट पड़े और उन्हें इतना पीटा कि उनमें बड़ी मुश्किल से भागने की सामर्थ शेष रही। बेचारे निःसहाय और निहत्थे कार्यकर्ता, किसी प्रकार बच कर बरेली लौट आये।

जब इस दुर्घटना का समाचार काँग्रेस कार्यालय में प्राप्त हुआ तो तत्काल ही आपातकालीन सभा बुलाई गई। इस सभा में प्रस्ताव पारित किया गया कि 15 दिसंबर 1930 ई. को एक जत्था पुनः शाही जायेगा। इस जत्थे (दल) में 10 स्वयंसेवक थे। सम्मिलित व्यक्तियों में दीनानाथ मिश्र, सरदार संत सिंह और ऊधौनारायण आदि के नाम प्रमुख हैं।

इस बार शाही के मुहम्मद रजा खाँ ने यह अनुमान लगा लिया कि काँग्रेस स्वयसेवकों का दल योजनावद्ध होकर आया है इसलिए इस बार विरोध न करना ही उत्तम होगा। इस कारण जत्थे के आगमन की सूचना पाते ही उसने अपने समर्थकों से स्वयंसेवकों का समर्थन करने का आव्हान किया। मुहम्मद रजा खाँ ने इस बार बड़ी उदारता का परिचय दिया। कांग्रेसी कार्यकर्ताओं के प्रयास तथा शाही के अहमद रजा खाँ सहित अनेक व्यक्तियों के समर्थन से शाही में सभा का आयोजन किया गया, इस बार सभा में समीपस्थ गाँवों के कई प्रमुख लोगों ने भाग लिया। सभा शांत रूप से चलनी प्रारंभ हुई। जैसे ही मुहम्मद रजा सभा में आये, उन्होंने झुक कर कांग्रेसी ध्वज का अभिनन्दन किया तथा अभिवादन करते समय अपनी टोपी सिर से उतार ली तथा कांग्रेस को दान स्वरूप 5 /- रुपये भेंट किये।

यद्यपि प्रथम दल के आगमन के समय मु. रजा खाँ द्वारा किए गये काँग्रेस के विरोध तथा अंग्रेजी शासन के समर्थन के उपलक्ष्य में मुहम्मद रजा खाँ को खानबहादुर की मानद उपाधि, फतेहगंज पश्चिमी से मीरगंज तक पक्की सड़क के दोनों ओर के वृक्ष तथा जिला परिषद का तत्कालीन अध्यक्ष पद भी पुरस्कार स्वरूप प्रदान किये गये। इसलिये मु. रजा खाँ अंग्रेजी शासन की चाटुकारिता करने को बाध्य थे।

तत्कालीन जिलाधिकारी नेदरसोल को जब द्वितीय जत्थे के पक्ष में किया शाही के मु. रजा खाँ का कृत्य सुनने में आया, वह अति क्रोधित हुआ तथा तत्काल ही मु. रजा खाँ को बुलाने का आदेश दिया। आदेश प्राप्त होने पर मु. रजा साहब जिलाधिकारी के सम्मुख करुणावस्था में प्रस्तुत हुये तथा सत्य को छुपाते हुये असत्य स्पष्टीकरण प्रस्तुत

किया तथा भविष्य में सदैव काँग्रेस का विरोध करने और अंग्रेजी शासन को समर्थन देने का आश्वासन दिया। यह थी मुहम्मद रजा की मानसिकता।

इस योजना के पश्चात् सविनय अवज्ञा आंदोलन के आरोप में बरेली के अनेक कांग्रेसी नेता पुनः कैद कर लिये गए जिनमें पं. दीनानाथ मिश्र का नाम प्रमुख है। माह दिसंबर के अंत में कांग्रेस कार्यालय में पुनः एक वृहद सभा आयोजित की गई जिसमें प्रस्ताव पारित किया गया कि एक बार पुनः शाही में सम्मेलन का आयोजन किया जाये तथा काँग्रेस का विरोध करने वाले मुहम्मद रजा खाँ से ही निबट लिया जाये। क्रांतिकारी विचारों के नेता ऊधौनारायण ने एक प्रस्ताव में स्त्रियों के सम्मिलित होने पर बल दिया, परंतु इस संबंध में श्रीमती दीनानाथ ने जेल में मिलकर पं. दीनानाथ मिश्र से विचार विमर्श किया जिस पर पं. दीनानाथ मिश्र ने अपनी असहमति प्रकट की क्योंकि पं. दीनानाथ मिश्र शाही के मुहम्मद रजा खाँ की चाटुकारिता और पाश्विक प्रवृत्ति से पूर्व परिचित थे।

30 दिसंबर 1930 ई. को निश्चित योजना के अनुसार 40 काँग्रेसियों का एक बड़ा दल शाही को रवाना हुआ। वर्षा हो चुकी थी। जत्थे में शाहजहाँपुर के मौलवी अब्दुल कादिर तथा विष्णु शर्मा ने भी भाग लिया। जत्था शाही पहुँच भी न पाया था कि अंग्रेजों के चाटुकार तथा भारतीय स्वतंत्रता के विरुद्ध भावनायें भड़काने वाले शाही निवासी मोहम्मद रजा खाँ द्वारा पूर्व नियोजित विधि से नियुक्त गुण्डे रास्ते में जत्थे पर बुरी तरह टूट पड़े। भयंकर मुठभेड़ हुई जिसमें निहत्थे लोगों (काँग्रेस स्वयंसेवकों) पर लाठियों, चाकू आदि तेज धार वाले हथियारों से प्रहार किया गया जिससे लगभग सभी काँग्रेमियों के चोटें आयीं। गंभीर रूप से घायल होने वाले स्वयंसेवकों में ग्राम अग्रास के वरिष्ठ कांग्रेसी नेता श्री मोहन लाल यदुवंशी, मौलाना अब्दुल कादिर, विष्णु शर्मा, हरनाम सिंह, आदि के नाम उल्लेखनीय हैं, इनमें मोहन लाल यदुवंशी के तो हाथ-पैर की हड्डियाँ और दाँत भी टूट गये थे।

इस दुर्घटना में घायल काँग्रेसियों के उपचार हेतु बरेली में मिरधान गली में एक अस्पताल बनाया गया जिसमें विभिन्न चिकित्सकों ने घायलों की सेवा शुश्रूषा करके काँग्रेस के प्रति उदारता का परिचय दिया।

ब्रिटिश सरकार ने कांग्रेसियों को हतोत्साहित करने के उद्देश्य से अपने अनेक समर्थकों को मानद उपाधियाँ तथा पुरस्कार वितरित किये तथा काँग्रेसियों के आग्रह पर भी किसी प्रकार की सरकारी रिपोर्ट प्रकाशित नहीं की। इस प्रकार अंग्रेजों का दमनात्मक चक्र चलता रहा।

इससे पूर्व जिन कांग्रेसी कार्यकर्ताओं को गिरफ्तार किया गया उनमें सर्वश्री ब्रजमोहन लाल शास्त्री, विद्यादेवी वर्मा और प्रभुलाल वकील के नाम प्रमुख हैं। क्योंकि ब्रजमोहन लाल शास्त्री पर उच्च शिक्षा की पढ़ाई का बहिष्कार तथा प्रभुलाल पर वकालत के बहिष्कार का आरोप था। टिकैतराय वर्मा को सरकारी कार्यों में हस्तक्षेप करने तथा

काँग्रेस कार्यक्रम को पूर्णतया क्रियान्वित करने के अभियोग में गिरफ्तार किया गया। वर्मा जी काँग्रेस के तत्कालीन नगर अध्यक्ष थे। आप पर लम्बे समय तक मुकदमा चला, लेकिन अंत में अभियोग सिद्ध न होने पर आप मुक्त कर दिये गये।

जनवरी 1931 ई. में लगभग 300 स्वयंसेविकायें तथा 450 स्वयंसेवक बरेली में ब्रिटिश शासन विरोधी गतिविधियों में कार्यरत् थे। बहिष्कार आंदोलन से सम्बन्धित विदेशी वस्त्रों की दुकानों पर धरने (पिकेटिंग) दिये गये। उस समय बरेली नगर में लगभग 240 विदेशी वस्त्रों की दुकान थी। लगभग सभी ने विदेशी वस्त्र न बेचने का आश्वासन दिया लेकिन इनमें भी बड़ा बाजार के तीन दुकानदार अंग्रेजों के भक्त थे जिनमें हाफिज अहमद, कुदरत उल्लाह और छोटे लाल मेहरा के नाम बड़ी शर्म से लिये जा सकते हैं। इन्होंने काँग्रेसियों की आँखों में धूल झोकनी चाही, लेकिन बरेली कालेज के छात्रों तथा श्रीमती द्वारिका प्रसाद के नेतृत्व में अनेक स्वयंसेवकों के प्रयत्नों के कारण उक्त तीनों दुकानदार अपने कार्य करने में पूर्णतया असफल रहे क्योंकि कार्यकर्ता तथा स्वयं सेविकाएं ग्राहकों से विदेशी वस्त्र वाली दुकानों पर न जाने की शपथ दिलातीं, और जब वे भी कभी-कभी न मानते तो वे (कार्यकर्ता) दुकानों के सामने पृथ्वी पर लेट जाते और उनके शरीर पर पर रखकर उन दुकानों में जाने को कहते। अंततः ग्राहक को वापस होना ही पड़ता था और तीनों दुकानें प्रायः न चलने की स्थिति में ही रहती थीं।

नगर में सविनय अवज्ञा आंदोलन को उग्र बनाने के उद्देश्य से बार-बार सभाओं और प्रदर्शनों के आयोजन हो रहे थे, इसलिए अंग्रेजी शासन ने नगर में धारा 144 लगाकर सभाओं और प्रदर्शनों पर प्रतिबन्ध लगा दिए। काँग्रेस की स्वयं सेविकाओं ने इस धारा से बिना प्रभावित और भयभीत हुये जनवरी 1931 ई. में ही सविनय आंदोलन के अनेक कार्यक्रमों में भाग लिया, जिसके अभियोग में क्रूर अंग्रेजी पुलिस ने श्रीमती विद्यावती, आर्यदेवी (विशारतगंज), कृपा देवी, बच्ची देवी, चंद्रावती, तारावती, धर्माबाई (गली नवाबान), किरन प्यारी (बिहारीपुर), नन्हीं देवी पत्नी महानन्द सेवक, नन्दो देवी (कटरा मानराय), पार्वती देवी (बड़ा बाजार), राजकुमारी (कैंट) रामप्यारी (ब्रह्मपुरी), और रामदेवी (कुंचा सीताराम) को गिरफ्तार कर लिया। कुछ को तत्काल मुक्त कर दिया लेकिन अधिकांश को तीन-तीन माह की कारागार की सजायें मिलीं।

विभिन्न आंदोलनों में समय-समय पर विद्यार्थी वर्ग का सहयोग सदैव अपेक्षित रहा है। इसी उद्देश्य की पूर्ति हेतु पं. दरबारी लाल शर्मा, संत सिंह और छोटे लाल शर्मा ने कुछ विद्यार्थियों को राजकीय हाई स्कूल के प्रांगण में एकत्र किया, परंतु सूचना मिलते ही पुलिस द्वारा तीनों नेताओं को गिरफ्तार करके जेल भेज दिया गया।

बिट्रिश सरकार ने जनवरी 1931 ई. में शराब की दुकानों के ठेके देने की तिथि निश्चित की जिसका भी कांग्रेसी नेताओं ने विरोध किया। जिसके फलस्वरूप सर्वश्री जिरंजीव लाल गुप्त, ब्रजमोहन लाल शास्त्री, गुरू सहायमल, दयालमोहन कमाण्डर और अमीरचंद को पुलिस ने कैद करके जेल भेज दिया।

जनवरी 1931 में ही शराब की दुकानों का बहिष्कार तथा विरोध करने के अपराध में मुहल्ला बिहारीपुर के प्रसिद्ध शराबखाने पर मोहन सिंह बन्दा, राम प्रसाद श्रीवास्तव, प्रेमदत्त शर्मा, द्वारिका प्रसाद शर्मा तथा ऊधौराम मौर्य को पुलिस ने गिरफ्तार करके जेल भेज दिया। इनमें से चार व्यक्ति अबसर पाते ही माफी माँग कर मुक्त हो आये, लेकिन दृढ़ विचारक मोहन सिंह बन्दा ने अपनी माँ के देहावसान पर भी अंग्रेजों के सामने दया के हाथ नहीं फैलाये। यह था उनका दृढ़ मनोबल।

5 मार्च 1931 ई. को गाँधी इविन संधि के पश्चात् सभी राजनीतिक बन्दी काँग्रेस कार्यकर्ताओं को मुक्त करने के आदेश हो गये। बरेली जनपद के सभी बन्दी नेता एवं कार्यकर्ता मुक्त कर दिये गये। इस अवसर पर बरेली की समस्त बाजारों को रात्रि में जगह-जगह रंगीन प्रकाश से सजाया गया। संपूर्ण बरेली जिले में प्रसन्नता की लहर दौड़ गई। जब 9 मार्च 1931 ई. को पिकेटिंग के अभियोगी मोहन सिंह बन्दा लखनऊ जेल से मुक्त किए गये तो उनके स्वागतार्थ लखनऊ में आम सभा हुई तथा अनेक शीर्षस्थ सत्याग्रहियों के साथ आपका भी पुष्पमालाओं से स्वागत किया गया।

13 मार्च 1931 को लखनऊ में हुई एक सभा में पं. जवाहर लाल नेहरू ने सभी सत्याग्रहियों का आव्हान करते हुए परामर्श दिया कि वे अपने क्षेत्रों में जाकर राष्ट्रीय कार्यों में तन, मन, धन से संलग्न हो जायें।

अभी गाँधी-इविन संधि हुये एक माह भी नहीं हुआ था कि 23 मार्च 1931 ई. को केंद्रीय विधानसभा कक्ष में बम फेंकने के अभियोग में शहीदे आजम भगत सिंह, राजगुरू और सुखदेव को मृत्युदंड दे दिया गया। इस घटना को सुनकर भारतीय जनमानस तिलमिला उठा। जब यह समाचार बरेली में पहुँचा, सर्वत्र शोक छा गया। सायंकाल नगर में काले झण्डे लिये कांग्रेसी, कार्यकर्ताओं का एक शांत प्रदर्शन हुआ तथा मायंकाल 6 बजे मुहल्ला लाखनगंज में तीनों क्रांतिकारी वीरों को श्रद्धांजलि स्वरूप श्रद्धासुमन अर्पित करने के लिए एक सभा की गई, जिसमें प्रस्ताव पारित करके अंग्रेजों की भर्त्सना की गई।

बरेली की विभिन्न संस्थाओं के विद्यार्थियों में भी क्षोभ व्याप्त था। बरेली कालेज के विद्यार्थी यदा-कदा गुप्त सभायें आयोजित करने लगे जिसमें अंग्रेजी साम्राज्य के विरुद्ध विभिन्न प्रकार के प्रस्ताव पारित किये गये। इस समय तक नमक आंदोलन के अंतर्गत गिरफ्तार किये गये पं. दरबारी लाल शर्मा, स.संत सिंह और छोटे लाल शर्मा, केवल इस लिए मुक्त नहीं किये गये, उनसे भय था कि वे बरेली में अंग्रेजी शासन के विरुद्ध विद्यार्थी आंदोलन प्रारंभ करा देंगे।

मई 1931 ई. के प्रथम सप्ताह में बरेली में एक गुप्त सभा हुई, जिसमें प्रस्ताव पारित किया गया कि बरेली के एकमात्र मोहन सिंह बन्दा (निर्भीक कांग्रेसी नेता) को भगत सिंह की फाँसी के विरुद्ध रोषपूर्ण मुद्रित साहित्य बाँटने तथा बेचने हेतु विभिन्न क्षेत्रों में भेजा गया। लेकिन दुर्भाग्यवश मोहन सिंह बन्दा को संदिग्ध अवस्था में 13 मई 1931 ई. को पुलिस ने गिरफ्तार कर लिया, जिसमें उन्हें 15 दिन का कठोर कारावास भुगतना पड़ा।

उत्तेजित छात्रों की एक आम सभा 20 अगस्त 1931 ई. को बरेली कॉलेज में हुई, जिसमें पिकेटिंग की योजना को उग्र रूप देने हेतु एक प्रस्ताव पास किया गया।

महात्मा गाँधी ने 1920 ई. के असहयोग आंदोलन की भाँति सविनय अवज्ञा आंदोलन को भी बीच में स्थगित करके वायसराय लार्ड इर्विन से संधि की और वे द्वितीय गोलमेज सम्मेलन में भाग लेने ईंग्लैण्ड गये। इस सम्मेलन के अवसर पर भारत को एक बार पुनः विपत्ति का सामना करना पड़ा क्योंकि भारतीय राष्ट्रीय काँग्रेस की ओर से गाँधी जी के साथ गये मौलाना मुहम्मद अली का निधन हो गया। जब यह दुःखद समाचार बरेली आया तो उनके शोक में बरेली नगर की समस्त दुकानें बन्द कर दी गईं तथा सायंकाल को मुहल्ला लाखनगंज में एक शोक सभा आयोजित की गई, जिसकी अध्यक्षता कांग्रेसी नेता मौलवी अजीज अहमद खाँ ने की तथा मुहम्मद अली की दिवंगत आत्मा के लिए शांति प्रदान करने हेतु ईश्वर से प्रार्थना करके एक प्रस्ताव पारित किया गया कि बरेली में एक जन-आंदोलन प्रारंभ किया जाये तथा मुहम्मद अली के स्वप्नों को साकार किया जाये।

द्वितीय गोलमेज सम्मेलन में भी काँग्रेस को असफलता मिली और गाँधी जी खाली हाथ भारत लौट आये। सुभाष चंद्र बोस और जवाहर लाल नेहरू ने इस परिणाम की पहले ही भविष्यवाणी की थी। उनके वामपंथी विचारों से कोई संतुष्ट नहीं था। इन दोनों नेताओं को अंग्रेजी साम्राज्य के विरुद्ध समझकर 4 जनवरी 1932 ई. को गिरफ्तार कर लिया गया। इनकी गिरफ्तारी का प्रभाव बरेली में भी पड़ा जिसमें कई नेता गिरफ्तार किये गये।

अंग्रेजी शासन ने काँग्रेस संस्था को अवैध घोषित कर दिया लेकिन इस घोषणा का बरेली पर कोई प्रभाव नहीं पड़ा और आंदोलन द्रुतगति से चलता रहा। ब्रिटिश पुलिस आंदोलनकारियों का बलपूर्वक दमन करती रही। सायंकाल को टाउन हाल पर एक आम सभा आयोजित की गई। सभा में तत्कालीन कांग्रेसी नेता श्री प्रभुलाल वकील (काँग्रेस अध्यक्ष) ने काँग्रेस की अवैधता के विरुद्ध एक ओजस्वी भाषण दिया जिसके फलस्वरूप उन्हें गिरफ्तार करके जेल भेज दिया गया।

जैसे ही कुछ महीनों के पश्चात पं. नेहरू को जेल से मुक्त किया गया तो उन्होंने कृषक वर्ग का आव्हान किया और कृषक आंदोलन छेड़ने का परामर्श दिया। बरेली में भी इस आंदोलन से काफी जाग्रति आई। इस संबंध में मोहन सिंह बन्दा को कृषक नेतृत्व देने का निश्चय किया गया, जिसके फलस्वरूप जनवरी सन् 1932 ई. को बन्दा जी आंदोलन का प्रचार करने के उद्देश्य से देहरादून तक गये।

जनवरी 1933 से ही कांग्रेसी कार्यकर्ताओं की पुनः धड़पकड़ प्रारंभ हो गई, जिसके अंतर्गत दाऊ दयाल (बिहारीपुर), किरनप्यारी, गिरधारी लाल (भदपुरा), दुल्लन दास (चौवेपुर) और रामस्वरूप गुप्ता (कोआ टोला) को गिरफ्तार करके जेल भेज दिया जिनमें से अधिकांश को 6 माह का कठोर कारावास तथा 10 से 20 रुपयों का अर्थदंड दिया गया।

आंदोलनों की प्रगति का दिग्दर्शन करने हेतु गाँधी जी ने संपूर्ण भारत का तूफानी दौरा किया। इसी क्रम में वे 30 जुलाई 1934 ई. को बरेली पधारे। गाँधी जी के आव्हान पर बरेली के कांग्रेसियों और जनमानस ने मोन दिवस मनाया। इस अवसर पर बरेली काँग्रेस समिति की ओर से गाँधी जी को 125/- रुपये भेंट किये गये। इसी दिन सात बजे सायं कांग्रेसी कार्यकर्ताओं के द्वारा अथक परिश्रम से एकत्र 31 रुपये, सात आने, साढ़े चार पाई की धनराशि गाँधी जी को भेंट की गई।

इस समय तक बरेली में रेड शर्ट नामक एक संगठन काँग्रेस के दृढ़ समर्थक अब्दुल गफ्फार खाँ और इनके भाई डॉ. खान साहब के प्रयासों से स्थापित किया गया। इस संगठन को भी सरकार ने अवैध घोषित करके इसके संस्थापकों को गिरफ्तार कर लिया। जब अब्दुल गफ्फार खाँ बरेली की केंद्रीय कारागार में नजरबन्द थे, तो उनसे मिलने राष्ट्रीय नेता डॉ. राजेन्द्र प्रसाद बरेली पधारे।

26 से 28 अक्टूबर 1934 ई. को बम्बई में अखिल भारतीय काँग्रेस का अधिवेशन डॉ. राजेन्द्र प्रसाद की अध्यक्षता में सम्पन्न हुआ। इसी वर्ष 28 से 30 दिसंबर 1934 ई. को बरेली में कांग्रेस की जुबली मनाने का निश्चय किया गया। इस अवसर पर डॉ. राजेन्द्र प्रसाद को आमंत्रित किया गया। डॉ. राजेन्द्र प्रसाद का कांग्रेसी नेतृत्व वाले विशाल जुलूस ने बरेली जंक्शन रेलवे स्टेशन पर 28 दिसंबर को भव्य स्वागत किया। इस अवसर पर बरेली किला के चौक में एक सार्वजनिक सभा हुई जिसमें विभिन्न नेताओं ने डॉ. राजेन्द्र प्रसाद के प्रति आभार व्यक्त किया तथा राष्ट्रीय विचारधारा वाले कार्यक्रम प्रस्तुत किए। उसी दिन सायंकाल को डॉ. राजेन्द्र प्रसाद के सम्मान में तत्कालीन जुबली पार्क में एक सार्वजनिक सभा हुई।

जैसे ही डॉ. राजेन्द्र प्रसाद भाषण देने खड़े हुए कि प्रकृति ने भी जल छिड़क कर स्वागत किया।

जब अंग्रेजों को यह अनुमान हो गया कि हिंदू मुस्लिम एकता अधिक बढ़ रही है तो उन्होंने अपनी साम्प्रदायिक नीति अपनाकर दोनों वर्गों में परस्पर विद्रोह करा दिया, जिससे पुनः साम्प्रदायिकता का वातावरण बन गया।8 मार्च 1936 ई. को कस्वा आँवला में साम्प्रदायिकता का खुला ताण्डव देखने में आया। तत्कालीन दंगा होली और ईद के अवसर पर हुआ था। प्रांत के मुख्य सचिव श्री पी. सी. बमफोर्ड ने भारत सचिव को पत्र द्वारा साम्प्रदायिक दंगे की सूचना दी, जिसमें कहा गया था कि—

"8 मार्च 1936 ई. को बरेली जनपद के आँवला में हिंदू-मुसलमानों के मध्य साम्प्रदायिक दंगा हुआ। हिंदुओं ने होली के अवसर पर बड़ी मस्जिद के पास दंगा किया, जिसमें हिंदुओं के दो बच्चे हताहत हुये तथा नौ हिंदुओं और तीन मुस्लिम व्यक्तियों के चोटें आईं।

मार्च 1936 में बकर ईद और होली के अवसर पर हिंदू-मुस्लिमों के एक मोहल्ले में हुए एक छुटपुट दंगे में कई व्यक्ति घायल हुये, कई मोहल्लों में आगजनी की अप्रिय

घटनायें घटीं जिसमें कुम्हार, और भुर्जियों के घर जल कर राख हो गये। इसी अग्नि दुर्घटना में दो अवोध बालिकायें जीवित जल गईं। इसमें 15 व्यक्तियों को शांति भंग करने के अभियोग में गिरफ्तार किया गया और अन्य 5 के विरुद्ध कठोर कार्यवाही की गई।

जब नगर के विद्यार्थियों ने यह अनुभव किया कि अंग्रेज अधिकारियों ने फूट डालो और शासन करो नीति को क्रियान्वित करना प्रारंभ कर दिया है तो बरेली कालेज के राष्ट्रवादी छात्रों ने यंग स्टूडेंड एसोसियेशन नामक एक संगठन की स्थापना की। इसकी स्थापना का उद्देश्य हिंदू मुस्लिम छात्रों में पारस्परिक सौहार्दता स्थापित करके राष्ट्रीय चेतना जाग्रत करना था। इस संस्था के प्रथम अध्यक्ष श्री प्रताप चंद्र आजाद (तत्कालीन छात्र, बरेली कालेज, बरेली) मनोनीत हुये। इस संगठन के कठोर प्रयासों से रोहिलखंड स्तरीय छात्र सम्मेलन की योजना बनी। सम्मेलन जुलाई 1936 ई. में बरेली नगर के कुँवर दयाशंकर इंटर कालेज में सम्पन्न हुआ। सम्मेलन का उद्घाटन अवध उच्च न्यायालय के अवकाश प्राप्त न्यायाधीश तथा राष्ट्रवादी मुस्लिम नेता सर सैय्यद वजीर हसन ने किया। उद्घाटन समारोह में अतिथि पद से बोलते हुए श्री हसन ने सभी छात्रों का आव्हान किया कि वे हार्दिक रूप से स्वतंत्रता संग्राम के कार्यों में जुट जायें।

बरेली में हुये इस राष्ट्रवादी सम्मेलन से बरेली के तत्कालीन जिलाधिकारी और पुलिस अधीक्षक अत्यन्त क्रोधित हुये तथा बरेली कालेज के तत्कालीन प्रधानाचार्य, ए. सी. दत्त को आदेश दिया कि जो छात्र किसी भी आंदोलन में अथवा शासन विरोधी गतिविधियों में किसी भी प्रकार की भूमिका निभा रहे हैं, वे विद्यालय से अविलम्ब निष्कासित कर दिये जायें। इस अवसर पर छात्र, नेताओं, प्रताप चंद्र आजाद और सतीश चंद्र सहित 12 विद्यार्थियों को बरेली कालेज से निष्कासित कर दिया गया। कुछ अवधि के पश्चात इनमें से 10 छात्रों को कालेज की प्रबंध समिति के कुछ सदस्यों के अनुरोध पर प्रवेश मिला, जबकि प्रताप चंद्र आजाद और सतीश चंद्र को सन् 1937 ई. में प्रांत में काँग्रेस मंत्रिमंडल बनने के बाद प्रवेश मिल सका।

1936 ई. में बरेली में तत्कालीन दियासलाई कारखाने के पास एक राजनीतिक प्रांतीय सम्मेलन हुआ जिसकी अध्यक्षता आचार्य नरेन्द्र देव ने की। इस अवसर पर डॉ. सम्पूर्णानन्द, बाबू पुरुषोत्तम दास टण्डन, मानवेन्द्र नाथ राय, पं. नेहरू और रफी अहमद किदवई आदि शीर्षस्थ नेता उपस्थित थे। सम्मेलन का उद्घाटन पं. जवाहर लाल नेहरू ने किया। सम्मेलन की स्वागत समिति के अध्यक्ष क्रांतिकारी नेता दामोदर स्वरूप सेठ थे। सम्मेलन के अवसर पर काँग्रेस पार्टी ने एक प्रदर्शनी का भी आयोजन किया, जिसमें खादी एवं ग्रामोद्योग को प्रत्येक गाँव में विकसित करने का संकल्प लिया तथा एक प्रस्ताव भी पारित करके निर्णय लिया गया कि प्रत्येक स्थान पर अंग्रेजों का विरोध किया जाय तथा विदेशी वस्त्रों के स्थान पर खादी के वस्त्रों को अपनाया जाये।

31 जनवरी सन् 1937 ई. से बरेली के स्वतंत्रता प्रेमी प्रत्येक ग्राम में अपनी बैठकें, सभायें और सम्मेलन इस उद्देश्य से करते थे कि जनता में राष्ट्रीय भावनायें विकसित हों।

ग्राम सिंधौली के शिव कुमार पाठक और गुलाबराय त्रिवेदी ने जिला काँग्रेस समिति में एक प्रस्ताव रखा कि मीरगंज के पास ग्राम नरखेड़ा में जिला सम्मेलन आहूत किया जाये। प्रस्ताव बहुमत से पारित हो गया जिसके फलस्वरूप कुछ कांग्रेसी नेता उक्त गाँव में पहुँचे, लेकिन अंग्रेजों के चाटुकार तथा नरखेड़ा के एक मात्र जमींदार पं. लक्ष्मण स्वरूप के विरोध के कारण सम्मेलन न हो सका। जब यह अशुभ समाचार काँग्रेस कार्यालय पर पहुँचा तो यह सुनकर उग्रवादी छात्र नेता श्री सतीश चंद्र क्रोधित हो गये और सैकड़ों कार्यकर्ताओं को साथ लेकर उक्त गाँव में सम्मेलन करने का निश्चय किया। इस बार सम्मेलन हेतु जाने वालों में सतीश चंद्र, राममूर्ति, शिव कुमार पाठक और गुलाबराय त्रिवेदी के नाम प्रमुख हैं। जैसे ही काँग्रेस कार्यकर्ताओं का यह दल सिंधौली के पास पहुँचा, तो इन्होंने नरखेड़ा के जमींदार को अपने आगमन की सूचना भेजी तथा परामर्श दिया कि निकट भविष्य में भारत स्वतंत्र होने वाला है, इसलिए अंग्रेजों की चापलूसी करके देशद्रोही बनना ठीक नहीं। जैसे ही यह सूचना पं. लक्ष्मण स्वरूप को मिली, उन्होंने अपने कुछ ग्रामवासियों से सम्मेलनकर्त्ताओं का विरोध करने के लिए सशस्त्र चलने को कहा। नदी पर पहुँचते ही चापलूसों ने अंग्रेजों के समर्थन में गाली देना प्रारंभ कर दीं, फिर भी काँग्रेस कार्यकर्ता अपने प्राणों की बिना परवाह किये नदी पार करने लगे तथा समीप आकर जमींदार साहब को समझा बुझाकर काँग्रेस को समर्थन देने को बाध्य किया। अंततः वक्त की नजाकत को भाँप सम्मेलन की अध्यक्षता स्वयं जमींदार लक्ष्मण स्वरूप ने करके उदारता का परिचय दिया। सम्मेलन जमींदार लक्ष्मण स्वरूप के भवन के सामने तथा मन्दिर के पूर्वी मैदान में हुआ था।

सन् 1937 ई. में हैदराबाद में एक राजनीतिक सम्मेलन हुआ, जिसमें बरेली के पं. गुलाब शंकर, ठा. लाखन सिंह और प्रेम शंकर समर सम्मिलित हुए थे। इन कार्यकर्ताओं को आर्य समाज अनाथालय में हुई एक जनसभा में सत्याग्रही के रूप में विदाई दी गई। यहीं से एक जुलूस भी निकाला गया, जिसमें अनेक महिलाओं ने भी भाग लिया। जैसे ही यह जुलूस कुतुबखाना होता हुआ आलमगीरीगंज तक पहुँचा, कि अंग्रेज समर्थकों तथा समाज विरोधियों ने जुलूस पर टूटी बोतलें, ईंट, पत्थर फेंकते हुए विघ्न उत्पन्न किया, जिससे साम्प्रदायिक अशांति का वातावरण बन गया, जिसके परिणामस्वरूप कई व्यक्तियों के प्राण गये। इस घटना के पश्चात बरेली के तत्कालीन जिलाधिकारी ने साम्प्रदायिक दंगों को शांत करने हेतु हिंदू मुस्लिम नेताओं की एक सभा की तथा आश्वासन लिया कि वे भविष्य में ऐसा कोई अभद्र कार्य नहीं करेंगे। नगर में पुनः शांति का वातावरण बन गया।

1937 ई. में बरेली में मुस्लिमों के दो राष्ट्रीय विचारधारा वाले दल थे। इनमें प्रथम दल बन्ने मियाँ रेवड़ी वाले और जमाल मियाँ के नेतृत्व में अंजुमन अहरार उल इस्लाम था और द्वितीय अब्दुल रऊफ और अब्दुल बदूद के नेतृत्व वाला जमीयत उल उलेमाये हिंद नामक दल था। इन दोनों दलों का संयुक्त कार्यालय मुहल्ला सराय खाम में था और इनका उद्देश्य अंग्रेजों का विरोध करना और खादी का समर्थन करना था।

बरेली में मुस्लिम लीग और काँग्रेस के मध्य सोहार्दता का वातावरण विकसित हो रहा था, जिसको और अधिक स्थाई करने के उद्देश्य से लीग प्रत्याशियों के समर्थन में लीग के वरिष्ठ नेता मौ. शौकत अली और चौ. खलीक उज्जमा बरेली आये। इन नेताओं ने मोहल्ला सराय में दिये भाषणों में काँग्रेस से मिलकर लीग को समर्थन देने की अपील की, जिसके फलस्वरूप मुस्लिम लीग के टिकट पर अजीज अहमद और इमदाद हुसैन चुने गये।

बरेली से निर्वाचित प्रांतीय विधान सभा के सदस्य पं. गोविन्द बल्लभ पंत ने उत्तरी पश्चिमी प्रांत में मंत्रिमंडल बनाने से इसलिए मना कर दिया कि भारतीय अधिनियम 1935 में प्रदत्त कुछ अधिकारों को ब्रिटिश शासन ने देने से मना कर दिया था। इसके बाद गवर्नर ने मुस्लिम लीग के शीर्षस्थ नेता चौधरी खलीकुज्जमा को मंत्रिमण्डल बनाने हेतु आमंत्रित किया परंतु चौधरी साहब ने भी इसे स्वीकार नहीं किया। इनकी अस्वीकृति के पश्चात् राष्ट्रीय कृषि दल के तत्कालीन नेता नवाब छतारी को आमंत्रित किया। उन्होंने मंत्रिमंडल बनाने हेतु सहमति दे दी।

अल्प मत वाले दल के नेता नवाब छतारी द्वारा बनाये जाने वाली मंत्रिमंडल के विरोध में बरेली में कई स्थानों पर सभायें हुई। मुहल्ला लाखनगंज में ठा. पृथ्वीराज सिंह के निवास पर एक सार्वजनिक सभा का आयोजन किया गया, जिसमें बरेली के विधायकों ने भाषण दिये और एक प्रस्ताव पारित करके अल्पमतीय दल के नवाब छतारी के कदम की भर्त्सना की, जिससे बाध्य होकर नवाब छतारी को मंत्रिमंडल का स्वप्न तोड़ना पड़ा।

इस प्रकार अंग्रेज सरकार भी समस्याग्रस्त हो गई तथा आश्वासन देने लगी कि ब्रिटिश सरकार द्वारा मनोनीत गवर्नर किसी मंत्रिमंडल में कोई हस्तक्षेप नहीं करेगा जिसके फलस्वरूप बरेली के विधायक पं. गोविन्द बल्लभ पंत ने प्रांत में अपना मंत्रिमंडल बनाया। वास्तव में यह स्वतंत्रता हेतु आंदोलनकारियों की प्रथम विजय थी।

पं. गोविन्द बल्लभ पंत के प्रांत के मुख्यमंत्री बनने पर बरेली के जनमानस में खुशी की लहर दौड़ गई। मुख्यमंत्री बनने के पश्चात प्रथम बार वे बरेली पधारे, तो सिटी इम्प्रूवमेंट पार्क में बरेली की जनता और काँग्रेस पार्टी की ओर से उनका अभिनन्दन किया गया। पं. गोविन्द बल्लभ पंत ने अपने भाषण में आश्वासन दिया कि वे स्वतंत्रता मिलने तक ब्रिटिश सरकार के विरुद्ध जन-आंदोलन छेड़े रहेंगे।

पंत मंत्रिमण्डल की एक विशेषता यह रही कि इसमें मुस्लिम विधायक दल के नेता चौधरी खलीकुज्जमा को सम्मिलित नहीं किया गया, इससे बरेली में लीग गुट काँग्रेस के विरुद्ध हो गया। यह तब प्रकाश में आया, जब लखनऊ में चौधरी खलीकुज्जमा के प्रयासों से अखिल भारतीय मुस्लिम लीग का सम्मेलन आयोजित हुआ। अब बरेली मुस्लिम लीग का प्रमुख केंद्र बन गया, जिसके नेता बरेली के लीग विधायक मौलाना अजीज अहमद खाँ मनोनीत किये गए। उनके प्रयासों से मोहम्मद अली जिन्ना के आव्हान पर बरेली के अधिकांश मुसलमानों को लीग का सदस्य बना लिया गया। इस

समय बरेली में मौलाना अजीज अहमद, मौलाना इमदाद हुसैन, मो. अबूताहिर एडवोकेट आदि मुस्लिम लीग के कर्मठ कार्यकर्ता थे, जो पाकिस्तान की माँग करने लगे।

सन् 1937 के पश्चात बरेली में कांग्रेस और मुस्लिम लीग दो परस्पर विरोधी विचारधारा वाले दल बन गये। इसी समय 26 जनवरी 1938 ई. को बरेली कालेज, बरेली में ध्वज आंदोलन प्रारंभ हुआ। यहाँ के राष्ट्रवादी विद्यार्थी काँग्रेम के तिरंगे ध्वज को फहराने की तथा लीग समर्थित मुस्लिम छात्र, मुस्लिम लीग का ध्वज फहराने की पुरजोर माँग कर रहे थे। राष्ट्रवादी विद्यार्थियों ने अपनी माँग के समर्थन में जुलूस निकाले, जिससे तनाव का विषाक्त वातावरण बन गया। छात्रों का पारस्परिक विवाद विद्यालय की प्रबंध समिति तक पहुँच गया। समिति ने विवाद के हल हेतु उपाध्यक्ष खान बहादुर असगर अली को मध्यस्थता के लिए चुना। अली साहब ने दोनों पक्षों से 7-7 छात्र चुने और विचार-विमर्श किया गया। परंतु विवाद का हल फिर भी न निकल सका।

बरेली कालेज, बरेली का ध्वज-विवाद चल ही रहा था कि नगरपालिका कार्यालय पर भी ध्वज फहराया जाना था। यहाँ भी काँग्रेस और मुस्लिम लीग में मनमुटाव हो गया। यद्यपि बरेली के मुस्लिम जगत में भी राष्ट्रवादी विचारकों की कमी नहीं थी जिससे सम्बन्धित बरेली के राष्ट्रवादी नेता तथा पालिका अध्यक्ष अब्दुल वाजिद ने नगरपालिका पर लीग ध्वज फहराये जाने में राष्ट्र का अपमान समझ विरोध किया। अंततः बहुमत के आधार पर नगर पालिका में मुस्लिम लीग का ध्वज फहराया गया क्योंकि नगरपालिका के अधिकांश सदस्य लीग समर्थित थे। इस घटना के पश्चात अब्दुल वाजिद को मुस्लिम लोग का विरोधी समझ नगरपालिका के अध्यक्ष पद से हटा दिया गया।

सन् 1938 ई. में शासन द्वारा बरेली की जिला परिषद के अध्यक्ष पद पर बुधौली के ठा. मोतीसिंह को मनोनीत किया गया क्योंकि आप काँग्रेस आंदोलनकारियों के विरुद्ध हो गये थे और इस समय अंग्रेजों के समर्थन में लगे रहते थे। बरेली के काँग्रेस कार्यकर्ताओं ने ठा. मोतीसिंह के विरुद्ध एक योजना बनाकर इन्हें पकड़वाना चाहा। इसी से सम्बन्धित योजना में कांग्रेस कार्यकर्ताओं ने सिटी मजिस्ट्रेट श्री मुकट बिहारी लाल दर द्वारा रिश्वत के आरोप में पकड़वा ही दिया और राष्ट्रप्रेमियों की भावनाओं को कुचलने वाले देशद्रोही ठा. मोती सिंह को अपमानित करके ही छोड़ा।

बरेली के उग्रवादी नेताओं ने यह अनुमान लगा लिया कि उग्रवादी आंदोलनों में जब तक बरेली का जन-जन तथा श्रमिक वर्ग भाग नहीं लेगा, तब तक आशातीत सफलता मिलना कठिन है। इसी उद्देश्य की पूर्ति हेतु बरेली के नेता सतीश चंद्र और दामोदर स्वरूप सेठ ने जिला के सभी कारखानों के श्रमिक वर्ग के संगठन से श्रमिक संघश् का निर्माण किया, जिसे स्वतन्त्रता के विचारों से रंगा गया।

कांग्रेस और मुस्लिम लीग में संधि करने के उद्देश्य से दामोदर स्वरूप सेठ के निर्देशन में बरेली में एक कृषक सम्मेलन आयोजित किया गया, जिसमें कृषक वर्ग और मुस्लिम लीग के सदस्यों का हार्दिक आव्हान किया गया कि वे काँग्रेस को पूर्ण रूपेण समर्थन दें

जिससे भारत को शीघ्र स्वतन्त्रता प्राप्त हो सके। सम्मेलन में देश के समाजवादी नेता श्री राम मनोहर लोहिया ने भी भाग लिया। सम्मेलन की अध्यक्षता डॉ. अशरफ ने की थी।

ब्रिटिश शासन का समर्थन किया तो उन्हें इसके बदले में रोलट एक्ट और जलियाँवाला बाग हत्याकांड जैसे पुरस्कार प्राप्त हुए थे। इससे ब्रिटिश सरकार की दोषपूर्ण घोषणा ने भारतीय जनमानस को असंतुष्ट कर दिया।

बरेली में जब इसकी सूचना मिली तो कई स्थानों पर सभायें की गईं और ब्रिटिश सरकार की घोषणा के विरुद्ध प्रस्ताव पारित किये गये। बरेली नगर के विधायक और प्रदेश के तत्कालीन मुख्यमंत्री पं. गोविन्द बल्लभ पंत ने अपने मंत्रिमंडल को भंग कर दिया। बरेली में अंग्रेजी सरकार की ओर से रंगरूट नियुक्त किये गये तथा द्वितीय विश्व युद्ध हेतु विपुल धन भी एकत्र किया गया। ब्रिटिश सरकार को विभिन्न प्रकार की सहायतायें तथा सहयोग देने के उपलक्ष्य में अनेक व्यक्तियों को खानबहादुर, राय बहादुर, नवाब साहब आदि कई मानद उपाधियाँ पुरस्कार स्वरूप प्रदान की गईं। लगभग 4 वर्ष तक संपूर्ण जनपद में युद्ध, धनराशि तथा विभिन्न चाटुकारों द्वारा सहायता करने का क्रम अविरल गति से चलता रहा। अंग्रेजों द्वारा जिन्ना और मुस्लिम लीग की पीठ थपथपाये जाने पर मुस्लिम लीग सहित अनेक संगठन भी ब्रिटिश शासन के समर्थक बन गये।

भारत छोड़ो आंदोलन और बरेली (1940-1945)

भारत छोड़ो आंदोलन की परिस्थितियाँ–सन् 1937 ई. में प्रांतों में कांग्रेस और अन्य दलों की सरकारें गठित हुई किंतु द्वितीय विश्व युद्ध का प्रारंभ और उसमें तात्कालिक सरकारों से इस आशय का अनुमोदन न लेना कि भारत को युद्ध में सम्मिलित किया जाय या नहीं, ने इन मंत्रिमंडलों को त्यागपत्र देने के लिए बाध्य किया। इन मंत्रिमण्डलों के पद त्याग से राजनीतिक वातावरण में गतिरोध उत्पन्न हो गया। इस गतिरोध का निराकरण खोजा जा सकता था परंतु साम्राज्यवादी ब्रिटिश सरकार दमन को ही इसका निराकरण मानती थी। जिसके परिणामस्वरूप इस राजनीतिक गतिरोध की विकरालता सर्वप्रथम व्यक्तिगत सत्याग्रह के रूप में परिवर्तित हुई और बाद में इसने भारत छोड़ो आंदोलन का रूप धारण कर लिया।

व्यक्तिगत सत्याग्रह आंदोलन

कॉंग्रेस के सितंबर 1939 ई. के द्वितीय विश्व युद्ध में ब्रिटिश शासन ने बिना परामर्श से जर्मनी के विरुद्ध भारत को सम्मिलित करने की घोषणा से मुस्लिम लीग बहुत प्रसन्न हुई, जिससे उसने मार्च 1940 ई. में लाहौर अधिवेशन में सरकार के संकेत पर पाकिस्तान की माँग प्रारंभ कर दी।

कांग्रेस की नीतियों को प्रचारित करने के उद्देश्य से 1940 ई. में इलाहाबाद के फाफामऊ में एक प्रादेशिक कॉंग्रेस शिविर लगाया गया जिसका आतिथ्य कॉंग्रेस के

तत्कालीन राष्ट्रीय अध्यक्ष मौलाना अबुल कलाम आजाद ने सम्भाला। इनके अतिरिक्त युवा सम्राट पं. जवाहर लाल नेहरू, आचार्य जे. बी. कृपालानी भी उपस्थित थे। बरेली से गये प्रतिनिधिमंडल में श्री सतीश चंद्र, पं. दरवारी लाल शर्मा, ठा. नत्थू सिंह, और लाखन सिंह के नाम प्रमुख हैं।

इस शिविर में कांग्रेस की नीतियाँ स्पष्ट करके निकट भविष्य में प्रारंभ होने वाले सत्याग्रह पर प्रकाश डाला गया।

अगस्त 1940 ई. में बम्बई अधिवेशन में व्यक्तिगत सत्याग्रह आंदोलन का निर्णय लिया गया और महात्मा गाँधी ने सारे देशवासियों से द्वितीय विश्व युद्ध में अंग्रेजों की सहायता न करने की अपील की। महात्मा गाँधी ने आचार्य विनोबा भावे को इस हेतु पहला सत्याग्रही चुना।

कांग्रेस के आव्हान पर बरेली में इस सत्याग्रह ने अंग्रेजी शासन के विरुद्ध जनमानस को काफी उत्तजित किया। सेना में रंगरूटों के प्रवेश में भी बाधा उत्पन्न होने लगी तथा जनता के हृदय में राष्ट्रीय विचारधारा के प्रति रुचि जागृत होने लगी। यद्यपि व्यक्तिगत सत्याग्रह आंदोलन अंग्रेजों के विरुद्ध अधिक संकट उत्पन्न न कर सका तथापि व्यक्तिगत सत्याग्रह आंदोलन के माध्यम से होने वाले जनसंपर्क से खतरे का अनुभव अवश्य हुआ। व्यक्तिगत सत्याग्रहियों के साथ-साथ, अनेक उन काँग्रेस कार्यकर्ताओं को भी गिरफ्तार कर लिया गया जिन्होंने इस सत्याग्रह में किसी प्रकार से भाग नहीं लिया था। ऐसा करके अंग्रेज सरकार सत्याग्रह द्वारा किये जाने वाले जन-सम्पर्क को रोक देना चाहती थी। गिरफ्तार किये गये सत्याग्रहियों और काँग्रेस कार्यकर्ताओं पर चलाये गये मुकदमें भी जेल के अंदर ही सुने जाते थे ताकि तत्कालीन मुकदमों का प्रभाव दर्शकों पर न पड़े।

कांग्रेस की ओर से सन् 1940 ई. के व्यक्तिगत सत्याग्रहियों की सूची तैयार की गई तथा बरेली में कांग्रेस के तत्कालीन वरिष्ठ नेता श्री मोहन लाल यदुवंशी, निवासी अग्रास को इस सत्याग्रह आंदोलन का प्रथम डिक्टेटर नियुक्त किया गया। बरेली के जिन सत्याग्रहियों ने 1940 ई. में अंग्रेजी शासन के विरुद्ध नारे लगाते हुए जेल में प्रवेश किया, उनके नाम हैं—सर्वश्री मोहन लाल यदुवंशी, ऊधोनारायण, चिरंजीव लाल गुप्त, दौलतराम, नौरंगलाल, सतीश चंद्र, दामोदर स्वरूप सेठ, एवं प्रताप चंद्र आजाद। इन सर्वोच्च नेताओं के अतिरिक्त अब्दुल वाजिद, अम्बिका प्रसाद, ओम प्रकाश, अमीर अहमद हाजी, अंगन लाल, कंहई लाल, खंजन सिंह, गिरवर सिंह, गुलजारी लाल, गुलजारी लाल (अग्रास), गोपीनाथ, साहू छोटे लाल घंटे वाले, जगदीश प्रसाद, झुन्नालाल शर्मा, डोरी लाल, डोरी सिंह, दयाशंकर, दीनदयाल, दुर्राव सिंह, मुंशी द्वारिका प्रसाद, नत्थू लाल कपूर, नत्थू सिंह, निरंजन सिंह, महाशय पूरनलाल, पहलवान सिंह, श्योराज कपूर, प्रेमशंकर समर, फतेह सिंह, बल्देव सिंह, विलास सिंह, मलखान सिंह, मुंशी लाल, मेवाराम, मोहन सिंह बन्दा, लाला रघुनन्दन प्रसाद, राधेश्याम, राममोहन सिंह, रामस्वरूप यदुवंशी, ठा. लाखन

सिंह, लाखन सिंह, लालाराम, विलास सिंह, शमशेर सिंह, शिवनारायण शर्मा, सीताराम, शिवशरण अग्रवाल और शिव नारायण सिंह आदि भी जेल गये।

इनमें से अधिकांश गिरफ्तार सत्याग्रही भारत रक्षा कानून के अंतर्गत बन्दी बनाये गये। पुलिस तथा गुप्तचर विभाग के कर्मचारी झूठे साक्षियों को जेल के न्यायालय में उपस्थित कर देते थे और उनके विरुद्ध मिथ्या साक्ष्य प्रस्तुत कराते थे। सामान्यतया गवाहों से इस व्यान की पुष्टि कराई जाती थी. अमुक व्यक्ति लोगों को एकत्र करके सरकार के विरुद्ध उत्तेजनात्मक भाषण दे रहा था। इसी के कारण काँग्रेस कार्यकर्ताओं और व्यक्तिगत सत्याग्रहियों को बरेली जिला जेल में नहीं रखा गया।

संस्मरण (प्रताप चंद्र आजाद)-यद्यपि जेल अधीक्षक अंग्रेजी शासन के पूर्ण नियंत्रण में था तथापि जेल अधिकारियों का व्यवहार सत्याग्रहियों के प्रति उदार था। इससे स्पष्ट है कि कतिपय सत्याग्रहियों के माध्यम से अंग्रेज सरकार के विरुद्ध देश में वैमनस्य का वातावरण उत्पन्न हो रहा था, इसका स्पष्ट अनुमान जेल के अधिकारियों की सत्याग्रहियों के प्रति उदारता से लगाया जा सकता है।

सत्याग्रहियों की गिरफ्तारी के पश्चात सन् 1941 ई. में भी कई कांग्रेसी कार्यकर्ता गिरफ्तार किये गये। 30 दिसंबर 1941 ई. तक अधिकांश नेताओं को भारत रक्षा अधिनियम के अंतर्गत तथा कुछ को अन्य अभियोगों में बन्दी बना लिया। जो सत्याग्रही 1941 ई. के अंत तक कैद रहे, वे थे सर्वश्री राममूर्ति, पं. द्वारिका प्रसाद, अब्दुल हाजी, दरबारी लाल शर्मा, केदार सिंह, दीनानाथ मिश्र, इन्द्रदेव, कन्हैया लाल, लल्ले, करीम बक्श, किशन लाल, खेवन लाल, गिरधर चंद वैश्य, गुरु सहाय, गुलाबराय त्रिवेदी, गोपालराम, गुलजारी लाल, गूबे सिंह, गोविन्द सहाय, चंदा देवी, आर्या देवी, जमुनादास बाबा, जोखी, ज्योति प्रसाद, टीकाराम, टोड़ीलाल, दयाराम, दयाशंकर, दीन दयाल, दीनानाथ गुप्त, दुली, दोगल मोहन, धर्मेन्द्र सिंह, धूम सिंह, नवल किशोर, पी. डी. जोशी, पूरन सिंह, प्यारेलाल, प्यारेलाल वर्मा, बद्री सिंह, बाबूराम, विश्वनाथ, बाल मुकुन्द, भगवान दास, भजन लाल, भीकम सिंह, भूप सिंह, महावीर सिंह, मुकुट बिहारी लाल सक्सेना, मुन्नालाल मुनीम, मोतीराम, रंगबहादुर भारतीय, रघुनन्दन प्रसाद तैयल, रघुनन्दन शरण, रफीक खाँ, रामचंद्र सेवक, राम कुमार, रामनाथ, राम लक्ष्मण, राम भरोसे लाल वैश्य, राम सरन अवस्थी, राम सहाय, लालजी राम, लाल बहादुर, शिव कुमार पाठक, सरदार सिंह भदौरिया, सिराजुर्रहमान खाँ, सेवाराम, हिटलर, सिपट्टर सिंह, स्वामी केशवानन्द, हरनाम सिंह, हीरा लाल, हरिनन्दन प्रसाद गुप्ता और होरी शंकर।

संपूर्ण भारत में व्यक्तिगत सत्याग्रह आंदोलन के अंतर्गत कुल 14000 सत्याग्रही जेल में वन्द किए गए थे। जिनमें मई 1941 ई. तक बरेली के 150 सत्याग्रहियों ने अंग्रेजी सरकार के विरुद्ध नारे लगाकर जेल में प्रवेश किया।

अतः दिसंबर 1941 ई. में जापान द्वारा ब्रिटेन के विरुद्ध युद्ध घोषित कर शीघ्रता से हिंद चीन और इन्डोनेशिया को अधिकृत करके वर्मा की ओर बढ़ने आदि कीअंतर्राष्ट्रीय

गंभीर स्थिति के कारण काँग्रेस कार्य समिति ने व्यक्तिगत सत्याग्रह को स्थगित करना आवश्यक समझा। अंततः वारदोली अधिवेशन में एक प्रस्ताव पारित करके आंदोलन को स्थगित कर दिया गया।

व्यक्तिगत सत्याग्रह आंदोलन के स्थगन के पश्चात 14 जुलाई 1942 में वर्धा में काँग्रेस कार्यसमिति की एक बैठक हुई जिसमें 'अंग्रेजो भारत छोड़ो' का प्रस्ताव पारित कर दिया। इसी प्रस्ताव को विकसित करके इसके औचित्य को जन-जन की भावनाओं तक प्रचारित करने हेतु पं. गोविन्द बल्लभ पंत 26 जुलाई 1942 ई. को बरेली पधारे। बरेली में इस अवसर पर यहाँ के शीर्षस्थ नेता पं. द्वारिका प्रसाद के निवास स्थल पर संपूर्ण रुहेलखंड के हजारों काँग्रेस कार्यकर्ता एकत्र हुए तथा यहीं पर पं. पंत ने उपस्थित काँग्रेसियों के मध्य लम्बी वार्ता की। इसी दिन सायंकाल मोतीपार्क में एक विशाल जनसभा का आयोजन किया गया जिसका मुख्य आतिथ्य पं. गोविन्द बल्लभ पंत ने संभाला। सभा की अध्यक्षता पं. द्वारिका प्रसाद ने की। अतिथि पद से बोलते हुये पं. गोविन्द बल्लभ पंत ने कहा कि वर्धा में काँग्रेस कार्यसमिति की एक बैठक में एक प्रस्ताव पारित किया गया जिसके अनुसार भारतीयों का यह दायित्व है कि वे अंग्रेजों के विरुद्ध ऐसी विषम परिस्थितियाँ पैदा कर दें जिससे अंग्रेज भारत छोड़ने को बाध्य हो जायें।

काँग्रेस समिति की बैठक के प्रस्तावों का समाचार जब इंग्लैंड पहुँचा तो इसकी प्रतिक्रिया में इंग्लैंड ने दृढ़ शब्दों में कामन सभा में घोषित किया कि विश्व में ब्रिटेन के किसी उपनिवेश को अब भविष्य में इस प्रकार के प्रस्ताव पारित करने का कोई अधिकार नहीं होगा। परंतु बरेली में इस घोषणा के पश्चात् किसी प्रकार की शिथिलता तथा सभा आयोजनों में कमी नहीं आई।

9 अगस्त 1942 ई. की सायंकाल को कांग्रेस के बम्बई अधिवेशन के अवसर पर महात्मा गांधी एवं काँग्रेस कार्य समिति के शीर्षस्थ नेताओं की गिरफ्तारी की सूचना सारे देश में विद्युत की भाँति फैल गई। अगले दिन 10 अगस्त 1942 ई. को प्रातः 8 बजे बरेली के कई प्रमुख कांग्रेसी नेता गिरफ्तार कर लिये गये। सर्वप्रथम गिरफ्तार होने वालों में पं. धर्मदत्त वैद्य का नाम प्रमुख है। तत्कालीन काँग्रेस का कार्यालय मदारी दरवाजा (नरोत्तम वैद्य औषधालय की ऊपरी मंजिल) पर था तथा पं. दीनानाथ मिश्र काँग्रेस कार्यकारिणी के सदस्य थे। पं. दीनानाथ मिश्र को भी गिरफ्तार कर लिया गया क्योंकि दीनानाथ मिश्र, राममूर्ति और मा. राम प्रसाद के साथ बैठकर योजनायें बनाते थे। कुछ घन्टों के पश्चात् बरेली के नेता राममूर्ति को भी मुहल्ला कोहाड़ापीर स्थित उनके मकान से गिरफ्तार कर लिया गया।

इसके पश्चात् क्रम से बृजमोहन लाल शास्त्री, दामोदर स्वरूप सेठ, मोहन लाल यदुवंशी, दौलतराय यदुवंशी और प्रताप चंद्र आजाद के अतिरिक्त मु. ऊधौ नारायण, नौरंग लाल, पं. दरबारी लाल शर्मा, जयति राम, चिरंजीव लाल गुप्त इत्यादि शीर्षस्थ नेताओं को भारत रक्षा कानून के अंतर्गत धारा 26 में गिरफ्तार करके जेल भेज दिया

गया। गिरफ्तारियों का यह क्रम महीनों चलता रहा और धीरे-धीरे लगभग अधिकांश कांग्रेसी नेता एवं कार्यकर्ता गिरफ्तार करके जेल में ठूंस दिये गये। समस्त नेताओं पर विभिन्न प्रकार के अभियोग और अपराध लगाये गये।

भारत छोड़ो आंदोलन में बरेली के छात्र नेताओं ने भी प्रमुख भूमिका निभाई। पुलिस ने छात्र नेताओं में सर्वप्रथम सतीश चंद्र और प्रताप चंद्र आजाद को गिरफ्तार करके जेल भेज दिया तथा सरकार विरोधी अभियोग लगाये।

सरकारी सेवाओं में भी कुछ ऐसे राष्ट्रीय विचारधारा के कर्मचारी थे जो सरकार के विरुद्ध सदैव राष्ट्रीय विचारों का मनन करते रहते थे, तथा तोड़-फोड़, आगजनी तथा ऐसी ही सरकार विरोधी गतिविधियों में तन-मन-धन से जुटे रहते थे। इसका स्पष्ट प्रमाण बरेली कचहरी में लगी आग की घटना से देखा जा सकता है कि बरेली कचहरी में पी. डी. जोशी नामक एक लिपिक के परामर्श से कचहरी भवन की भीतरी दीवारों पर पुताई कराई गई जिससे दीमक आदि कीड़ा-मकोड़ा वहाँ रखे अभिलेखों को न खराब करें।

अंग्रेज विरोधी कार्यक्रम के अंतर्गत पोते जाने वाले पदार्थों में तेजी से जलने वाले (ज्वलनशील) रसायन भी मिला दिये गये। निश्चित योजनानुसार वारूद से आग लगाई गई, और कचहरी का समस्त अभिलेख जलकर राख हो गया। इस दुर्घटना की जाँच करने के आदेश दिये गये। इस घटना के संदेह में बरेली निवासी राम स्वरूप सक्सेना को गिरफ्तार किया गया तथा उन्हें 4 वर्ष का कठोर कारावास दिया गया। 11 अगस्त 1942 ई. को गुप्तचर विभाग के अधिकारियों के सतत् प्रयासों से पी. डी. जोशी भी पकड़ लिए गये तथा उन्हें भी कठोर दंड दिया गया।

पुनः राम स्वरूप सक्सेना, मोहल्ला कटरा मानराय में एक मौलवी के भेष में भूमिगत रहकर काँग्रेस का कार्य करते थे। यहीं पर किसी प्रकार पता लग गया और कस्बा नवाबगंज के पास मौलवी के भेष में गुप्तचर ने गिरफ्तार कर लिया और तार काटने के अभियोग में बन्द कर दिया। इसके पश्चात् मोहन सिंह बन्दा को 6 माह का कठोर कारावास हो गया।

जब 1942 ई. में कांग्रेस संस्था अवैध घोषित की गई थी और लगभग सभी काँग्रेसियों को पकड़ कर जेलों में बन्द कर दिया गया तो बरेली में भी इसका व्यापक प्रभाव पड़े बिना न रह सका। बरेली के जिला तथा नगर काँग्रेम कार्यालयों पर ताले डालकर सील कर दिया गया तथा सरकार ने इनमें रखे विभिन्न प्रकार के अभिलेख तथा आवश्यक पत्राजात को बिल्कुल नष्ट कर दिया।

जब बरेली के अधिकांश नेता गिरफ्तार हो गये तो आंदोलन का नेतृत्व छात्र नेताओं ने अपने हाथ में ले लिया। इसी क्रियाशील एवं राष्ट्रीय विचारों वाले विद्यार्थी वर्ग ने धारा 144 लागू होने पर भी नगर में कई बार उग्र प्रदर्शन किये तथा सड़कों पर जुलूस भी निकाले। प्रदर्शन के पश्चात् शांत सभायें आयोजित की गई जिसके फलस्वरूप कई छात्र नेताओं को सभा की समाप्ति पर कैद करके जेल भेज दिया गया तथा इन पर भी

शासन विरोधी गतिविधियों और भारत छोड़ो प्रस्ताव के समर्थन में किये गये जुलूस का अभियोग लगाया गया।

आजाद हिंद फौज और बरेली

फरवरी 1938 ई. में हरिपुरा में हुये काँग्रेस के अधिवेशन के पश्चात् उग्रवादी नेता सुभाष चंद्र बोस के उदय ने 1940 ई. के व्यक्तिगत सत्याग्रह आंदोलन और 1942 ई. के भारत छोड़ो आंदोलन की विभिन्न परिस्थितियों ने ब्रिटिश सरकार को भयभीत कर दिया। यही नहीं, सुभाष चंद्र बोस के प्रयत्न से 24 अक्टूबर 1943 ई. को सिंगापुर में आजाद हिंद फौज का विधिवत संगठन किया गया। भारत के प्रत्येक प्रांत के अधिकांश जनमानस ने इसमें सहयोग दिया। मार्च 1944 ई. तक आजाद हिंद फौज के सहयोग से भारत के अनेक छोटे-छोटे द्वीपों पर भारतीय ध्वज तिरंगा फहरा दिया गया।

आजाद हिंद फौज में बरेली से प्रविष्ट होने वाले 10 व्यक्ति थे जिनमें सर्वश्री मनफूल सिंह, मोहन लाल, रामदेव शर्मा, जगन्नाथ ओवराय तथा ए. बी. सिंह के नाम प्रमुख हैं। अब देश में दो प्रकार के स्वतंत्रता प्रेमी हो गये। एक उदारवादी व्यक्ति जो गाँधी जी पर विश्वास करते थे तथा दूसरे वे, जो उग्रवादी नेता सुभाष चंद्र बोस में अपनी पूर्ण आस्था रखते थे। बाद में बरेली से जो व्यक्ति सुभाषवादी विचारधारा लेकर आजाद हिंद फौज में प्रविष्ट हुए, वे थे—सर्वश्री झम्मन लाल, जुम्मी, बल्ले, भीकम सिंह, वेदराम, हेतराम ननका, मोतीराम, बृजलाल वेदी, प्रभु ज्योति सिंह, तुल्लन खाँ, रफीक अहमद, अशर्फी लाल, गोकुल प्रसाद, जगन्नाथ ओवराय, राम अवतार सिंह, मिश्री लाल, रणजीत सिंह, मथुरा प्रसाद, असगर हुसैन, मोहन सिंह, सुखलाल, नत्थू सिंह, मुंशी उर्फ बाबा, राम भरोसे लाल, कुन्दन लाल, सूरज प्रसाद, शाहबुद्दीन, रुकुम सिंह, राम दयाल, मलूसिंह उर्फ हिमाचल सिंह, तोताराम चावला, सीताराम, रजा खाँ, अमरीक कल्लन धोबी, मुकुन्द राम, दरबारी लाल, ओम प्रकाश, मसीह चरण, सिंह, आनन्द सिंह नेगी, करतार सिंह, विशन सिंह बोरा, केवल सिंह, खमानी सिंह, देव प्रसाद, पूरन सिंह, मंगल सिंह, शेर सिंह, सीताराम गोस्वामी, श्याम बिहारी लाल दीक्षित, सन्त सिंह, प्यारा सिंह और बाबूराम शर्मा।

1938 ई. में सुभाष चंद्र बोस देश में क्रांति का बिगुल बजाते हुए बरेली के विशेष दौरे पर आये क्योंकि उनके विचार में 1857 ई. के प्रथम स्वतंत्रता संग्राम में बरेली ने प्रमुख भूमिका निभाई थी। नेताजी सुभाष चंद्र बोस कुतुबखाने पर आयोजित सभा में पधारे। यहाँ सुभाष चंद्र बोस ने उग्रवादी एवं ओजस्वी भाषण दिया तथा बरेली की जनता का आव्हान किया कि वह स्वतंत्रता आंदोलन की आग में फूस डालकर उसे दिशा देती रहे। इस प्रकार के क्रांतिकारी विचार वाले वक्तव्य सुनकर उपस्थित जन समूह के हृदय में क्रांतिकारी भावनायें हिलोरें लेने लगीं।

अपने लम्बे भाषण में सुभाष चंद्र बोस ने बरेली की जनता से आजाद हिंद फौज में भर्ती होने की अपील की जिससे स्वतंत्रता शीघ्र ही प्राप्त की जा सके। नेताजी सुभाष चंद्र बोस ने यह भी कहा कि जर्मनी अंग्रेजी शासन से युद्ध की घोषणा कर चुका है। इसलिए हमारा परम सौभाग्य है कि हम इस अवसर का लाभ उठायें और दीवाने जंग में अवश्य कूद जायें, क्योंकि ऐसा अवसर बारबार नहीं आयेगा। कुतुबखाने पर आयोजित इस सभा की अध्यक्षता कांग्रेसी नेता पं. द्वारिका प्रसाद ने की।

इस सभा के पश्चात् सुभाष चंद्र बोस, सरस्वती विद्यालय हा.से. स्कूल, (आज इंटर कालेज) में आयोजित सभा में उपस्थित हुए। यहाँ पर भी आपने ओजस्वी तथा उग्र विचारों वाला भाषण दिया। इस सभा की अध्यक्षता सरस्वती विद्यालय के तत्कालीन प्रधानाचार्य श्री विश्वंभर नाथ जी ने की। सभा में नेताजी ने जनता को पुकार कर कहा कि आजादी केवल कोरी अहिंसा से प्राप्त नहीं हो सकती। इतिहास साक्षी है कि स्वतंत्रता सदैव क्रांति से ही प्राप्त हुई है। इसका इतना प्रभाव पड़ा कि बरेली से अधिक से अधिक व्यक्ति उनकी विचारधारा का समर्थन करने लगे।

द्वितीय विश्व युद्ध की समाप्ति के पश्चात् आजाद हिंद फौज के अनेक अधिकारियों पर अभियोग लगाये गये। कर्नल प्रेम कुमार सहगल, गुरूबक्श सिंह ढिल्लन और शहनवाज खाँ पर आरोप लगाये गये कि वे भारतीय सेवा से त्यागपत्र देकर आजाद हिंद सेना में भर्ती हुए थे। किसी प्रकार पं. जवाहर लाल नेहरू, भूलाभाई देसाई और तेज बहादुर सप्रू के अथक प्रयासों से तीनों अधिकारी मृत्युदण्ड से मुक्त किए गये। उनकी मुक्ति पर समस्त भारत में खुशियाँ मनाई गयीं। सारे भारत में आजाद हिंद फौज के सैनिकों को स्वतंत्रता सैनिकों के नाम से पुकारा जाने लगा तथा स्थान-स्थान पर उनके स्वागत एवं दर्शन हेतु जनता उमड़ पड़ती थी।

इसी अवसर पर शहनवाज खाँ को बरेली आने का निमंत्रण दिया और उन्होंने प्रसन्नतापूर्वक उसे स्वीकार कर लिया। जैसे ही शहनवाज खाँ हवाई जहाज से बरेली आये कि अंग्रेज अधिकारियों के कठोर तथा विरोधी आदेश से उनका जहाज आइजटनगर तथा किसी स्थान पर उतरने से मना कर दिया। उनके स्वागत हेतु हजारों व्यक्ति सुबह से आकर खड़े हो गये थे। इतनी भीड़ को एकत्र देखकर शहनवाज खाँ कुछ परेशान हुए तथा उन्होंने एक पत्र लिखकर अपने रूमाल में बाँध जहाज से नीचे गिरा दिया। उसमें लिखा था कि वे रामपुर हवाई अड्डे पर उतरेंगे। बाद में उनके रूमाल और पत्र को उपस्थित जनसमूह में नीलाम कर दिया। सबसे अधिक नीलामी बोलने वाले व्यक्ति को 500/रुपये में रूमाल दे दिया गया।

जब तक शहनवाज खाँ हवाई जहाज से रामपुर में उतरे तब तक बरेली से कारें और मोटरें भी पहुँच चुकी थीं। शहनवाज खाँ कार द्वारा बरेली पधारे। बरेली के सिटी इम्प्रूवमेंट पार्क में एक सभा का आयोजन किया गया। इस अवसर पर उपस्थित जनसमूह ने शहनवाज खाँ के प्रति आभार व्यक्त किया। सभा में शहनवाज खाँ का

ओजस्वी भाषण हुआ तथा उन्होंने बरेली की जनता का आव्हान कर प्रार्थना की कि यहाँ की जनता आजाद हिंद फौज को अधिक से अधिक सहभागिता देकर आजाद हिंद फौज के मनोबल को विकसित करें क्योंकि इस अवसर पर उनका बड़ा योगदान है।

शहनवाज खाँ के बरेली से जाने के पश्चात् बरेली कालेज बरेली के राष्ट्रीय विचारधारा वाले छात्र, आजाद हिंद फौज से अत्यधिक प्रभावित हुए। उन्होंने छात्र संघ की ओर से एक सभा का आयोजन किया। इसी से संबंधित एक सभा 29 अक्टूबर 1945 ई. को तत्कालीन प्राचार्य मदन मोहन से गुप्त रखकर बरेली कालेज बरेली के हॉल में की गई। सभा में विद्यालय के राष्ट्रीय विचारधारा वाले अधिकांश छात्रों ने भाग लिया तथा आजाद हिंद फौज के समर्थन में एक प्रस्ताव पारित करके निर्णय लिया गया कि बरेली कालेज के छात्र संघ की समस्त एकत्र धनराशि आजाद हिंद फौज को तत्काल भेज दी जाये। इस सभा कक्ष के बाहर प्रदर्शन भी होता रहा। इसी समय एक उप समिति की भी स्थापना की गई जिसका उद्देश्य आजाद हिंद फौज की सहायतार्थ छात्रों द्वारा धन एकत्र करना था।

30 अक्टूबर, 1945 ई. को जब प्राचार्य मदन मोहन को आजाद हिंद फौज के समर्थन में हुई कालेज की छात्र सभा की सूचना मिली, वे बहुत क्रोधित हुए। उन्होंने अपने कक्ष में कालेज छात्र संघ के उन छात्र नेताओं को बुलाया जिनके प्रयास और सहयोग से 29 अक्टूबर को सभा का आयोजन किया गया था। उन्होंने छात्र नेताओं को सुझाव दिया कि वे आजाद हिंद फौज हेतु किसी प्रकार की धन संग्रह करने वाली किसी उप समिति की स्थापना न करें। परंतु छात्र नेताओं ने इसे अपना अपमान समझा और अपनी कोई बात नहीं कही।

एक नवंबर 1945 ई. को प्राचार्य मदन मोहन ने मध्यान्ह को बरेली कालेज हाल में एक सभा आयोजित की जिसमें कालेज के अधिकांश छात्र नेताओं को आमंत्रित किया गया। सभा की अध्यक्षता करते हुए प्राचार्य ने अपना भाषण दिया और कालेज के सभी छात्रों का आव्हान किया कि वे किसी प्रकार की राजनीति में भाग न लें तथा आजाद हिंद फौज की सहायता हेतु न तो छात्रसंघ की धनराशि भेजें और न इस प्रकार के धन को एकत्र करने हेतु उपसमिति की ही स्थापना करें। इस विचारधारा को सुनकर छात्रों में उत्तेजना आ गई, उन्होंने सभा का बहिष्कार करना प्रारंभ कर दिया और ''आजाद हिंद फौज को समर्थन दो'', ''प्राचार्य अत्याचार कर रहे हैं'' आदि गगनभेदी नारे लगाने लगे।

यद्यपि बरेली कालेज बरेली के तत्कालीन प्राचार्य मदन मोहन एक राष्ट्रीय एवं प्रगतिशील विचारों वाले व्यक्ति थे परंतु कालेज प्रबन्ध समिति के अध्यक्ष एवं कमिश्नर नेदरसोल तथा समिति के अन्य अधिकारी वर्ग ने व्यक्तिगत रूप से उन्हें बाध्य कर दिया कि वे आजाद हिंद फौज के समर्थन में होने वाले हर प्रकार के कृत्य पर बरेली कालेज में प्रतिबन्ध लगा दें, अन्यथा उनके विरुद्ध अनुशासनहीनता का आरोप लगाकर

उन्हें पदच्युत कर दिया। समिति के अधिकारी अधिक अप्रसन्न हुये तो प्राचार्य ने वैसा आश्वासन दिया।

छात्रसंघ ने प्राचार्य और कमिश्नर का विरोध करना प्रारंभ कर दिया। प्राचार्य मदन मोहन ने छात्रों की उग्रता एवं विरोध के कारण प्राचार्य पद से त्यागपत्र दे दिया, जिसे अवसर पाकर कमिश्नर नेदरसोल ने अविलम्ब स्वीकार कर लिया। नेदरसोल को पूर्व आभास था कि मदन मोहन भी दिखावा मात्र के लिए अंग्रेज समर्थक थे, वह इससे पूर्व प्राचार्य मदन मोहन को पदच्युत करने का सुअवसर खोज रहा था।

जब प्राचार्य मदन मोहन के त्यागपत्र की सूचना बरेली कालेज के छात्र नेताओं को प्राप्त हुई, तो उनके क्रोध की सीमा न रही। वास्तव में उन्हें प्राचार्य पर पूर्ण विश्वास था। छात्रों में कमिश्नर नेदरसोल के विरुद्ध क्रोध की आग भड़क उठी। छात्रों के क्रियाकलाप के कारण प्राध्यापकगण शिक्षण कार्य में कठिनता अनुभव करने लगे। कालेज में मदन मोहन के समर्थन में छात्रों ने व्यापक आंदोलन का आव्हान किया। विद्यार्थियों की मांग थी कि प्राचार्य का त्यागपत्र वापस लिया जाये तथा छात्रों द्वारा गठित उप समिति का विरोध न किया जाये तथा छात्रसंघ - धन को आजाद हिंद को भेजने की स्वीकृति प्रदान की जाये, क्योंकि यह धन आजाद हिंद फौज के सैनिकों के परिवारों को सहायतार्थ दिया जा रहा है।

कई दिनों तक कालेज में अशांति का वातावरण बना रहा। छात्र आंदोलित होकर अपनी मांगों के समर्थन में नारे लगाते रहे, परंतु इन कृत्यों का कमिश्नर

नेदरसोल पर कोई प्रभाव न पड़ा। अंततः उसने प्राचार्य के त्यागपत्र को अपनी स्वीकृति प्रदान कर दी और 24 नवम्बर 1945 ई. को मदनमोहन के स्थान पर मि.डी. पी. भट्टाचार्य को नियुक्त कर दिया।

आजाद हिंद फौज में कार्यरत सैनिकों में बरेली के अधिकांश व्यक्ति लेफ्टीनेंट, सब आफीसर और सिपाही के पदों पर कार्यरत थे। जब ब्रिटिश सरकार ने आजाद हिंद फौज के सैनिकों को कैद करके जेल में डाल दिया तो बरेली के दो व्यक्ति सर्वश्री डी. एस. अरोड़ा तथा प्रभुदयाल ने अंग्रेज अधिकारियों के सम्मुख उपस्थित होकर मुक्त करने की करबद्ध प्रार्थना की तथा अंग्रेज विरोधी किसी भी कार्य में सहयोग न देने का संकल्प लिया, जिससे उन्हें जेल न भेजे जाने का आदेश हो गया।

बरेली निवासी आजाद हिंद फौज के सैनिक जब जेल से मुक्त होकर आये, तो बरेली के क्रांतिकारी नेता दामोदर स्वरूप सेठ ने उनका सम्मान किया। उनके अथक परिश्रम तथा प्रयास के फलस्वरूप जिला काँग्रेस कमेटी बरेली की ओर से अधिकांश आजाद हिंद फौज के सैनिकों को विभिन्न पदों पर नियुक्त करा दिया गया जिससे वे अपनी जीविकोपार्जन करते रहे।

भर्ती होने के उद्देश्य से बरेली से आजाद हिंद फौज के पाँच सैनिक सर्वश्री अजब सिंह चौहान, झम्मन लाल, जुम्मी, नत्थू सिंह और पं. राम भरोसे लाल बरेली की रिजर्व

पुलिस लाइन के अहाते में उपस्थित हुये। वे सभी आर. आई. के सम्मुख उपस्थित हुये तथा नौकरी हेतु प्रार्थनायें कीं। अंग्रेज अधिकारी ने उनसे पूर्व अनुभव तथा उनकी विगत नियुक्तियों के सम्बन्ध में पूछताछ करके इन पाँचों व्यक्तियों ने विगत नियुक्तियों के सम्बन्ध में आजाद हिंद फौज सम्बन्धी अपने अपने प्रमाण पत्र दिखाये। इन प्रमाण पत्रों को देखते ही अंग्रेज अधिकारी आग बबूला हो गया। उसने तत्काल ही अपशब्द कहते हये सभी के प्रमाण-पत्रों को फेंक दिया और वह निरंतर अश्लील भाषा का प्रयोग करता रहा तथा पाँचों को भाग जाने का आदेश दिया।

इस प्रकार के अपमान को देखकर आजाद हिंद फौजी बूंट पीकर रह गये। इस प्रकार के व्यवहार तथा भूमि पर पड़े प्रमाण-पत्र देख, सुभाष ब्रिगेड के पाँचों व्यक्तियों का रक्त खौल उठा। इनमें से ओंध निवासी पं. राम भरोसे लाल ने उक्त अंग्रेज अधिकारी को पकड़ कर जमीन पर पटक दिया। यह देखते ही समीप खड़े अन्य रंगरूट आ गये तथा अंग्रेज अधिकारी को भूमि पर गिरा देख, पं. राम भरोसे लाल पर झपटने वाले ही थे कि शेष चार सैनिकों ने संकेत करते हुए 'भारतीयो शर्म-शर्म' कहा और रंगरूटों को निष्क्रिय कर दिया। इतने में पं. राम भरोसे लाल ने अंग्रेज अधिकारी की बन्दूक भी छीननी चाही, इस पर उनके चारों साथियों ने वैसा करने से मना कर दिया तथा परामर्श दिया कि बंदूक छीनकर अधिक अपराधी बनना अच्छा नहीं है। यद्यपि पाँचों को पूर्ण विश्वास था कि उन्हें कड़ा से कड़ा दण्ड भुगतना पड़ेगा, फिर भी वे उत्साही सुभाष बोस की भाँति निर्भय होकर खड़े रहे। यही हुआ कि पाँचों सैनिकों को रिजर्व पुलिस ने तत्काल ही गिरफ्तार कर लिया और यह विचार करके कि भारतीय स्वतंत्रता अब अधिक समीप है, लगभग 24 घंटे की हिरासत के पश्चात मुक्त कर दिया।

इसके पश्चात् पं. राम भरोसे लाल ने सरकारी वाहनों के दुरुपयोग करने की प्रतिज्ञा कर ली, इसलिये वे जहाँ भी गये, रेलों से गये। यदि कहीं टिकट के सम्बन्ध में किसी टिकट निरीक्षक से वाद-विवाद हो जाता तो वे तत्काल ही निरीक्षक को पीट देते थे और स्वयं गायब हो जाते थे।

अतः आजाद हिंद फौज के सैनिकों तथा उच्च अधिकारियों की प्रताड़ना से देश में नव चेतना का विकास हुआ जिससे स्वतंत्रता का वातावरण बना और आजाद हिंद फौज द्वारा किया गया विरोध स्वतंत्रता के लिए वरदान सिद्ध हुआ।

बम्बई का नौसेना विद्रोह और उसका बरेली पर प्रभाव

प्रारंभ से ही भारतीय नौसेना के सैनिकों के प्रति भेदभाव की नीति अपनाई जाती रही है जिससे उनके मन में असंतोष उत्पन्न होना स्वाभाविक था। भारतीय सैनिकों को द्वितीय विश्व युद्ध की समाप्ति के पश्चात नौसेना में हस्तांतरित कर दिया गया क्योंकि अंग्रेज अधिकारी उनसे अन्यायपूर्ण व्यवहार करते थे।

आजाद हिंद फौज के अधिकारियों पर मुकदमा चलने से भारतीय नौसेना को भी शासन के विरुद्ध विद्रोह करने की प्रेरणा मिली जिसके आधार पर 1857 ई. के पश्चात् स्वतंत्रता संग्राम के इतिहास में सैनिकों ने पहली बार बम्बई में 18 फरवरी, 1946 ई. को खुले रूप में विद्रोह का झण्डा ऊँचा किया। नौसैनिकों ने 'भारत छोड़ो', 'जै-हिंद', 'हिंदू-मुस्लिम भाई-भाई' और 'हमारी माँगें पूरी करो' आदि गगनभेदी नारे लगाने प्रारंभ किए।

जल सेना के अधिकारियों ने सरकार को एक ज्ञापन दिया जिसमें कहा गया था कि जब तक स्वशासन प्राप्त नहीं हो जाता तब तक वे कोई कार्य नहीं करेंगे। जल सेना की ओर से बम्बई में एक बृहद् जनसभा का आयोजन किया गया। ब्रिटिश सरकार ने भारतीय जल सेना से सारे जलयान ले लिये तथा अंग्रेजी सेना को सौंप दिये।

बम्बई में हुये जल सेना विद्रोह का समाचार जब बरेली आया तो यहाँ पर भी खुशी की लहर दौड़ गई। मोती पार्क में एक सभा आयोजित की गई तथा सभा में बम्बई जल सैनिकों के समर्थन में भाषण दिए गये। इस विद्रोह का बरेली के मुस्लिम सैनिकों पर विशेष प्रभाव पड़ा क्योंकि मुस्लिम लीग ब्रिटिश शासन से बहुत दुःखी थी जिसका कारण शिमला सम्मेलन का असफल होना था।

जब सरदार बल्लभ भाई पटेल और मौलाना अबुल कलाम आजाद के प्रयत्नों से विद्रोह को अन्यायपूर्ण समझ बम्बई के जल सैनिकों को काम पर पुनः लौटने का सुझाव दिया गया तो बरेली में भी इस सुझाव का प्रभाव पड़ा और किसी प्रकार की कोई अप्रिय घटना न घटी।

काँग्रेस और मुस्लिम लीग के आश्वासनों के बाद भी आंदोलनकारी नौसैनिकों को गिरफ्तार किया गया और विभिन्न प्रकार के दंड दिये गये लेकिन नौ सेना के वीर सिपाहियों का संघर्षमय बलिदान व्यर्थ नहीं गया। बल्कि इस क्रांति ने स्वतंत्रता की प्रक्रिया को और भी तेज कर दिया।

षष्ठम् अध्याय

स्वतंत्रता संग्राम के प्रमुख सेनानी/शहीद

देशव्यापी भारत छोड़ो आंदोलन मई 1944 ई. तक चलता रहा। इसमें संपूर्ण भारत के लगभग 60,000 आंदोलनकारी कार्यकर्ता गिरफ्तार किये गये, इन पर विभिन्न प्रकार के अभियोग लगाये गये थे।1 बरेली जिला के जिन व्यक्तियों को इस आंदोलन के अभियोग में तथा शासन विरोधी गतिविधियों के अंतर्गत गिरफ्तार करके जेल भेजा था, उनकी संख्या 188 से अधिक थी जिन्हें लगभग 7712 रुपये अर्थ दण्ड भी भुगतने पड़े।

भारत छोड़ो आंदोलन के अंतर्गत सर्वश्री जयतिराम, चिरंजीव लाल गुप्त, दामोदर स्वरूप सेठ, ऊधौनारायण, अब्दुल रऊफ, दरबारी लाल शर्मा, दीनानाथ मिश्र, प्रताप चंद्र आजाद, मोहन लाल यदुवंशी, दौलतराय यदुवंशी, धर्मदत्त वैद्य, नौरंग लाल, बृजमोहन लाल शास्त्री, राममूर्ति और सतीश चंद्र आदि शीर्षस्थ नेताओं के अतिरिक्त अमीर अहमद हाजी, कन्हैया लाल, कन्हैया लाल (बिहारीपुर), कन्हैया लाल लल्ले, कल्लू, कालीचरन रस्तोगी, कालीचरन, काशीराम, केदार सिंह, कन्चन सिंह, कृष्णाचार्य वैद्य, कृष्ण मुरारी असर, गोपीनाथ, गयाराम, गिरधारी लाल, गुरु सहाय, गुरुदयाल सिंह, गोपाल राम, चंद्रसेन, चंद्रमोहन पन्त, फूलचन्द, जगदम्बा प्रसाद, जमुनादास, जमुनादीन मिश्र, जय किशन, झुन्नालाल शर्मा, टोड़ी राम, दयाशंकर, दयाराम, दीनानाथ गुप्त, मु. द्वारिका प्रसाद, धर्म प्रकाश, धर्मेन्द्र सिंह, धूमसिंह, नत्थू लाल कपूर, नत्थू लाल शर्मा, नन्दो देवी नन्हें लाल, नवल किशोर, पोथी राम, नारायण सहाय जौहरी, निरंजन सिंह, पी. डी. जोशी, पीतम राम, पूरनलाल महाशय, प्यारेलाल वर्मा, प्रेमशंकर समर प्रेमसिंह बनारसी, बृजगोपाल वैश्य, बृजनाथ, बाबूराम, वासुदेव शर्मा, बिहारी लाल, बेचेलाल, भगवान दास, भजन लाल, मदन मोहन, एम. एस. मेहता, मलखान सिंह, महानन्द सेवक, मुकुट बिहारी लाल सक्सेना, मुन्नालाल मुनीम, मुरली मनोहर अग्रवाल, मूलचन्द जौहरी, मोतीराम, मोहन सिंह बन्दा, रंगबहादुर भारतीय, राधेश्याम, रघुनन्दन प्रसाद तैय्यल, रघुवीर सरन, रघुनन्दन चरण जौहरी, रामपाल सिंह, राम प्रताप सिंह, राम प्रसाद सिंह, रामशरण बाजपेई, राम सहाय, राम स्वरूप, राम स्वरूप गुप्ता, राम स्वरूप यदुवंशी, रूप प्रकाश, राम गोपाल, लालजी राम, शबाब सिंह, शमशेर सिंह, शांती स्वरूप, शांती प्रसाद, शिवकुमार पाठक,

शिवशरण अग्रवाल, श्याम सुन्दर लाल, श्रीराम, साहब सिंह, सरदार सिंह भदोरिया आदि कांग्रेसी नेता गिरफ्तार किये गये थे।

ये सभी बन्दी कार्यकर्त्ता मई 1944 ई. में मुक्त कर दिये गये तथा बरेली जनपद में पुनः हर्षोल्लास का वातावरण बन गया।

1942 के भारत छोड़ो आंदोलन के बन्दियों को सम्मानित करने के उद्देश्य से कानपुर में एक स्वतंत्रता सेनानी सम्मेलन आयोजित किया गया तथा प्रदेश के सभी स्वतंत्रता सेनानियों को आमंत्रित किया गया। चूँकि स्वतंत्रता सेनानी अभी जेलों से मुक्त होकर आये ही थे, जिससे वे सशंकित थे। इस सम्मेलन का मुख्य उद्देश्य गिरफ्तार हुए स्वतंत्रता सेनानियों का सामूहिक सम्मान करना तथा काँग्रेस के आगामी क्रियाकलापों तथा भविष्य की अग्रिम योजनाओं से अवगत कराना था। बरेली के अधिकांश विमुक्त कांग्रेसी जन कानपुर सम्मेलन में इसलिए जाने को तैयार नहीं थे कि कहीं पुनः नजरबन्द न कर दिये जायें। लेकिन बरेली के सतीश चंद्र ने बिना चिन्ता किये सम्मेलन में जाने की स्वीकृति प्रदान कर दी।

कानपुर सम्मेलन की अध्यक्षता देश के शीर्षस्थ नेता बाबू पुरुषोत्तम दास टण्डन ने की, जो उसी समय जेल से छूट कर आये थे। इस सम्मेलन में प्रस्ताव पारित किया गया कि प्रत्येक कांग्रेसी अपने घर पहुँच कर अपने निवास पर काँग्रेस का तिरंगा ध्वज लगायेगा। बरेली के सतीश चंद्र ने प्रस्ताव के अनुसार अपने घर जाकर ध्वज लगा दिया। बरेली आकर आपने प्रस्ताव के अनुसार कार्य करना प्रारंभ कर दिया। तत्काल काँग्रेस में गुप्त रूप से कार्य करना तो अधिकांश व्यक्ति चाहते थे परंतु खुले रूप से ध्वज लगाना एक दुरूह कार्य था।

दामोदर स्वरूप सेठ उस समय के एक क्रियाशील कांग्रेसी नेता थे। मोहल्ला बिहारीपुर के निवासी नत्थू बाबू ने मदारी दरवाजा स्थित अपना भवन काँग्रेस से प्रभावित होकर कांग्रेस कार्यालय हेतु व्यक्तिगत रूप से दामोदर स्वरूप सेठ को दान कर दिया था। तभी से यही काँग्रेस का कार्यालय वन गया। यहीं पर एक पत्र पेटिका टंगी रहती थी जिसमें गोपनीय रूप से कांग्रेसी कार्यवाहियाँ और सूचनायें डाल दी जाती थीं। इसी भवन की प्रथम मंजिल में सरकारी पत्रालय था तथा यहाँ पर हो काँग्रेस सम्बन्धी डाक आने पर उसे तत्काल अपने अधिकार में ले लिया जाता था।

भारत छोड़ो आंदोलन के पश्चात् बरेली

सन् 1942 ई. से 1944 ई. तक काँग्रेस अपना आंदोलन प्रारंभ किए रही जबकि काँग्रेस सरकार इस समय द्वितीय विश्व युद्ध हेतु जनपद में रंगरूटों की भर्ती का कार्यक्रम तेज कर रही थी। भारतीयों को प्रलोभित करने की प्रवृति तो सदैव से अंग्रेजों की रही है, इसी से सम्बन्धित सन् 1944 ई. में अंग्रेज अधिकारियों की ओर से एक युद्ध विशेषांक भी प्रकाशित किया गया जिसमें उन चाटुकारों तथा काँग्रेस के विरोधियों की प्रशंसा की गई

जिन्होंने युद्ध हेतु अंग्रेजी सरकार को अधिक से अधिक धन संग्रह करके दिया था। उनके परिचय सहित फोटो भी निकाले गये। कई व्यक्तियों को "खानबहादुर और रायबहादुर" आदि की मानद उपाधियाँ देकर अपना समर्थक बना लिया।

जहाँ एक ओर अंग्रेज अधिकारी अपनी कूटनीति से भारतीय चाटुकारों को अपनी ओर मिला रहे थे वहीं दूसरी ओर बरेली के एकमात्र सामाजिक कार्यकर्ता पं. राधेश्याम कथावाचक ने वीर अभिमन्यु नामक एक राष्ट्रीय नाटक मंच पर प्रस्तुत किया। इसमें राजा बहादुर का अभिनय चाटुकारिता वाला दिखाया गया। इस नाटक से प. राधेश्याम कथावाचक ने आम जनता का मार्ग दर्शन करके खुले रूप में अंग्रेजी शासन की भर्त्सना की तथा राष्ट्रीय भावनाओं का विकास किया।

जिन व्यक्तियों को रायसाहब की मानद उपाधि से विभूषित किया गया उनमें बरेली के आर्य समाजी नेता श्री श्याम स्वरूप सत्यव्रत तथा डा. बी. बी. राय के नाम प्रमुख हैं।

इस प्रकार जहाँ बरेली के अधिकांश स्वतंत्रता प्रेमी कांग्रेसीजन अपने प्राणों की बाजी लगाकर सत्याग्रहों में कूद रहे थे, वहीं चाटुकारों की भी कमी नहीं थी, परंतु इनकी संख्या नगण्य थी। 1942-43 ई. में केवल 2 सत्याग्रही माफी माँग कर जेल से मुक्ति पा अपने घर आ गये थे। उनमें चंद्र मोहन पंत और कृष्णाचार्य वैद्य के नाम प्रमुख हैं।

कुछ नेतागण किंही व्यक्तिगत कारणों से जेल नहीं गये परंतु काँग्रेस का कार्य तल्लीनता से करते रहे। उनमें तिलक विद्यालय के तत्कालीन अध्यापक श्री प्रताप नारायण वर्मा का नाम उल्लेखनीय है।

द्वितीय विश्व युद्ध में बरेली के नेताओं ने कोई विशेष योगदान नहीं दिया इसलिए द्वितीय विश्व युद्ध से बरेली का कोई विशेष सम्बन्ध नहीं है।

यदि तत्कालीन परिणामों की दृष्टि से देखा जाये तो कहा जा सकता है कि भारत छोड़ो आंदोलन, असहयोग आंदोलन और सविनय अवज्ञा आंदोलन की ही भाँति असफल रहा। तीनों प्रमुख आंदोलनों की असफलता से मोहम्मद अली जिन्ना के नेतृत्व में मुस्लिम लीग की शक्ति और महत्व बहुत बढ़ गया था।

प्रायः किसी भी आंदोलन के परिणाम दूरगामी हुआ करते हैं। भारत छोड़ो आंदोलन ने एक बार पुनः सिद्ध कर दिया कि भारतीय जनमानस ब्रिटिश शासन से मुक्ति चाहता है और वह मुक्ति प्राप्त करके ही रहेगा। यह ठीक है कि मशीनगनों और बन्दूकों के बल पर तात्कालिक तौर पर आंदोलन को कुचल दिया गया था परंतु स्वतंत्रता की भावनायें तो नहीं कुचली जा सकती थी। इस आंदोलन से स्वतंत्रता की भावनायें और भी प्रबल हो गयीं।

भारत छोड़ो आंदोलन की सबसे बड़ी विशेषता यह थी कि उसने देश से बाहर ब्रिटेन और अमेरिका के जनमानस के मन में ये भावनायें भर दी थीं कि भारत के लोग अब अंग्रेजी शासन को सहन नहीं करेंगे ईंग्लैंड के संसद सदस्य यह स्वीकार करने लगे थे कि उनके ताज का सबसे कीमती हीरा (भारत) अब उनके हाथ से जाने वाला है।

प्रमुख स्वतंत्रता सेनानियों के संस्मरण

स्वतन्त्रता सेनानी दीनानाथ मिश्र के संस्मरण–'कुछ राष्ट्रवादी विचारधारा के व्यक्ति सत्याग्रहों में सम्मिलित नहीं होते थे परंतु अपनी अधिकाधिक सामर्थ्य के अनुसार काँग्रेस को आर्थिक सहायता प्रदान करते थे। सन् 1942 की क्रांति हेतु आंदोलनकारियों को जितने धन की आवश्यकता पड़ती, वह सब प्रताप नारायण वर्मा के कठोर परिश्रम एवं प्रयास से बरेली के बाबू जगदीश शरण अग्रवाल से अविलम्ब प्राप्त होता था।'

स्वतन्त्रता सेनानी मोहन सिंह बन्दा के संस्मरण–काँग्रेस के कई कार्यकर्ता तो यदि इस दूकान पर रहकर भारत छोड़ो आंदोलन को चलाया जाय तो आशा से अधिक सफलता मिल सकती है। इस विचारधारा के समर्थक बरेली के प्रगतिशील एवं क्रियाशील कर्मठ कार्यकर्ता मोहन सिंह बन्दा ने बरेली की एक दुकान पर नौकरी कर ली, जहाँ से वे काँग्रेस की विभिन्न प्रकार की गतिविधियों में भाग लेते रहे। एक दिन एक पुलिस दल ने काँग्रेसियों पर व्यंग्य कसे, जिसे सुन शांत रहना मोहन सिंह बन्दा ने अपनी कायरता समझा और शीघ्र ही पुलिसजनों से कुछ अनुचित वाक्य कह डाले। पुलिस ने बल प्रयोग करना चाहा, तब तक बन्दा जी ने तीन सिपाहियों को पीट दिया।

इसी अवसर पर उन्हें भी भारत छोड़ो आंदोलन के अंतर्गत गिरफ्तार करके कोतवाली में बन्द कर दिया। कोतवाली के तत्कालीन प्रभारी बिशन सिंह विष्ट थे तथा क्षेत्राधिकारी अब्दुल करीम थे। करीम साहब लीग से प्रभावित होने के कारण कांग्रेस के किसी प्रकार के आंदोलन अथवा कृत्य से ईर्ष्या रखते थे जिससे वे

बन्दा जी को कई अपशब्द कह चुके थे। जब इस प्रकार के वार्तालाप की सूचना कोतवाल विष्ट को प्राप्त हुई तो वे अब्दुल करीम पर क्रोधित हुये क्योंकि कोतवाल विष्ट साहब भी राष्ट्रीय विचारों वाले व्यक्ति थे।

स्वतन्त्रता सेनानी श्री प्रताप चंद्र आज़ाद के संस्मरण -यद्यपि जेल अधीक्षक अंग्रेजी शासन के पूर्ण नियंत्रण में था तथापि जेल अधिकारियों का व्यवहार सत्याग्रहियों के प्रति उदार था। इससे स्पष्ट है कि कतिपय सत्याग्रहियों के माध्यम से अंग्रेज सरकार के विरुद्ध देश में वैमनस्य का वातावरण उत्पन्न हो रहा था, इसका स्पष्ट अनुमान जेल के अधिकारियों की सत्याग्रहियों के प्रति उदारता से लगाया जा सकता है।

स्वतन्त्रता सेनानी अब्दुल वदूद के संस्मरण–बरेली के मौलवी अब्दुल बदूद बरेली-मुस्लिम लीग के शीर्षस्थ नेता थे। इन्होंने मुस्लिम जगत का आव्हान किया कि वे नवाब बिकार उल मुल्क से एक विशेष समाचार लाये हैं कि बे सैय्यद वजीर हसन और मुहम्मद अली में अत्यधिक विश्वास रखते हैं। वे मुस्लिमों में इतने ही मान्य हैं जितने भारत में दादा भाई नौरोजी। नवाब साहब ने अपनी सेवायें अंग्रेजी शासन को अर्पित करने की घोषणा कर दी है द्य नवाब विकार साहब ने बरेली जिला के लिए अपने हाथ से दो पुष्प मालायें भी भेजी हैं।

स्वतन्त्रता सेनानी टिकैत राय वर्मा के संस्मरण—अंग्रेजों की साम्प्रदायिक नीति तथा मुस्लिम लीग की राष्ट्र विरोधी गतिविधियों के कारण बरेली में 26 मई, 1946 ई. को साम्प्रदायिक दंगा हो गया। संयोगवश उस दिन बरेली में एक राजनीतिक सम्मेलन हो रहा था जिसमें राष्ट्रीय स्वयंसेवक संघ के व्यक्ति भाग ले रहे थे। नगर की एक मस्जिद के समीप हुये विवाद में 7 व्यक्ति घटना स्थल पर ही मारे गये और 60 व्यक्ति गम्भीर रूप से घायल हुये। 100 व्यक्तियों को पुलिस ने गिरफ्तार कर लिया द्य नगर में 24 घन्टे का कयूं लगा दिया गया तथा पुलिस की सहायतार्थ सेना बुलाकर साम्प्रदायिक दंगे की घोषणा कर दी गई। अंग्रेज कमिश्नर, उप पुलिस महानिरीक्षक तथा पुलिस मंत्री घटना स्थल पर पहुँच गये। पुलिस तथा सेना के सहयोग से स्थिति पर नियंत्रण पा लिया गया। अगले दिन 27 मई, 1946 ई. को कयूं में 2 घंटे प्रातः और 2 घंटे सायं को शिथिलता वरती गई जिससे शहर निवासी आवश्यक वस्तुओं का क्रय-विक्रय कर सकें।

विशिष्ट विभूतियाँ जिनके हम ऋणी हैं–

भारत के स्वतंत्रता संग्राम में जिन महान स्वतंत्रता सेनानियों ने अपना योगदान दिया उनके योगदान की संक्षिप्त रूपरेखा निम्नलिखित है–

(1) **खान बहादुर खाँ** - आप बरेली के नवाब हाफिज रहमत खाँ के पौत्र थे। हाफिज रहमत खाँ की मृत्यु के पश्चात नवाबों के वंशजों को मिलने वाली पेंशन भी खान बहादुर खाँ को मिलती थी, दूसरी ओर खान बहादुर खाँ ब्रिटिश शासन के अधीन न्यायिक मजिस्ट्रेट थे। इस प्रकार आपको दो प्रकार की आर्थिक सहायतायें प्राप्त थीं। जब 31 मई 1857 ई. को भारत में प्रथम स्वाधीनता संग्राम का सूत्रपात हुआ, उस समय खान बहादुर खाँ ने 'रुहेलखण्ड' की क्रांति की बागडोर अपने हाथ में ले ली। मुन्शी शोभाराम और बख्त खाँ की सहायता से क्रांति का सूत्रपात हुआ। बरेली के हिंदू और मुस्लिम समाज को एकता के सूत्र में बाँध शान्तिमय वातावरण तैयार किया। मुंशी शोभाराम की सहायता तथा अन्य प्रतिष्ठित व्यक्तियों के प्रयत्नों से खान बहादुर खाँ बरेली की तत्कालीन कोतवाली पर ष्रुहेलखण्ड के नवाबष घोषित किये गये।

(2) **मुंशी शोभाराम-** आप ब्रिटिश काल में राजस्व विभाग में कार्यरत थे। जब 31 मई 1857 ई. को क्रांति हुई तो नवाब खान बहादुर खाँ के साथ मिलकर क्रांति में प्रमुख भूमिका निभाई द्य क्रांति की सफलता के पश्चात जब खान बहादुर खाँ बरेली के नवाब घोषित हुए तो नवाब खान बहादुर खाँ ने उन्हें दीवान के पद पर मनोनीत किया तथा उन्हें राजस्व विभाग भी सौंप दिया। 5 फरवरी 1858 ई. तक उन्होंने बरेली के राजस्व विभाग का कार्य कुशलतापूर्वक किया। उन्होंने 'कर समितिश के सदस्यों को भी अपनी योग्यता से मनोनीत किया, जिससे बरेली के जनमानस ने सुख की साँस ली। क्रांति की सफलता तक शोभाराम ने खान बहादुर खाँ के साथ बरेली के सभी मुस्लिम समाज को हिंदू समाज से मिलाने का कार्य कुशलतापूर्वक किया।

(3) बख्त खाँ - वास्तव में आप जनपद सुल्तानपुर के मूल निवासी थे परंतु 1857 ई. के भारतीय स्वतंत्रता आंदोलन के समय ब्रिटिश ईस्ट इण्डिया कम्पनी की बरेली सेना में सूबेदार थे। इनके सहयोग से खान वहादुर खाँ और मुंशी शोभाराम ने बरेली में क्रांति का सूत्रपात किया तथा क्रांति को सफल बनाया। इसके बाद आपको बरेली की क्रांतिकारी सेना का सेनापति मनोनीत किया गया। आप जुलाई 1857 ई. में मुगल सम्राट बहादुर शाह के आमंत्रण पर दिल्ली गये जहाँ उनकी सेना से मिलकर अंग्रेजी सेना का सामना किया और ब्रिटिश सेना को पराजित किया, परंतु दुर्भाग्यवश बख्त खाँ के शौर्य और कुशल निर्देशन से दिल्ली सेना के उच्च अधिकारी और शहजादे द्वेष रखने लगे। अंततः बख्त खाँ को बरेली लौटना पड़ा और मुगल सम्राट बहादुर शाह को हुमायूँ मकबरे में ब्रिटिश अधिकारी मिस्टर हडसन द्वारा कैद कर लिया गया।

(4) मुबारक शाह–यह मुहल्ला कटघर के निवासी थे। जब मुहल्ला शाहबाद में स्थित खान बहादुर खाँ के निवास स्थल से सैय्यद मुफ्ती अहमद के नेतृत्व में जुलूस मुख्य सड़कों से होता हुआ कोतवाली जा रहा था और कोतवाली पर खान बहादुर खाँ को 'रुहेलखण्ड का नवाब' बनाये जाने की योजनायें चल रही थीं, उस समय महत्वाकांक्षी मुबारक शाह भी अपने 500 समर्थकों को साथ लेकर कोतवाली की ओर चल दिया। जैसे ही मुबारक शाह ने खान बहादुर खाँ के समर्थन में बरेली के हिंदू-मुस्लिम जनमानस का इतना विशाल जुलूस देखा, तो उसे आश्चर्य हुआ और भयभीत होकर अपने सभी समर्थकों को खान बहादुर खाँ का समर्थन करने एवं ''खान बहादुर खाँ जिन्दाबाद'' के नारे लगाने का परामर्श दिया। इस प्रकार मुबारक शाह भी एक योग्य मुसलमान नेता था। क्रांति के समय इन्होंने नवाब खान बहादुर खाँ को सहयोग प्रदान किया और क्रांति की सफलता पर इन्हें नवाब खान बहादुर खाँ ने बदायूँ का नाजिम (जिलाधिकारी) नियुक्त किया।''

(5) सैय्यद मुफ्ती अहमद–यह मोहल्ला नौमहला के सैय्यदों के नेता थे। आप खान बहादुर खाँ के दृढ़ समर्थक और सच्चे अनुयायी थे। जब बरेली के क्रांतिकारियों ने अंग्रेजी शासन का पतन करने के लिए अधिकांश अंग्रेज अधिकारियों के बंगले फूंक दिये और अंग्रेज अधिकारियों का वध कर दिया तो 31 मई 1857 ई. को सायंकाल प्रतिष्ठित हिंदू और मुस्लिम समाज ने निश्चय किया कि शाहबाद स्थित खान बहादुर खाँ के निवास पर सभी हिंदू मुस्लिम एकत्र हों और वहाँ से बरेली नगर की मुख्य सड़कों पर होते हुए कोतवाली पहुँचे, जहाँ खान बहादुर खाँ को रुहेलखण्ड का नवाब घोषित किया जाये। इस अवसर पर तीन प्रमुख दल खान बहादुर खाँ के जुलूस में सम्मिलित थे, वे थे–हिंदू दल, सैय्यद दल और सैनिक दल। नौ महला के सैय्यदों का नेतृत्व स्वयं सैय्यद मुफ्ती अहमद कर रहे थे। इस प्रकार सैय्यद मुफ्ती अहमद, नगर के एक गणमान्य सैय्यद नेता और नवाब खान बहादुर खाँ के सच्चे हितैषी तथा भारत को ब्रिटिश साम्राज्य से स्वाधीन कराने की तीव्र आकांक्षा रखने वाले महापुरुष थे।

(6) मदार अली खाँ - आप बरेली के एक प्रतिष्ठित मुस्लिम नेता थे और खान बहादुर खाँ के परम भक्त और सच्चे सहयोगी थे। जब खान बहादुर खाँ को कोतवाली पर नवाब बनाने की घोषणा एक कपड़े से ढके चबूतरे पर की गई तो उम चबूतरे और कुर्सी की स्थापना का प्रबन्ध मदार अली खाँ ने ही किया था।

(7) अकबर अली खाँ - आप बरेली के एक प्रमुख नेता थे। जब क्रांति सफल हो गई तो आपको नवाब खान बहादुर खाँ साथ लेकर हाथियों पर चढ़ क्रांतिकारी सेना के सेनापति बख्त खाँ के पास नजरें भेंट करने के लिए गये। आप को बाद में नवाब खान बहादुर खाँ ने बरेली का तहसीलदार बना दिया।

(8) पं. राम नारायण - आप सन् 1885 ई. में बरेली कालेज, बरेली के उपप्रधानाचार्य थे। उस समय किसी भारतीय का किसी संगठन में भाग लेना बहुत कठिन था परंतु 1885 ई. में आपने ब्रिटिश सरकार की चिन्ता न करते हुए बरेली में काँग्रेस की स्थापना में सहयोग दिया और नगर में सभाओं के आयोजन कराने का व्रत लिया। आप सर्वप्रथम 30 दिसंबर 1885 ई. को बरेली स्थित 'टाउन हाल' पर होने वाली सभा में नगर के प्रबुद्ध नागरिक के रूप में सम्मिलित हुए।'

(9) कुं. लाल बहादुर – आप बरेली निवासी थे और स्वाभाविक रूप से नम्र थे। जब 30 दिसंबर, 1885 ई. को बरेली के टाउन हाल पर एक जनसभा का आयोजन किया गया तो आप उसमें सम्मिलित हुए और नगर की प्रमुख समस्याओं को ब्रिटिश अधिकारियों तक पहुँचाया। इस प्रकार आप बरेली नगर की प्रथम काँग्रेस में सम्मिलित होने वाले प्रमुख नेता थे।

(10) लालता प्रसाद- आप राष्ट्रीय विचारधारा वाले व्यक्ति होने के कारण दिसंबर 1885 ई. में कांग्रेस में सम्मिलित हुये और कांग्रेस के समयसमय पर होने वाले अधिवेशनों और सभाओं में सहभागिता की।

(11) बाबू कालीचरन प्रसन्ना वकील - आप बरेली के प्रमुख वकील थे, परंतु राष्ट्रीय विचारों के धनी होने के कारण काँग्रेस में सम्मलित हो गये। 22 दिसंबर, 1889 को जब मदन मोहन मालवीय बरेली आये, तो उनकी सभा में बाबू कालीचरन प्रसन्ना वकील भी सम्मिलित हुये थे। जून 1893 ई. में हुए मुहल्ला गुलाबनगर के साम्प्रदायिक दंगे में ब्रिटिश कूटनीति के कारण आपको धारा 182 (आई. पी. सी.) के अंतर्गत गिरफ्तार कर लिया गया क्योंकि आप काँग्रेस के दृढ़ समर्थक थे और अंग्रेजों की प्रत्येक गतिविधि का विरोध करते थे।

(12) बाबू बल्देव प्रसाद - बाबू जी बरेली नगर के एक प्रतिष्ठित हिंदू नेता थे। जब उन्हें यह अनुमान हो गया कि अंग्रेज हिंदू मुस्लिमों में साम्प्रदायिकता का बीज बोकर द्वेष और ईर्ष्या फैलाना चाहते हैं तो वे काँग्रेस में सम्मिलित हो गये और अपनी समस्याओं को अंग्रेज सरकार के सामने रखने लगे। इसी के अंतर्गत वे 30 दिसंबर 1885 ई. को हुई टाउन हाल की सभा में सम्मिलित हुए।

(13) **मौलवी रियाज उद्दीन-** वे उदारवादी युग में बरेली के एकमात्र नेता थे। आपने उदारवादी आंदोलन को बरेली में नई दिशा दी। अब तक किसी मुस्लिम नेता में इतना साहस नहीं था कि वह अंग्रेजी साम्राज्य के विरुद्ध कुछ कह पाये। परंतु मौलवी रियाज उद्दीन ने सर्वप्रथम बरेली में 22 नवम्बर 1895 ई. को अखिल भारतीय स्तर के उस प्रस्ताव का अनुमोदन किया जिसमें संयुक्त प्रान्त के सरकारी कार्यालयों में ष्रोमन लिपिष में उर्दू भाषा के प्रयोग का विरोध करना था। यही नहीं, इस प्रस्ताव की 500 प्रतियाँ छपवाकर एक प्रति ले. जनरल मिस्टर होसोर की सेवा में भी प्रस्तुत की। इस प्रकार मौलवी रियाज उद्दीन के सहयोग से बरेली का जनमानस उदारवादी आंदोलन के माध्यम से अंग्रेजी शासन का विरोध करने का साहस करने लगा।

(14) **गेंदन लाल-** यह उग्रवादी काल में बरेली के महाजन वर्ग के एक नेता थे। सन् 1906 ई. के कलकत्ता अधिवेशन में जब दादा भाई नौरोजी की अध्यक्षता में विदेशी वस्तुओं का बहिष्कार और स्वदेशी आंदोलन सम्बन्धी प्रस्ताव पारित किये गये तो बरेली में उग्र प्रदर्शन हुए। बरेली के राष्ट्रीय विचारधारा वाले महाजन गेंदन लाल ने तत्कालीन 7 बड़े महाजनों की एक सभा आयोजित की, जिसमें विदेशी चीनी के बहिष्कार का प्रस्ताव पारित किया गया। परंतु दयाराम नामक एक मात्र महाजन ने इस प्रस्ताव के विरुद्ध चीनी का क्रय-विक्रय किया। गेंदन लाल आदि के प्रयत्नों से दयाराम को जाति एवं समाज से निष्कासित (वहिष्कृत) कर दिया गया, इस पर दयाराम ने गेंदन लाल के विरुद्ध न्यायालय का दरवाजा खट खटाया परंतु उसे सफलता नहीं मिली।

इस प्रकार निर्भीक महाजन गेंदन लाल ने न्यायालय का सामना करते हुए राष्ट्रीय कार्यक्रम को अपनाया।

(15) **भूदेव बनर्जी** - सन् 1907 ई. में बरेली कालेज, बरेली का एक राष्ट्रीय विचारधारा वाला छात्र, जो बरेली कालेज में हुए मार्च 1907 ई. के उग्रवादी आंदोलन के अभियोग में बरेली कालेज से निष्कासित कर दिया गया। इस पर इनके समर्थन में इलाहाबाद के छात्र एवं बरेली के अन्य व्यक्तियों की सहयोगात्मक संस्तुति के बल पर उसे कालेज में पुनः प्रवेश मिल सका।

(16) **दामोदर स्वरूप सेठ** - सेठ जी प्रारंभ में एक अध्यापक थे और क्रांतिकारी विचारों वाले व्यक्ति थे द्य आप सर्वप्रथम रास बिहारी बोस के निजी सचिव थे। 12 दिसंबर, 1911 ई. को लार्ड हार्डिज पर बम फेंकने की योजना आपके प्रयत्नों से ही बनी थी। आपको बनारस षडयंत्र केस में 6 वर्ष का कठोर कारावास भुगतना पड़ा। असहयोग आंदोलन में भाग लेने के कारण सन् 1921 ई. में आपको 6 मास का कठोर कारावास भोगना पड़ा। क्रांतिकारी विचारधारा के होने के कारण आप काकोरी केस के प्रमुख अभियुक्त थे। आपको 20 सितम्बर 1925 ई. में गिरफ्तार किया गया और कारागार में डाल दिया गया। स्वास्थ्य के अत्यधिक क्षीण हो जाने के कारण अंग्रेज सरकार ने आपको मुक्त कर दिया।

आपने नमक सत्याग्रह के अंतर्गत 1930 ई. में एक वर्ष के कारावास की सजा पाई। आपने पुनः 1931 ई. में एक वर्ष की सजा पाई। आपको 1932 ई. में ब्रिटिश सरकार ने 2 वर्ष की कठोर सजा केवल इसलिए दी, क्योंकि आप उ. प्र. काँग्रेस के डिक्टेटर समझे जाते थे। आपको व्यक्तिगत सत्याग्रह आंदोलन 1940 ई. में भारत रक्षा कानून के अंतर्गत एक वर्ष के कारावास का दण्ड मिला। आप 9 अगस्त 1942 से 1945 ई. तक 'भारत छोड़ो' आंदोलन के अंतर्गत जेल में बन्द रहे।

1946 ई. में आप केन्द्रीय असेम्बली के लिए चुने गये और नवम्बर 1946 ई. में गठित संविधान निर्मात्री सभा के सदस्य बने। जब संविधान सभा के प्रस्ताव पारित किए गये तो उनसे आप संतुष्ट नहीं थे और तत्काल आपने कहा–

"मैं समाजवादी दल का सदस्य हूँ। चूँकि यह पूँजीपतियों का है और इस संविधान से समाजवादियों तथा समाजवाद को आघात पहुँचेगा। अतः मैं इस प्रकार के संविधान के विरुद्ध हूँ।" आपके दृढ़ विचारों के सम्मुख किसी में इतना साहस नहीं था कि उन्हें हस्ताक्षर करने को प्रेरित कर पाता।

इस प्रकार दामोदर स्वरूप सेठ बरेली के राजनीतिक इतिहास में एक ऐसे चमचमाते नक्षत्र थे, जिनके द्वारा दिये गये योगदान से ही देश स्वतंत्र हो सका।

(17) नन्द किशोर कक्कड़ - 1885 ई. से औपचारिक रूप से काँग्रेस की प्रत्येक सभा कुतुबखाना स्थित टाउन हाल पर होती थी। उस समय किसी कार्यकर्ता में इतना खुला साहस नहीं था कि वह अपने निवासीय स्थल को किसी समय काँग्रेस की सभा हेतु दे सकता। परंतु 1915 ई. में सर्वप्रथम बाबू नन्द किशोर कक्कड़ ने काँग्रेस की सभा के आयोजन हेतु अपनी कोठी अर्पित की और विधिवत् काँग्रेस की सभा उस कोठी में संपन्न हो सकी। उस सभा में बाबू नन्द किशोर कक्कड़ को काँग्रेस का प्रथम जिला काँग्रेस अध्यक्ष मनोनीत किया गया।

(18) चिरंजीव लाल गुप्त - आप बरेली में स्वतंत्रता संग्राम के एक प्रमुख कार्यकर्ता थे। आप 24 वर्ष की अल्प आयु से ही राष्ट्रीय आंदोलन में रुचि लेने लगे और सर्वप्रथम 1918 ई. में दिल्ली में हुये अखिल भारतीय काँग्रेस के राष्ट्रीय अधिवेशन में बरेली से प्रतिनिधि के रूप में सम्मिलित हुये। आपने 1920 ई. के असहयोग आंदोलन में सक्रिय भाग लिया। 1930 ई. में नमक सत्याग्रह में आपने 6 मास की कठोर कैद तथा 100 रुपये अर्थदंड की सजा पाई। 1932 ई. के असहयोग आंदोलन तथा 1940 ई. के व्यक्तिगत सत्याग्रह आंदोलन में आपको कारावास हुआ। "भारत छोड़ो" आंदोलन के अंतर्गत आप 9 अगस्त 1942 ई. से 1944 ई. तक कैद रहे और अन्य नेताओं के साथ कई बार समय-समय पर नजरबन्द हुये।

इस प्रकार श्री चिरंजीव लाल गुप्त जीवन पर्यन्त काँग्रेस के एक कर्मठ और सक्रिय कार्यकर्ता रहे तथा प्रांत, जिला एवं नगर के अनेक काँग्रेस के पदों को सुशोभित करते रहे।

(19) टिकैतराय वर्मा - बाबू टिकैतराय वर्मा की गणना बरेली में असहयोग आंदोलन का दीप जलाने वाले उन नेताओं में की जाती है जिन्होंने 1919 ई. से ही महात्मा गाँधी के आंदोलन का आव्हान किया था। आप 20 वर्ष की अल्पायु से ही 1918 ई. में दिल्ली तथा 1919 में अमृतसर में हुये काँग्रेस अधिवेशनों में बरेली के प्रतिनिधि के रूप में सम्मिलित हुये। इससे पूर्व वर्मा जी ने 1917 ई. से ही अपनी क्रांतिकारी भावनाओं से प्रेरित होकर काँग्रेस की सभाओं में सम्मिलित होना प्रारंभ कर दिया था। आपने गाँधी जी के आव्हान पर 'विद्यालय बहिष्कार' से प्रभावित होकर बरेली में 'तिलक राष्ट्रीय विद्यालय' के नाम से स्थापित राष्ट्रीय विद्यालय में प्रधानाचार्य के पद पर कार्य किया और इसी समय ष्कौम परस्तष समाचार पत्र का संपादन भी प्रारंभ किया।'

आप बरेली के 5 फरवरी 1922 के ऐतिहासिक दिवस पर कांग्रेस स्वयंसेवक के रूप में गिरफ्तार कर लिये गये जिसमें 6 मास का कठोर कारावास हुआ द्य आप पर 1930-31 ई. में ताड़ी के सरकारी नीलाम को रोकने (हस्तक्षेप) के अभियोग में मुकदमा चला, परंतु मुक्त हुए।

(20) जियाराम सक्सेना- आप बरेली के उन प्रसिद्ध स्वतंत्रता सेनानियों में से थे, जिन्होंने 1920 ई. से गाँधी जी के असहयोग आंदोलन में सम्मिलित होकर बरेली का नाम उज्ज्वल किया द्य आप 1921 ई. में प्रदेश काँग्रेस कमेटी के सदस्य के रूप में इलाहाबाद में हुए प्रान्तीय काँग्रेस सम्मेलन में सम्मिलित हुये। वहीं पर आपको गिरफ्तार कर लिया गया और आगरा तथा लखनऊ की जेलों में नजरबंद रहे। जेल से मुक्त होने पर आपको बरेली का 'सर्वश्रेष्ठ नेता' चुना गया तथा आप आल इंडिया काँग्रेस कमेटी के सदस्य मनोनीत किए गये।

आप 5 फरवरी 1922 ई. के ऐतिहासिक जुलूस के समय भी प्रमुख कार्यकर्ता के रूप में गिरफ्तार किये गये। इस प्रकार आपने बरेली में स्वतंत्रता आंदोलन में अभूतपूर्व भूमिका निभाई।

(21) मौलवी अब्दुल बहूद - आप 1920-21 ई. के महात्मा गाँधी द्वारा आरंभ किए गये असहयोग एवं खिलाफत आंदोलन के एक प्रसिद्ध नेता थे। जब 1920 ई. की 17 अप्रेल को गाँधी जी बरेली पधारे तो उनकी सभा के प्रबन्ध में आपका विशेष हाथ था। आप 1921 में असहयोग आंदोलन में भाग लेने तथा आंदोलन में सम्मिलित होने के कारण गिरफ्तार किये गये और जेल भेज दिए गये। 18 माह का कठोर कारावास भुगतने के पश्चात आपका स्वास्थ्य खराब हो गया, फिर भी विदेशी वस्त्रों का बहिष्कार और शराब की दुकानों पर पिकेटिंग आदि के आंदोलनों में आप सक्रिय रहे। आपके कृत्यों से प्रभावित होकर आपकी बेगम ने भी बदूद साहब के मृतोपरांत असहयोग आंदोलन का समर्थन किया तथा 1930-32 ई. के आंदोलन में बेगम साहिबा ने कई अपीलें निकाली, जिसमें मुसलमानों को काँग्रेस में सम्मिलित होने का परामर्श दिया गया था।

(22) पं. विशन नारायण- पं. विशन नारायण बरेली के मुहल्ला गुलावनगर के

एक प्रतिष्ठित व्यक्ति तथा काँग्रेस स्वयं सेवक दल के नायक थे। आपने 1920 ई. के असहयोग आंदोलन में एक सक्रिय कार्यकर्ता की भूमिका निभाई थी। जब 5 फरवरी 1922 ई. को बरेली में कांग्रेस स्वयं सेवकों का विशाल जुलूस कुतुबखाने पहुँचा तो बरेली के ब्रिटिश अधिकारियों ने जुलूस की प्रगति में बाधा उत्पन्न की तथा सभा में हस्तक्षेप किया। पुलिस कप्तान मि. ईस्टव स्वयं घोड़े पर चढ़कर कुतुबखाने के मैदान में आ धमका जिस स्थान पर सभा होने वाली थी, उसने सभा को न होने देने के उद्देश्य से अपना घोड़ा बढ़ा दिया। इसी समय पं. विशन नारायण ने आगे बढ़कर पुलिस कप्तान के घोड़े की लगाम पकड़ ली और घोड़ा रोक दिया। पुलिस कप्तान ने घबराकर सिपाहियों को बन्दूक चलाने का आदेश दे दिया जिससे कुछ व्यक्ति मारे गये और अनेक घायल हुये तथा लगभग 25 व्यक्तियों पर मुकदमे चले। पं. विशन नारायण को पुलिस कप्तान का घोड़ा रोकने के जुर्म में 2 वर्ष की कठोर सजा दी गई।

इस प्रकार बरेली के स्वतंत्रता संग्राम में पं. विशन नारायण ने अभूतपूर्व उत्साह दिखाया।

(23) ठा. पृथ्वीराज सिंह - डा. पृथ्वीराज सिंह का जन्म 1886 ई. में बरेली जिला के बुधौली ग्राम में हुआ। आप डिप्टी कलेक्टर थे परंतु महात्मा गाँधी के आव्हान पर सरकारी नौकरी त्याग कर आंदोलन में कूद पड़े। आपका दूसरा निवास स्थल बरेली नगर के मुहल्ला लाखनगंज में भी था, जिसे तत्काल काँग्रेस का कार्यालय बना दिया गया था। आप 1921 ई. में इलाहाबाद में हुये प्रदेश काँग्रेस कमेटी की बैठक में प्रदेश काँग्रेस के सदस्य के रूप में सम्मानित हुए। इस बैठक के पश्चात् वहीं आपको गिरफ्तार कर लिया गया।

वे 1930 ई. के ष्नमक आंदोलनष के अवसर पर बरेली के सर्व प्रथम जत्थे के कमांडर बने और सत्याग्रह करने बदायूँ गये, तभी रास्ते में ही बन्दी बना लिये गये। जिसमें इनको 6 माह की कैद और रु. 150 /- अर्थदण्ड का आदेश हुआ 1 सन् 1932 में पुनः काँग्रेस आंदोलन में गिरफ्तार हुये और 18 मास का कठोर कारावास हुआ।

सन् 1937 ई. के निर्वाचन में प्रान्तीय सभा के लिये चुने गए। इस प्रकार ठा. पृथ्वीराज सिंह का राष्ट्रीय आंदोलन में अभूतपूर्व योगदान था।

(24) मोहन लाल यदुवंशी - आप बरेली जिला के अग्रास ग्राम के निवासी थे। आपने 1920 ई. के असहयोग आंदोलन में भाग लिया और प्रत्येक काँग्रेस आंदोलनों में भाग लेना प्रारंभ कर दिया था। इन्हें 1930 ई. के नमक सत्याग्रह में गिरफ्तार करके जेल भेज दिया गया। दिसंबर 1930 ई. में हुई शाही की काँग्रेस सभा में कांग्रेस नेताओं के साथ-साथ आपके हाथ पैर की हड्डियों को भी तोड़ दिया गया।

1940 ई. में आपको व्यक्तिगत सत्याग्रह का डिक्टेटर नियुक्त किया गया जिससे आप सत्याग्रह करने के पूर्व कैद कर लिए गये। सन् 1942 ई. में 'अंग्रेजो भारत छोड़ो' आंदोलन में प्रथम दिन ही गिरफ्तार करके जेल भेज दिये गए।

अतः आपके द्वारा किये गये उत्साहवर्धक कार्यों से बरेली जन-मानस को अत्यधिक प्रेरणा मिली।

(25) पं. द्वारिका प्रसाद- आप 56, सिविल लाइन्स बरेली के निवासी तथा बरेली जनपद के एक कर्मठ कांग्रेसी नेता थे। आप 1919 ई. में हुए 'जलियाँवाला काण्ड' से प्रभावित होकर कांग्रेसी आंदोलनों में भाग लेने लगे। आप 1921 ई. में इलाहाबाद में हुये प्रदेश काँग्रेस कमेटी के अधिवेशन में ठा. पृथ्वीराज सिंह के साथ सम्मिलित हुये और वहीं गिरफ्तार कर लिए गए।

महात्मा गाँधी सन् 1920, 1921 ई. और 1929 ई. में बरेली आये तो प्रत्येक बार वे पं. द्वारिका प्रसाद के निवास पर ही ठहरे।

आप सन् 1930 के नमक आंदोलन और सन् 1932 के सत्याग्रह में भी गिरफ्तार होकर जेल गये और दोनों बार एक-एक वर्ष की सजा भुगती। सन् 1937 ई. में आप विधानसभा के सदस्य भी चुने गए।

(26) दीनानाथ मिश्र - आप बरेली नगर के बमनपुरी मुहल्ला के निवासी थे—और बरेली के उन पुराने स्वतंत्रता सेनानियों में से थे जिन्होंने सन् 1921 ई. से ही बरेली में महात्मा गाँधी के असहयोग आंदोलन का दीप जलाया था। आप 5 फरवरी, 1922 ई. को सर्वप्रथम जेल गये और 1923 ई. में धारा 108 के अंतर्गत एक वर्ष की कैद पायी। सन् 1930 ई. में ष्नमक सत्याग्रहष् में भी गिरफ्तार हुये। इसके पश्चात् 1931 ई. से 1942 ई. के अन्तिम स्वतंत्रता संग्राम तक निरन्तर सभी आंदोलनों और अंग्रेजी विरोधी गतिविधियों में जेल यात्रा करते रहे। आप गाँधीवादी विचारधारा के कट्टर समर्थक एवं कर्मठ कार्यकर्ता और सिद्धान्तों के पालनकर्ता रहे हैं। आपकी सबसे बड़ी विशेषता यह रही है कि आपने कभी भी किसी पद की इच्छा न करते हुये कांग्रेसी आंदोलनों में सक्रिय भूमिका निभाई।

(27) पं. दरबारीलाल शर्मा - आप मुहल्ला जगतपुर, बरेली के निवासी और जनपद के एक कर्मठ स्वतंत्रता सेनानी थे। आप 1930 ई. में जब बरेली कालेज, बरेली के विद्यार्थी थे, उसी समय से कालिज का बहिष्कार करके गाँधी जी के असहयोग आंदोलनों में सक्रिय भाग लेने लगे। आपको नमक सत्याग्रह में भाग लेने के उपलक्ष्य में 1930 ई. में एक वर्ष की कैद तथा 50/- रुपए अर्थदण्ड दिया गया। तत्पश्चात सविनय अवज्ञा आंदोलन में सन् 1932 में पुनः जेल गए द्य आप व्यक्तिगत सत्याग्रह आंदोलन के अंतर्गत 1940 ई. में गिरफ्तार किए गये और 2 वर्ष की कड़ी कैद भुगतनी पड़ी। आप 9 अगस्त 1942 ई. को 'भारत छोड़ो' आंदोलन के अंतर्गत भी गिरफ्तार किये गये।

अतः पं. दरबारी लाल शर्मा का योगदान बरेली के स्वतंत्रता इतिहास में सदैव स्मरणीय रहेगा।

(28) मोहन सिंह बन्दा - श्री मोहन सिंह बन्दा बरेली नगर के वह निर्भीक स्वतंत्रता सेनानी थे जिन्होंने 1930 ई. से ही बरेली के राष्ट्रीय आंदोलनों में सक्रिय रूप से भाग

लिया। आपने 1930 ई. के मई मास में ष्नमक कानूनष के विरुद्ध आयोजित रैली में सक्रिय भूमिका प्रस्तुत की और आपको गिरफ्तार करके जेल भेज दिया गया। आप 13 मई, 1931 ई. को सरदार भगत सिंह की फाँसी के विरुद्ध साहित्य वितरित करने के अभियोग में गिरफ्तार करके जेल भेज दिए गए।

आप गांधी जी के आव्हान पर 1941 ई. में व्यक्तिगत सत्याग्रही के रूप में जेल गए। तत्पश्चात् अगस्त 1942 ई. में भारत छोड़ो आंदोलन में भी गिरफ्तार किये गये। इसके अतिरिक्त तीन बार अंग्रेजविरोधी गतिविधियों के अंतर्गत भी आपको गिरफ्तार किया गया।

इस प्रकार बन्दा जी बरेली के वह स्वतंत्रता सेनानी हैं जिन्होंने किसी आंदोलन को अछूता नहीं छोड़ा।

निष्कर्षतः हम कह सकते हैं कि सन् 1857 ई. के प्रथम स्वाधीनता संग्राम से लेकर कांग्रेस की स्थापना काल तक बरेली का जनमानस इतना उद्वेलित नहीं था, फिर भी समय-समय पर स्वतंत्रता प्रेमियों ने किसी न किसी माध्यम से अथवा कोई भी आधार बना स्वतंत्रता की वलिवेदी को सजाया और स्वतंत्रता संग्राम में अभूतपूर्व योगदान दिया।

काँग्रेस की स्थापना के पश्चात् उदारवादी युग में भी बरेली जनपद में उदारवादी नेताओं की पंक्ति लम्बी तो नहीं थी, परंतु उदारवादी माध्यम से अंग्रेजी साम्राज्य का विरोध अवश्य किया गया। तत्पश्चात् उग्रवाद से स्वतंत्रता प्राप्ति तक बरेली के जनमानस ने अपने शीर्षस्थ नेताओं के नेतृत्व में आशातीत कार्य करके स्वतंत्रता में प्रमुख भूमिका प्रस्तुत की।

अतः 1857 ई. से 1947 तक के दीर्घकाल में बरेली की जनता उद्वेलित होती रही, जिससे आंदोलन होते रहे। इन आंदोलनों में कांग्रेस के हजारों कर्मठ कार्यकर्ताओं ने तन-मन-धन से भाग लिया और भारतीय स्वतंत्रता को प्राप्त करके ही चैन की सांस ली।

सप्तम् अध्याय

स्वतंत्रता संग्राम से सम्बन्धित ग्राम

1. जगतपुर गाँव - सन् 1530 में राजा जगत सिंह ने जगतपुर गांव को बसाया जो कालान्तर (आज) बरेली महानगर का मोहल्ला जगतपुर कहलाता है।
2. शाही गांव - यह गांव बाद में कस्बा बन गया। सन् 1857 के समय यहाँ का परगनाधिकारी एकत्र किये गये राजस्व को अंग्रेजी कोष में जमा करना चाहता था परंतु स्वतंत्रता प्रेमियों ने इसमें रूकाव उत्पन्न किया।
3. राजपुर क्यारा - यहाँ के ठाकुर जयमल सिंह क्रांतिकारियों का विरोधी था। इसने सार्जेन्ट हार्डी के परिवार को क्रांतिकारियों से बचाकर अपने घर में छिपाकर रखा था।
4. ग्राम बुधैली - यहाँ के ठा. रघुनाथ सिंह भी अंग्रेजों का चाटुकार था। यही के ठा. पृथ्वीराज सिंह नामक सत्याग्रह के प्रमुख नेता था।
5. ग्राम ठिरिया - यहाँ का गज्जू खाँ अंग्रेज महिला एवं उसके परिवार की सुरक्षा का दोषी था।
6. ग्राम सहोड़ा - यहाँ के कुंअर लाल बहादुर बरेली की प्रथम कांग्रेस में सम्मिलित होने वाले प्रथम नेता थे।।
7. ग्राम अगरास - यहाँ के मोहन लाल यदुवंशी प्रमुख नेता थे। इन्हें कांग्रेस का डिक्टेरर नियुक्त किया गया था।

अष्टम् अध्याय

आजादी के बाद स्वतंत्रता के रक्षक विशिष्ट जनों की भूमिका

1. दामोदर स्वरूप सेठ - आप बरेली के प्रमुख क्रांतिकारी विचारधारा वाले शिक्षक थे। आप जीवन पर समाजवादी रहे। सन् 1911 में लार्ड हार्जिज पर बम फेंकने के आरोप में गिरफ्तार हुये। आपको वनारस षड्यंत्र के रूप में 6 माह की सजा हुई। काकोरी रेल कांड के प्रमुख अभियुक्त थे। 1925 ई0 मे गिरफ्तार होकर जेल गये, वहाँ अत्यधिक स्वास्थ्य क्षीणता के कारण जेल से मुक्त किए गये।
2. चिरंजीव लाल गुप्त - आप 24 वर्ष की अल्प आयु में राष्ट्रीय आंदोलन में रूचि लेने लगे। आप सन् 1918 से 1944 तक हुई कांग्रेस के विभिन्न आंदोलनों में गिरफ्तार हुये।
3. मोहन लाल यदुवंशी - आपने सन् 1920 से 1942 तक हुये विभिन्न आंदोलनों में बढ़ चढकर भाग लिया। सन् 1930 के शाही सम्मेलन में इनकी हड्डियाँ तोड़ दी गई।
4. पं. द्वारिका प्रसाद - आपने सन् 1919 में जलियांवाला बाग कांड के बाद बहुत सक्रियता दिखाई। आप सन् 1920 से सन् 1937 तक कांग्रेस में बेहद सक्रिय रहे।
5. पं. दीनानाथ मिश्र - आप कट्टर गांधीवादी नेता थे। आपने कभी कोई पद लेना स्वीकार नहीं किया वरन् सभी प्रमुख आंदोलनों में सक्रिय भूमिका निभाई।
6. दरवारी लाल शर्मा - आप सन् 1930 से 1942 तक कांग्रेस की प्रत्येक आंदोलन में सक्रिय रूप से सहयोगी रहे।
7. सतीश चंद्र - आप कांग्रेस के प्रमुख नेता थे। बाद में वे ससंद सदस्य बने और उन्होंने देश सेवा में अपना नाम रोशन किया।
8. राममूर्ति - आप धौरा निवासी थे। आप प्रमुख रूप से कांग्रेस के प्रत्येक आंदोलन में सहभागिता करते थे। आप सासंद रहे तथा प्रदेश विधान सभा के अनेक मंत्रालयों में से प्रमुख रूप से कृषि मंत्रालय का काम देखा।
9. झम्मन लाल - आप अमर सेनानी सुभाष चंद्र बोस के प्रबल समर्थक रहे। उनकी बनाई आजाद हिंद फौन में सम्मिलित होकर देश की सेवा की।

कारगिल युद्ध में बरेली के शहीद रणबांकुरे

जुलाई सन् 1999 में देश की आन-बान-शान के लिए कारगिल का प्रसिद्ध युद्ध हुआ। इसमें अनेक वीर सपूतों ने अपने प्राणों की चिन्ता किये बगैर दुश्मनों के दाँत खट्टे कर दिये, उसमें बरेली के दो जाबांजों ने अपने प्राणों की आहुति दे दी और देश के लिए शहीद हो गये।

1. जवान हरि ओम पाल सिंह - मूलतः आपका जन्म बरेली के समीपस्थ जनपद बदायूँ में हुआ था। इनका परिवार बरेली नगर में आकर बरस गया था। आप 9 स्पेशल फोर्स के जवान थे। उन्हें वीरता के क्षेत्र में 'स्पेशल सर्विस मैडल' से नवाजा जा चुका था। इनकी शहादत पर भारत सरकार ने इनके परिवार को बरेली नगर के मुहल्ला दीन दयाल पुरम में एक पेट्रोल पम्प आवंटित किया था, जिन्हें इनकी पत्नी श्रीमती गुड्डी देवी और पुत्र श्री प्रताप सिंह चलाते हैं। पिता की शहादत के समय पुत्र प्रताप की आयु मात्र 6 वर्ष थी।

2. लेफ्टीनेंट पंकज अरोड़ा - आप बरेली नगर के निवासी थे। इनका जन्म 20 सितम्बर सन् 1973 को हुआ था। आप मराठा लाइट इन्फैन्ट्री में सैनिक थे। कारगिल युद्ध के पश्चात् 24 अगस्त सन् 2003 में मात्र 25 वर्ष की अल्प आयु में श्आपरेशन पराक्रमश में आप शहीद हो गये। श्री अरोड़ा को शहादत से पूर्व 10 दिसंबर सन् 2003 में इंडियन् मिलिट्री अकादमी (आई.एम.ए.) में कमीशन प्राप्त हुआ था। दुश्मनों द्वारा घिरने के पश्चात् आपको गिरफ्तार कर लिया गया। बाद में इन्हें बहुत अधिक यातनायें दी गईं। तभी यह प्राणान्त के समीप पहुँच गये। शहादत से पूर्व इन्हें शौर्य का सेवा मैडल भी प्राप्त हो चुका था।

संदर्भित ग्रन्थ

(अ) हिंदी ग्रन्थ

1. राम नाथ सुमन–''उत्तर प्रदेश में गाँधी जी'', सूचना विभाग, उ. प्र. लखनऊ 1969
2. डा. पट्टाभिसीतारामैया–''काँग्रेस का इतिहास'', सस्ता साहित्य मण्डल, नई दिल्ली, 1948
3. प्रताप चंद्र आजाद – "पांचाल भूमि'', वीर प्रिंटर्स, बरेली, 1978
4. वि. दा. सावरकर – "1857 का भारतीय स्वातंत्र्य समर'', राजधानी ग्रन्थागार, नई दिल्ली 1966
5. सुन्दर लाल – "भारत में अंग्रेजी राज'', (द्वितीय खण्ड), सूचना एवं प्रसारण मंत्रालय, भारत सरकार, 1970
6. रघुवीर सहाय – "बदायूँ जिले के स्वतंत्रता संग्राम का इतिहास'', जिला नागरिक परिषद, बदायूँ
7. प्रताप नारायण वर्मा – "बरेली के स्वतंत्रता संग्राम का इतिहास'', बरेली।
8. सैय्यद अतहर अली अब्बास रिजवी – "स्वतंत्र दिल्ली 1857'', सूचना विभाग, उ. प्र., लखनऊ, 1957

10. डा. मोती लाल भार्गव – "नाना साहब'', प्रकाशन शाखा, सूचना विभाग, उ. प्र. लखनऊ, 1961
11. ईश्वरी प्रसाद – "भारत का इतिहास'' भाग - 2, प्रयाग संस्करण, 1961
12. डा. ओम नागपाल – "भारत का राष्ट्रीय आंदोलन : संवैधानिक विकास और संविधान'', कमल प्रकाशन, इंदौर, 1976
13. तारादत – "भारतीय स्वतंत्रता संग्राम का इतिहास'' (तीन खण्डों में), सूचना विभाग, भारत सरकार, नई दिल्ली, 1969
14. मंमथ नाथ गुप्त – "भारतीय क्रांतिकारियों का इतिहास'', आत्माराम एण्ड सन्स, दिल्ली, 1960
15. उत्तरप्रदेश 1978'', सूचना एवं प्रसारण विभाग, उ. प्र. लखनऊ, 1979
16. ''स्वतंत्रता संग्राम के सैनिक'' क्रमांक-17, जिला बरेली, सूचना विभाग, उ. प्र.,

लखनऊ, 1970
17. "संघर्षकालीन नेताओं की जीवनियाँ" भाग - 1, सूचना विभाग उत्तर प्रदेश, लखनऊ, 1957-581
18. "1921 के असहयोग आंदोलन की झाँकियाँ", सूचना विभाग, भारत सरकार, नई दिल्ली, 1971

(ब), अंग्रेजी ग्रन्थ

1. A. S. Misra : "Nana Sahib Peshwa and the Fight for Freedom", Information Department, U.P., Lucknow, 1961.
2. A. C. Banerjee, D. R. Bose : "The Cabinet Mission in India", Bose Press, Calcutta, 1946.
3. Bipin Chand : "The Rise and Growth of Economic Nationalism in India", Atlantic Publishers, New Delhi.
4. Charles Ball : "The History of Indian Mutiny" Vol. II, London Printing Co., New York.
5. C. Hibbert : "The Great Mutiny in India 1857", Penguin, 17-G, Garden, London, 1978.
6. E.B. Joshi (Smt.) : "U.P. Distt. Gazetteers, Bareilly", Govt. Press, Allahabad, U.P., 1968.
7. F. R. Sedgwick : "The Indian Mutiny of 1857", Forster Press, London, 1920.
8. H. R. Nevill : "Bareilly, A Gazetteer" Vol. XIII, Govt. Press, United Provinces, Allahabad, 1911.
9. H. Beveridge (Translator) : "The Akbarnama", Originally written by Abul Fazal, Vol. III, Baptist Mission Press, Calcutta, 1907.
10. J. L. Nehru (Pt.) : "The Discovery of India" Calcutta, April, 1956.
11. Maulana Abul Qalam Azad : "India Wins Freedom", Oriental Longman Press, New Delhi, 1959.
12. P. C. Bamford : "History of Non-Cooperation and Khilafat Movement", Deep Publication, New Delhi, 1974.
13. R.C. Majumdar : "Sepoy Mutiny and Revolution of 1857", Calcutta Oriental Press, Calcutta, 1957.
14. R. S. Tripati : "History of Kannoj", Moti Lal Banarasi Das Press,

Delhi, 1959.

15. S.A.A. Rizvi : "History of Freedom Movement in U.P.", Vol. I to VI, Information Bureau, Lucknow, 1960.
16. S.N. Sen : "Eighteen Fifty Seven", Publication Div., Govt. of India, New Delhi, 1977.
17. Shyam Sunder & Savitri Shyam : "Political Life of Pt. Govind Ballabh Pant", Vol. I, Pionner Press, Lucknw, 1960.
18. S. A. Ayyar : "Story of J.N.A.", National Book Trust India, New Delhi, 1972.
19. W.W. Hunter : "Imperial Gazetteer of India", Vol. II, Trubner Press, London, 1885.

Native News Papers

1. Young India : Ahmedabad
2. The Union Gazzette : Bareilly
3. The Rohilkhand Gazette : Bareilly
4. Dab dabai-i-Qaisari : Bareilly
5. The Kayasth Shubh Chintak : Bareilly
6. The Arya Patra : Bareilly

समाचार-पत्र

1. अमर उजाला : बरेली एवं आगरा

पत्रिकायें

1. अमर उजाला गणतंत्र विशेषांक : आगरा व बरेली, अगस्त 1974
2. स्वतंत्रता रजत जयंती अंक : वीर प्रिंटर्स, बरेली, 1972

चित्रावली

नवाब खान बहादुर खाँ

सेनापति जनरल बख्त खाँ

दीवान शोभाराम का निवास स्थल

गवर्नमेंट कॉलेज जहाँ नाना साहब ठहरे (सन् 1859-60)

बरेली की पुरानी कोतवाली (सन् 1860)

दामोदर स्वरूप सेठ

ठा. रामऔतार सिंह

ओंकार नाथ शास्त्री

चिरंजीव लाल गुप्त

मुंशी ऊधौनारायण

ब्रजमोहन लाल शास्त्री

बरेली कमिश्नरी में स्थित बरगद का पेड़ जहाँ 257 क्रांतिकारियों को फाँसी दी गयी

हाजी हमीर अहमद

दामोदर स्वरूप सेठ

कांग्रेस की स्थापना के समय टाउन हाल पर जनसभा (1889)

दामोदर स्वरूप सेठ कांग्रेसी महिलाओं द्वारा स्वागत (सन्1933)

लाखनगंज कांग्रेस कार्यालय पर नमक सत्याग्रह के पश्चात् कांग्रेस कार्यकर्ता